妈妈这样说
男孩才肯听
妈妈这样做
男孩更出色

韩佳宸 / 编著

北京理工大学出版社
BEIJING INSTITUTE OF TECHNOLOGY PRESS

版权专有　侵权必究

图书在版编目(CIP)数据

妈妈这样说，男孩才肯听；妈妈这样做，男孩更出色 / 韩佳宸编著 .—北京：北京理工大学出版社，2019.4（2019.12重印）

ISBN 978-7-5682-4076-5

Ⅰ．①妈…　Ⅱ．①韩…　Ⅲ．①男性—家庭教育　Ⅳ．① G78

中国版本图书馆 CIP 数据核字 (2019) 第 027491 号

出版发行 / 北京理工大学出版社有限责任公司
社　　址 / 北京市海淀区中关村南大街 5 号
邮　　编 / 100081
电　　话 /（010）68914775（总编室）
　　　　　（010）82562903（教材售后服务热线）
　　　　　（010）68948351（其他图书服务热线）
网　　址 / http://www.bitpress.com.cn
经　　销 / 全国各地新华书店
印　　刷 / 三河市华骏印务包装有限公司
开　　本 / 710 毫米 × 1000 毫米　1/16
印　　张 / 24　　　　　　　　　　　　　　　　责任编辑 / 李慧智
字　　数 / 387 千字　　　　　　　　　　　　　　文案编辑 / 李慧智
版　　次 / 2019 年 4 月第 1 版　2019 年 12 月第 4 次印刷　　责任校对 / 周瑞红
定　　价 / 45.00 元　　　　　　　　　　　　　　责任印制 / 施胜娟

图书出现印装质量问题，请拨打售后服务热线，本社负责调换

前言
父母做对了，男孩才优秀

"只要上帝赐给我一个孩子，而且你们认为不是白痴，那我就一定能把他培养成为非凡的人。"这是19世纪德国天才卡尔·威特曾说过的话。确实，任何一个孩子的成长，都是从一张白纸开始的。在这张白纸上写些什么、画些什么，决定权都掌控在父母的手上。

父母是孩子的第一任老师，也是任期最长的老师，你的教育观念和方法决定着孩子的一生。如果你引导得当、教育方式合理，那么你的孩子最后就会成为一个了不起的天才。反之，若你采用不合理的手段，那么就会将这张白纸变成涂鸦。因此，不想让孩子输在人生的起跑线上，父母首先就要随时更新自己的教育观念，随时监视自己的育儿方法，从一点一滴做起，不能让孩子输在教育的起跑线上。

可是，现实生活中，很多父母一提到教育孩子都会感到困惑与无助：我该怎样培养我的孩子呢？我具体要做些什么呢？

特别是男孩的父母，这种困惑和无助就更明显。因为，相比乖巧、懂事的女孩而言，男孩的冒险精神、求知欲望、探索欲望、攻击性等，都比女孩要强许多，所以，养育一个男孩的难度是很大的，需要父母付出更多的耐性、更多的努力、更多的呵护以及更高明的策略。

父母如何把男孩培养成才呢？本书将为各位送去帮助。

在第一章，我们列举了男孩的那些令人不解又很常见的行为及性格特征。父母只有明白孩子的理解方式、表达能力和成年人的差距，才可能去真正帮助孩子，让孩子快快乐乐地成长。

第二章是本书的重点部分，每位父母都应该好好读一读，因为这是为你们量身而写的。本部分明确地指出了父亲、母亲在家庭教育中的分工，以及在教育中需要注意的事项。父母各司其职，又必须相互协作，只有这样，才能教育出好孩子，营造出和谐、融洽的家庭环境。

本书的第三章讲的是教育男孩的关键性法则，即"男孩要穷养"。当然，这里的"穷"不是指吃糠咽菜，而是让孩子多经历一些挫折和磨难，只有这样，他才会懂得生活的艰辛，懂得孝顺长辈，懂得感激和满足，从而形成独立、勇敢、自强的个性。

第四章着重介绍如何培养男孩的能力，如思考能力、表达能力、创造能力、自立能力，等等，每一位父母都应注重培养男孩的综合能力，让他在广泛参与中学会自我定位、自我控制、自我创造、自我完善、自我发展，逐步成为一个适应时代、适应社会的合格人才。

第五章是对男孩的美德教育。责任心、诚信、谦虚等良好的性格与成材的关系非常密切。若父母能重点培养孩子的这些品德，对其今后成才会有很大的帮助。

当然，培养最棒的男孩也勿忘培养他们良好的生活习惯，而这些，正是本书第六章的内容。有了良好的习惯，男孩将终身受益。当然，要养成良好的习惯，不可能一蹴而就，需要一个长期渐进的过程，作为男孩的父母，应有足够的耐心，从细节入手，及时给予督促和鼓励。

在第七章，我们介绍了提升男孩智商、情商、财商和体商的方法，这四商对男孩来说有着非比寻常的意义。现代社会对人的要求越来越高，因此光有聪明的头脑已不符合时代的要求。一个人在拥有智慧的同时，他还需具备良好的身体素质、心理素质以及"财商意识"。在本章，就介绍了培养男孩这四商的好办法，若想培养出完美的男孩，父母就该马上行动起来。

如何帮助男孩迈好入学的第一步？如何让他们牢记基础知识？如何提高他们的成绩以及学习热情？这都是父母最关心的问题。在第八章，我们将为大家指点迷津。

第九章主要讲了如何与男孩进行良好的沟通，这也是两代人关系是否和谐的基石。我们这里所说的沟通，不是说教或打骂，而是双方信息交流及情感、需要、态度等心理因素的有效传递与互动。概括说来，父母要在合适的时间、合适的地点、合适的氛围，与孩子谈论合适的话题，只有这样，男孩才会喜欢听你说话，才会对你敞开心扉。

本书的最后一章是对男孩的青春期教育。这时的男孩大多都很叛逆，父母应给予男孩足够的尊重、理解、支持与信任。在他需要帮助时，悄悄拉他一把；在他迷茫时，给他一个拥抱,让他感受到父母的爱和温暖。

  以上便是本书全部的内容介绍,每一节我们都结合最新的教育学、心理学知识,为父母提供切实、可行的方法,希望父母可以活学活用。如果本书能够对广大男孩的父母有所帮助,通过它培养出更多优秀的男孩,那将是我们最大的心愿!

韩佳宸

2018 年 9 月

本书涉及的知名教育专家

家庭教育——卡尔·威特（德国著名教育专家）

教育方式决定孩子未来——李子勋（中国著名心理医生，《父母必读》杂志社专栏作家）

知心教育——卢勤（中国儿童的"知心姐姐"、著名教育专家）

家庭教育——尹建莉（中国著名教育专家）

真正有效的沟通改善亲子关系——汤姆·G·吉诺特（英国最受欢迎的演说家和作家）

幸福教育——郑委（中国著名教育专家）

早期教育——蒙台梭利（意大利著名教育专家）

男孩自尊教育——伊丽莎白·哈特利·布鲁尔（美国著名儿童心理学家）

智慧教育——王金战（中国著名教育专家）

男孩危机教育——孙云晓（中国著名教育专家）

健康心理教育——李中莹（中国香港著名教育专家）

第一章 读懂男孩的行为，走进男孩的内心花园

世界上每个男孩内心都深藏着不为人知的"神奇密码"：他们有着源源不断的精力，喜欢搞破坏、喜欢冒险、喜欢当英雄、喜欢当"头"、喜欢不停地问"为什么"，于是，养育男孩的父母需要时刻关注他们的言行举止，需要了解更多关于男孩的"秘密"。

第1招 "爸爸，老师叫你去一趟"——家有"淘气大王"·002
第2招 "我才不怕呢"——男孩天生爱冒险·006
第3招 "奥特曼来了"——每个男孩都有英雄梦·009
第4招 "你们全都听我的"——男孩的领导欲·014
第5招 "我想看看里面什么样"——停不下的探索心理·017
第6招 "妈妈，为什么？"——男孩体内的小问号·020
第7招 "我就不"——为何男孩都倔强·023
第8招 "我也不想上课溜号"——男孩也有弱项·027

第二章 培养最棒男孩，家长要明确自己的责任

古希腊伟大的哲学家柏拉图早在2 000多年前就写道："在所有的动物之中，男孩是最难控制对付的。"因此，养育男孩需要刚毅的父亲和温柔的母亲共同努力，只有这个世界上最深厚的父爱和母爱才能将那匹"小野马"拉回到正确的人生之路上去。

第9招 男孩品行的塑造，99%靠妈妈·032
第10招 男孩人格的形成，离不开爸爸的指引·036
第11招 父母的方法决定教育成果·040
第12招 三个阶段的必备教育，别让男孩输在起跑线上·043
第13招 为你的男孩打造一个温馨的堡垒·047

第 14 招　不要疼出一个纨绔"富二代"·051
第 15 招　远离"娘娘腔",男孩的性别教育不要错位·054
第 16 招　消除代沟三要素:理解、尊重、信任·057
第 17 招　寻找男孩的优势,做他的第一任"伯乐"·061
第 18 招　父母"合力教育",携手培养最棒的男孩·064
第 19 招　单亲家庭,如何教育出好男孩·068
第 20 招　隔代育儿守好"道",老人也能带出好男孩·072

第三章　再富不能富孩子,男孩一定要"穷"养

父母给予男孩太"富有"的爱与金钱,会让他"恃宠而骄",变得自私而没有责任感,变得失去与困难对抗的勇气和能力。因此,"穷养"才是正道,但父母一定要记住,穷养不是打骂、惩罚、无限制的吃苦、感情的淡漠。

第 21 招　穷养,不等于吝啬、打骂和惩罚·078
第 22 招　穷养,培养男孩的逆境商·083
第 23 招　穷养,锻炼男孩的劳动能力·086
第 24 招　穷养,别太溺爱你的男孩·089
第 25 招　穷养,让男孩拥有适应社会的能力·093
第 26 招　穷养,让男孩更快乐、更自信·096
第 27 招　穷养,让男孩拥有"国际化视野"·100
第 28 招　穷养,教男孩学会管理时间与生活·103

第四章　能力决定男孩的命运,培养最全"能"的男子汉

男孩就是一个深藏着无限潜力的小宇宙,父母要想这个小宇宙爆发出属于他的耀眼光芒,那就要打开男孩的"能力之门",教会他如何思考、如何与人交往、如何创造、如何与他人友好合作、如何自立。

第 29 招　帮助男孩发散思维——思考能力·108
第 30 招　让男孩"能说会道"——表达能力·112
第 31 招　鼓励男孩"自作主张"——决策能力·115
第 32 招　教男孩做事有安排——计划能力·118

第 33 招　扩展男孩的好奇心——创新能力·121

第 34 招　引导男孩独立成长——自立能力·125

第 35 招　教男孩不断挑战自我——竞争能力·129

第 36 招　培养男孩的领袖气质——领导能力·132

第 37 招　让男孩与他人和谐相处——交际能力·137

第 38 招　培养男孩的团队意识——合作能力·140

第五章　8 种美德教育，为男孩幸福人生奠定基础

真正能令他人印象深刻的好男孩，不是因为他有多么出色的学习成绩，也不是因为他多么"能言善辩"，而是因为他有一颗充满"美"与"爱"的心。这颗心就像一颗宝贵的种子，用真诚的爱、大海般的宽容和稚子般的感恩不断浇灌，最后开出一朵经久不败的清香之花。

第 39 招　为男孩播下爱心的种子·144

第 40 招　让男孩明白，帮助他人是一种美德·147

第 41 招　学会谦虚，男孩就会不断进步·151

第 42 招　让男孩在宽容中快乐成长·154

第 43 招　告诉男孩责任的意义·158

第 44 招　教育男孩学会孝敬老人·161

第 45 招　从小培养男孩诚信的美德·165

第 46 招　悲情教育——让男孩拥有感恩之心·169

第六章　培养良好"小"习惯，成就男孩"大"未来

习惯就像车轮的转动一样，它有着很强的惯性和力量。不过，好习惯会推着车轮朝着成功的方向挺进，而坏习惯会不断扯车轮的"后腿"，阻碍其与成功接近。因此，为了养育出最优秀的男孩，父母一定要从改正男孩的坏习惯、培养男孩的好习惯开始。

第 47 招　不当"马大哈"——培养男孩细心的好习惯·174

第 48 招　勤俭节约是一种美德——教男孩养成勤俭的好习惯·178

第 49 招　远离邋遢——培养男孩讲卫生的好习惯·181

第 50 招　拒绝虎头蛇尾——教男孩做事有始有终·185

第 51 招　不挑食——培养男孩健康饮食的好习惯·189

第 52 招　不懂就问——培养男孩虚心好问的好习惯·192

第 53 招　做事不磨蹭——培养男孩做事利落的好习惯·196

第 54 招　改掉"口头禅"——培养男孩懂礼貌的好习惯·199

第 55 招　任性要不得——培养男孩控制情绪的好习惯·203

第 56 招　错了要承担——培养男孩知错就改的好习惯·207

第 57 招　不做"自私鬼"——培养男孩与他人分享的好习惯·211

第七章　智商（IQ）、情商（EQ）、财商（FQ）、体商（BQ），男孩一个都不能少

男孩的聪明程度要看智商；男孩调控情绪、适应环境的能力要看情商；男孩认识金钱、驾驭金钱的能力要看财商；男孩活动、运动、体力劳动的能力要看体商。无论是哪一种"商"，后天教育都比先天特质重要得多。

第 58 招　发展男孩智商，先激发他的兴趣爱好·216

第 59 招　音乐是提升男孩智商的绝佳方法·219

第 60 招　突破常规思考——逆向思维让男孩更聪明·223

第 61 招　为男孩建立自信——开发情商的关键·226

第 62 招　给悲观男孩一把"EQ 钥匙"·229

第 63 招　帮助男孩管理自己的不良情绪·232

第 64 招　做高财商男孩，要先认识金钱·235

第 65 招　引导合理消费，让男孩花钱有度·239

第 66 招　培养男孩的经济头脑，教男孩学会投资·244

第 67 招　为男孩创造一次赚钱的机会·247

第 68 招　体育很重要，引导你的男孩爱上运动·250

第八章　让男孩快快乐乐学习，轻轻松松拿高分

学习成绩虽然并不是衡量男孩"成功"的唯一标准，但一个不会学习的男孩，他永远无法真正体验"学习好"带给他的独特魅力：拥有学习的热情会让他充满更多的自信和动力；学习时善于记忆会让他把知识变得丰富而深刻；充满挑战的外语学

习会让他看到更广阔的世界。

第 69 招　点燃男孩的学习热情，让他爱上学习·254

第 70 招　教给男孩几个提高记忆的方法·258

第 71 招　明确学习目标，男孩学习会更勤奋·261

第 72 招　预习、复习同样重要，二者缺一不可·264

第 73 招　学中玩、玩中学——劳逸结合最高效·266

第 74 招　提高作文分数，鼓励男孩多读多练笔·269

第 75 招　外语——不再是男孩心中的痛·272

第 76 招　男孩也可以成为"数学达人"·275

第 77 招　纠正"偏科"，引导男孩全面发展·278

第 78 招　引领男孩走进课外阅读的殿堂·281

第九章　开启男孩的心门，这样沟通最有效

沟通是打开父母与男孩心灵之门的钥匙，它打开了父母通往男孩"秘密花园"的世界，同时也给了男孩走进父母内心的权利。当然，沟通也是一把"双刃剑"，良好有效的沟通会让父母与男孩变得更加亲密，而恶劣无效的沟通则会让双方关系破裂。

第 79 招　沟通，先学会倾听男孩说话·286

第 80 招　尊重你的男孩，学会与他平等交流·289

第 81 招　唠叨是教育大忌，别让男孩"过唠死"·293

第 82 招　真心赞美——亲子沟通的"润滑剂"·296

第 83 招　批评男孩，父母需要掌握技巧·300

第 84 招　以"力"服人不如"以理服人"·304

第 85 招　向男孩敞开心扉，他才愿意听·308

第 86 招　99% 的时间做朋友，1% 的时间做家长·312

第 87 招　拒绝孩子"有学问"，要让男孩知其所以然·315

第 88 招　父母如何说，男孩才会听·318

第 89 招　四种沟通模式，升温你和男孩的关系·321

第 90 招　重视与男孩的"非语言沟通"·324

第十章 了解悄悄变化的男孩,陪他一同走过青春期

青春期的男孩似乎总是和"顶嘴""打架""逃学""早恋""性""暴力""网络"等这些词语分不开,正因为这样,心理专家把青春期称为人生的"第二次危机"。所以,面对男孩的青春期"危机",父母要正确引导、妥善处理。

第91招 顶嘴、打架、逃学——男孩叛逆为哪般·328
第92招 面对青春期不听话的男孩,"宽严相济"才是正道·332
第93招 男孩交朋友,离不开父母的引导·336
第94招 帮助男孩冲出早恋的"迷宫"·339
第95招 "性教育"是青春期男孩的必修课·343
第96招 帮助男孩远离不良诱惑·346
第97招 帮助男孩拒绝暴力、血腥的电视节目·350
第98招 指导男孩绿色上网,让网络为己所用·353
第99招 为男孩补上"生死教育"这一课·358
第100招 帮助男孩减轻青春期的心理压力·362

附录一 父母最不该对男孩说的话 ·365
附录二 父母最不该对男孩做的事 ·369

第一章
读懂男孩的行为，走进男孩的内心花园

关键词：淘气、负责、尝试、冒险、自律、英雄情结、满足、领导欲、机会、赞赏、竞争心理、探索心理、好奇心、破坏能力、天赋、疑问、发散思维、换位思考、辨析、倔强、打架游戏、弱势、竞争意识。

每个男孩心底都有一座神秘的内心花园，作为父母的你了解这些吗？

你知道男孩淘气，是因为他们更喜欢冒险和探索吗？

你知道男孩好争斗，是因为他们心中被自己的英雄梦想缠绕吗？

你知道男孩性格倔强，是因为他们体内的睾丸素在作怪吗？

如果你无法肯定地回答这些问题，那就请走进这一章，走进男孩不为人知的内心花园，去真正读懂他们那些不可思议的行为！

"爸爸,老师叫你去一趟!"
——家有"淘气大王"

"爸爸,老师叫你去一趟!"相信很多男孩的父母对这句话都很耳熟。我们的男孩确实太贪玩、太调皮了,经常闯祸、惹事,比如欺负邻桌的女生、与同龄人打架、打碎邻居的玻璃、上课对老师搞恶作剧、考试成绩不及格……总之,他们似乎永远没法像女孩那样安静一会儿,用大人的话说就是"这孩子淘气得没边了"。

男孩时不时给父母"惹事",的确令父母很头疼,父母还要经常因为男孩的"问题"而被老师请到学校去,这也让很多父母感到难堪和尴尬。但是,父母不能因为这样,回到家之后对孩子就是一顿说教或者打骂,而是应该从源头上进行分析——我的儿子到底怎么了?为什么他总是"淘气"?为什么他有那么多的精力去搞恶作剧?

分析这些问题之前,我们先来看看一位小男孩在日记中记录的故事:

今天,我们班投票选举中队长,本来我胜券在握,因为我感觉到很多同学在写选票的时候都冲我笑,而且我在班里的人缘非常好,大家一直都很喜欢我,所以我觉得他们都会选我。但是班主任没有唱票,就直接选定她喜欢的一个女生做中队长。

听到这个结果,我当然不服气,要求老师当堂唱票,可老师却说:"我有权决定由谁来做中队长。而且你上课不遵守纪律,总是和老师顶嘴,还经常搞恶作剧欺负女同学,这样的学生怎么能做中队长呢?"我十分不认同老师的这种说法,因此,就和她大吵了一架。事后,老师找到我的爸爸妈妈,狠狠告了我一状。我本以为父母会站在我这边,没想到他们一点也不理解我,还训斥了我一顿。我不明白,我平时不就是淘气一些吗?难道就因为这点,我就不能当中队长了?老师和爸爸妈妈就不喜欢我了?

其实,男孩由于体内大量睾丸素的存在,每天都需要很多的活动来释放自己体内的精力。但是他们常常在学校被要求"上课不要动、要注意听讲""下课不要乱爬乱跑"等,放学回家后父母也经常要求精力过多的男孩要保持"安静""听话""不准动来动去"等。

顽皮、淘气、爱玩这些本就是男孩的天性，如果学校和家庭不能给男孩提供这种释放体内精力的机会和活动，那么他们就会自己想办法，于是便出现了一个又一个的"淘气大王"。

那么父母应该怎么做，才能正确引导因精力过剩而变得淘气、顽皮的男孩呢？你可以尝试下面这几种方法：

方法一：满足男孩淘气行为背后的好奇心理

男孩为什么每天都有那么多的淘气行为呢？你看，他们一会儿把厨房的水龙头拧坏，一会儿把爸爸最心爱的手表拆得七零八落，一会儿又拿起爷爷的烟斗当成"暗器"玩。其实这一系列的淘气行为大多都是男孩好奇的表现，而一旦他的好奇心得到了满足，那么他的淘气行为也就自然消失了。

强强突然对玩水特别感兴趣，妈妈让他洗澡，他就弄得整个浴室都是水；小区花园里的自动水龙头喷水时，他就跑过去堵住出水口，结果全身都湿透了；一到下雨天，妈妈就想方设法把他"困"在屋里，但是这个小家伙瞅准机会就往外跑，然后在雨中撒欢儿。

妈妈见自己的儿子这么喜欢玩水，索性让孩子玩个够，于是一到下雨天妈妈就把小雨鞋、小雨衣给强强准备好，让他在雨里尽情玩，周末的时候还带他去游泳池划水。没想到，一段时间之后，强强竟然对玩水失去了兴趣。

强强对水的好奇心得到满足之后，自然会将自己的兴趣点转移到别的地方。假如强强的妈妈对儿子的这种"淘气行为"只是围追堵截，那么孩子爱玩水的情况一定会延续更长的时间，而且会更加的淘气。因此，专家建议各位男孩父母，在一切安全的前提下，要满足男孩的好奇心，同时给予男孩足够的耐心，当他体验够某事某物之后，自然会对其慢慢失去兴趣。

方法二：让男孩为自己的淘气行为负责

一位妈妈在博客中这样写道：

我的儿子旺旺是一个特爱调皮捣乱的男孩子，你都想象不出他怎么能想出那么多的"鬼点子",他时常在学校拿虫子吓唬那些胆小的女同学、趁老师不注意扔纸团砸其他同学……面对儿子的"劣行",我没有纵容,也没有打骂,而是引导他认识到自己的错误,并为自己的行为负责。

有一次,儿子把同学的作业本撕烂了,按理他应该赔同学一个新的,但是他毕竟还是个小学生,哪有钱呢?所以,我就先帮他买了一个新的作业本给同学,让他主动向别人道歉,然后买作业本的钱从他的零花钱里扣,或者让他帮我做家务,来抵消他的"欠债"。

这真是一位聪明的妈妈,她在面对男孩的错误时,没有打骂批评,也没有过度溺爱,而是用正确的方法让男孩意识到自己的错误。我们教育男孩的目的是让他认识到自己的错误,改正自己的缺点,然后成为一个有责任感和上进心的男孩。假如父母对男孩太过保护,那只会让男孩对父母产生依赖感,失去自理能力;而如果父母只认为打骂就能改正男孩的错误,那也只会让男孩埋怨或者怨恨父母,亲子关系自然会越来越疏远。

因此,面对经常淘气或犯错误的男孩,父母一定要从小就给他灌输这样一种观念:自己闯的祸,自己负责。

方法三:大胆让你的小英雄去尝试

男孩天生爱冒险、爱尝试,这也让他们的父母担惊受怕,因为男孩爱玩的通常是那些危险系数比较大的运动,比如他们很小的时候就对车、飞机、轮船等有着极大的爱好,并且希望尝试能够驾驶这些工具,体验快速奔驰的乐趣。

自然,父母是十分不愿男孩这么小就做这些危险的活动的,因为男孩毕竟年龄小,各方面能力还不成熟,更担心他会受到伤害。但通常情况下,男孩自己认定的事情一定要去做,你越是威胁、阻止他去做,他就偏要去做,那么与其和孩子闹得"两败俱伤",倒不如把主动权掌握在自己手里,给男孩一定的自由空间,让他在你的能力控制范围内,去大胆地做他自己想做的事情,去勇敢地尝试一些增强他能力的事情。

教育专家给男孩父母的教子方案

面对家里那个整日"上蹿下跳""惹是生非"的调皮小子,父母通常采取的教育方法不是打骂、批评,就是听之任之。很显然,这两种教育方法通过事实证明并不能起到良好的效果,不过,英国的教育专家伊丽莎白·哈特利·布鲁尔认为,父母要想让孩子按照自己所想的那样做,可以尝试以下方法:

1. 父母要保持积极正面的态度,注意男孩做得对的事情,不因他的错误行为而斥责他。

2. 不要对男孩说"我也认为你这次考试不会及格",更不要说"你会变好的,对吗?"之类的话语,以此想当然地认为或者预测男孩会有糟糕的成绩或表现。而应该用肯定的话语引导他。

3. 父母切忌往男孩身上贴"淘气""坏小子""小偷""谎话精"等负面标签,要给男孩更多的希望,让他对自己充满信心。

第2招 "我才不怕呢!"
——男孩天生爱冒险

写有《教育漫话》一书的英国哲学家洛克认为:"当孩子年龄较大之后,他就应该能去做他天性中所不敢做的更勇敢的事。最初要帮助他,以后逐渐让他自己去做,直到练习产生了较大的自信力,做得好了为止。"洛克是要让父母激发男孩的冒险精神,但也有很多父母认为男孩不应该冒险。

其实,男孩体内的冒险因子是天生就有的,很多养育过男孩的父母们都对此有深刻体会:

一个刚刚蹒跚学步的小男孩,只要他能爬上去的地方,他就敢从那里跳下去;他喜欢玩火;喜欢躲猫猫,让爸爸妈妈着急;他会故意惹老师和父母生气;他喜欢装扮成超人和蜘蛛侠,把家里搞得一团糟;等等。而且随着男孩年龄的增长,他会爱上一切富有冒险性的事情:飙车、滑板、滑翔、攀岩。

自然,男孩的这些冒险行为会让父母整日生活在"七上八下"之中,而且往往会对这些爱冒险的男孩束手无策,也因此很多父母面对自己儿子的冒险行为干脆就采取一概阻止的手段。

男孩的冒险行为一定都是危险和有害的吗?当然不是,在儿童的教育过程中,男孩的行为是走向好的一面,还是走向坏的一面,这是和教育者的引导有着密切关系的。如果父母能够真切了解男孩天生爱冒险的心理,并且采取正确科学的教育方法适时引导,那么男孩的冒险不但不会让他身处危险之中,相反还会提升他的创造力、竞争力,锻炼他坚毅、勇敢的品格,让他的人生变得更加精彩夺目。

不过,很多父母并不知道怎么才能巧妙地应对儿子那些看起来夸张甚至怪异的冒险行为。父母不必太过担心,也许借鉴下面这些方法你就能找到解决之道。

方法一：做"善解"儿子冒险行为的好父母

一位明智的爸爸曾这样对待儿子的冒险行为：

7岁的瑞瑞忽然对电产生了兴趣，有一天，竟然拿着一个小铁丝要去试插线板有没有电，幸好被眼尖的爸爸发现了，但是爸爸没有大声喝止儿子的行为，而是马上来到儿子的身边问："瑞瑞，你在玩什么好玩的东西呢？来，爸爸给你找个更好玩的东西。"于是，爸爸就带着儿子来到了另一个房间，递给他一支测电笔。

瑞瑞拿着测电笔去接触插线板的插孔，结果测电笔上的灯立刻亮了，而当他把测电笔拿开的时候，灯又熄灭了。瑞瑞不解地问爸爸："爸爸，这个灯为什么一会儿亮一会儿灭？"

这时，爸爸才认真地对儿子说："儿子，你手里拿的是测电笔，它可以检测出插线板里哪些地方有电，哪些地方没有电，而且它还可以很好地保护人的身体不被电到。如果你像刚才那样拿着小铁丝接触有电的地方，电就会传递到你的身上伤害你，而如果你用带有绝缘体的测电笔去接触，就不会伤害到你。"

瑞瑞想了一下，说："爸爸，如果我有绝缘体保护，是不是就不会被电电到？"

"瑞瑞真聪明，走，爸爸告诉你哪些东西是电的绝缘体！"

可能遇到以上这种情况，大部分爸爸妈妈采取的措施都是打骂和斥责儿子："你这孩子怎么这么调皮，万一电到你怎么办？""臭小子，你是不是想死啊？这多危险啊！""你就不能老实待着，整天就知道让我担心！"

面对父母"劈头盖脸"的一顿训斥，男孩可能会很委屈，因为他只不过是想知道"电是怎么一回事"，但是父母的不良反应会马上打消他探索的积极性，而且越是得不到答案，他就越想知道是怎么回事，于是潜在的更大的危险势必会再次伴随着他。

因此，父母在面对男孩某些看似很危险的冒险行为时，一定要冷静下来，想一想男孩这样做的背后原因是什么，站在孩子的立场上去尊重和理解他，然后和他一起解决遇到的问题。

方法二：教会你的"淘气大王"学会自律

一天，邻居的小妹妹刚刚走进房间，"淘气包"林林就拿起自己手中的塑料"宝刀"朝小妹妹打了过去，虽然小妹妹没有被打疼，但却被这突然的动作吓哭了，而林林则哈哈大笑起来。爸爸看到后，狠狠地批评了林林一顿。

男孩可能因为睾丸素的原因，体内天生就有一股"热血"，因此具有很强的进攻性，而这种进攻心理，可能是纯粹地因为好玩，也可能是因为受不良情绪的影响而进行的发泄。可不管原因是什么，这种无理的进攻行为都是不好的，父母必须及时让男孩明白，他的这种进攻行为是错误的，会给他人带来伤害。

当然，要让男孩认识到自己的不良行为，并且让他学会自律，光靠父母的嘴皮子是不行的，还需要一些其他的方法，例如通过让男孩看一些电视片、图书，告诉他怎样的行为是正确的，进而培养孩子正确的价值观和道德观，让他学会用这些规范来约束自己的行为。

教育专家给男孩父母的教子方案

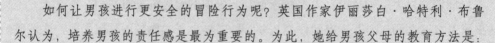

如何让男孩进行更安全的冒险行为呢？英国作家伊丽莎白·哈特利·布鲁尔认为，培养男孩的责任感是最为重要的。为此，她给男孩父母的教育方法是：

1. 尽量满足男孩希望独立的要求。
2. 了解男孩的协调性和身体状况，始终让他的冒险行为与他的体力相协调。
3. 权责统一有助于他的行为更加安全。

第3招 "奥特曼来了!"
——每个男孩都有英雄梦

"你最希望成为什么呢?"面对这个问题,也许十个男孩有十个不同的答案:"我最希望变成奥特曼,打败怪兽,拯救人类!""我希望成为蜘蛛侠!""如果我是变形金刚就好了!"……无论男孩的答案是怎样的千奇百怪,最后都有一个共同点,那就是——"我想成为英雄"。

其实,每个男孩心中都有一个英雄梦,而这个英雄情结也一直在影响着他们的现实生活。相信很多家里有男孩的父母都遇到过和下面这位妈妈类似的事情:

周末,我带着8岁的儿子去商场买衣服。一走进儿童服装专卖区,我就拿着一款儿童品牌的最新款式问儿子:"儿子,你喜欢这件衣服吗?这件衣服看起来真不错,是你最喜欢的颜色。"谁知小家伙只是瞅了他面前的衣服一眼,然后很干脆地说:"这些我都不喜欢!"

"为什么呀?这些衣服看起来都不错啊!那这件呢,是你最喜欢的运动款!"我又拿起旁边的一件衣服。

这次,儿子根本看都没看就走开了。后来,儿子突然走到一个小货架上,拿着一件质量不太好的上衣来到我面前说:"妈妈,我要这件,这件有奥特曼!"虽然我很介意这件衣服造价低廉、质量粗糙,但是儿子执意要我买下它,而且一回到家就兴奋地穿上新衣服,跑到外边去显摆去了。这件"奥特曼"的上衣从此之后成了儿子最爱的衣服,经常被他穿在身上。

为什么男孩喜欢"奥特曼"呢?所谓"奥特曼",就是日本制作的科幻英雄片里的人物,是一个为了维持世界和平而与各种各样的怪兽作战的"英雄"。因此,对于男孩来说,奥特曼就是他心中的英雄。

男孩喜欢英雄,更喜欢当英雄,他们之所以迷恋奥特曼,就是迷恋奥特曼身上的"英雄气"，也许很多男孩并不真正了解什么是英雄、什么是正义，但是他们渴望在现实中得到人们的认同和激励。那么对于男孩的这种英雄情结，父母应该怎样正确对待呢？

方法一：满足男孩当英雄的"雄心壮志"

6岁的齐齐是一个特爱打抱不平的男孩，平时最喜欢当"英雄"。有一次，爸爸下班刚回到家，就听到妈妈对齐齐说："你这孩子怎么这么不听话，整天就知道和小朋友打架啊？"原来齐齐今天和班里的"小霸王"打了一架，结果弄得满身是伤。

爸爸没有加入妈妈训斥儿子的"阵营"，而是温和地问儿子："齐齐，能告诉爸爸，你为什么和小朋友打架吗？"

齐齐噘着小嘴说："张强欺负其他小朋友，老师又不在，所以我就去教训他了，然后我们就打起来了！"

"儿子，你做得非常对，简直就是个小英雄，爸爸佩服你！"爸爸笑着对儿子说。

齐齐不解地看着爸爸说："可是老师和妈妈都说打架的孩子不是好孩子！"

"你这是英雄行为，爸爸当然应该鼓励你。不过，老师和妈妈也没有说错，打架并不是解决问题的最好方式，你可以先和欺负小朋友的张强讲道理，也可以和周围的小朋友一起跟他讲道理。如果大家团结起来反对他，他就不敢再欺负别的小朋友了，你说对吗？"

齐齐听完爸爸的建议认同地点点头。

男孩爱"逞英雄"并没有什么不对，至少说明这孩子心里有一股强烈的正义感，而这就像一簇小火苗，如果父母能够恰当地守护和引导男孩的这种小小的"正义感"，那么这一点儿小火苗就可能成为温暖自己照亮他人的正义之光；反之，如果男孩盲目地做一些"英雄行为"，结果可能在伤害自己的同时，也给他人和社会带来伤害。

所以，当小男孩因为打抱不平和别人打架时，父母先不要急着批评男孩的打架行为，而要先表扬男孩的英雄行为，肯定儿子"你这样做是对的"，先满足男孩的英雄心理，再给他讲别的道理。

另外，父母要学会在男孩面前"示弱"，让男孩做一些力所能及的事情，培养他的自理能力，例如出门在外时让男孩帮妈妈带路、帮爷爷奶奶拎东西，这样不但能满足儿子想当英雄的"雄心壮志"，而且有利于培养他的男子汉气概。

"奥特曼来了！"——每个男孩都有英雄梦

父母要弄清男孩要求的动机，别随便拒绝男孩。

父母应该正确对待男孩的英雄情结。

方法二：利用男孩心目中的英雄"标杆"改正他的缺点

父母常抱怨"男孩缺点就是多，怎么改都改不掉""有什么办法能让我的儿子少犯毛病呢？"等诸如此类的问题，其实父母不必为此烦恼，我们完全可以利用男孩心目中伟大、神圣又能力出众的英雄，抓住男孩崇拜英雄的情结，让男孩轻易地改正自己的缺点。

宝宝是一个很听话的男孩子，但是有一个不好的生活习惯——爱赖床。每天早上，无论闹钟怎么响，妈妈怎么一次又一次地喊他，他都懒懒地说："睡五分钟，再让我睡五分钟。"结果，十分钟过去了，这个"小懒猪"还躺在自己的被窝里。

后来，妈妈想到了一个好主意，她知道宝宝一直把奥特曼当成自己的偶像，于是一天早晨妈妈对赖床的宝宝喊道："奥特曼，怪兽来了！"宝宝一听妈妈的话就来了精神，还在被窝里笑了起来，两分钟后，他便大声回应妈妈："我是奥特曼，妈妈是怪兽，我要代表正义消灭你，呵呵！"说着就从床上爬了起来。

男孩身上有很多缺点，像挑食、没礼貌、不讲卫生、注意力不集中等，当然有这些毛病都很正常，如果父母能够借助英雄的口气、英雄的行为去教育自己的"小英雄"，不仅能让男孩更好更快地改正自己的毛病、缺点，而且可以让他们学习到英雄身上更多更积极向上的东西。

方法三：让你的儿子知道什么是真正的英雄

"妈妈，我想当英雄！"每当男孩说出这句话时，说明他的心中已经有了想要成功、想要迫切得到他人承认的心理，这时，父母要做的是什么呢？当然，首先就是肯定和鼓励男孩的这种英雄心理，提高他的自信心，接着你就要告诉他"什么是真正的英雄"。

男孩渴望做像"奥特曼"那样的英雄，但英雄并不一定是去拯救世界、保卫和平，并不一定要像奥特曼那样和怪兽争斗，也不用鲁莽地把抢钱的强盗赶跑。因此，父母必须让渴望成为英雄的儿子明白——英雄应该具有这样的品质：冷静、睿智、积极、阳光。

另外，父母还要让男孩明白，做英雄的基础就是先要学会保护自己，不能一味蛮干，而是要学着运用自己的智慧和英勇，巧妙地解决遇到的难题，告诉你的孩子，他要做的是一个冷静、智慧的真正英雄,而不是不计后果的英雄。

教育专家给男孩父母的教子方案

每个男孩都希望成为英雄,但如何才能正确引导他们的这种"英雄情结"呢?英国著名的教育专家伊丽莎白·哈特利·布鲁尔给出的答案是:让你的男孩给你留下深刻的印象。而父母要做到这一点,她认为可从以下几点去尝试:

1. 父母可让男孩协助自己做些整理、修补、打扫卫生的工作,并给予孩子适当的鼓励和肯定。

2. 向你的儿子表明,你尊重他的想法和技能。

3. 让男孩学会适当承担一些责任,使他不断检验自己,提升技能,觉得自己值得信赖。

第4招 "你们全都听我的"
——男孩的领导欲

一位养育了一儿一女的妈妈在博客里这样写道：

儿子还没出世之前，我一直认为养儿子和养女儿是一样的，因为有养育女儿的经验在先，所以等到养儿子的时候，我也采用了同样的育儿方式，可是现实告诉我，养儿子和养女儿是两码事。其中，最让我印象深刻的就是儿子身上所表现出的领导欲。

平时，5岁大的儿子总是对7岁的女儿说："我是男生，你要听我的。"有时，他也会小大人般地对我说："妈妈，你要听我的！"我真是想不明白，儿子这么小，怎么就有那么强的领导欲望呢？

这位妈妈的疑惑想必很多父母都有过——为什么男孩都希望成为"头"呢？对于这个问题，心理学家已经做出了回答：每个男人都有领导他人的欲望，每到一个新的环境，他们最关心的就是"谁是头"，他想知道这个新环境的规则是什么，当"头"有什么具体的条件，然后与自己现有的条件对比，确定自己如何才能成为这个新环境的"领导者"。

说到底，男孩的领导欲就是他的竞争心理，而这种天性会随着男孩的年龄、家庭环境、集体环境、社会环境等的变化而不断转化，如果父母能够在男孩小时候就对他的这种竞争天性进行正确引导，那么他就会变得更加有进取心和上进心。

不过，过强的"领导欲"不但不会帮助男孩朝着更高的方向发展，反而会让男孩走向更离谱、更可怕的道路上去，那么面对天性就爱竞争、爱"露头"的男孩来说，父母应该采取哪些科学而有效的方法呢？

方法一：给你的男孩当"领导"的机会

小男子汉俊俊是家里的"周末监督员"，不过，他这个监督员和别的监督员不一样，他不负责监督坏习惯，而是监督、搜集爸爸妈妈的好习惯。所以，每到周末，俊俊就变成了一个"小侦探",满屋子转悠搜寻爸爸妈妈的好习惯。只见,他一会儿跑到厨房里,跟在正在做饭的妈妈身边,观察妈妈怎样洗菜、切菜、做饭,有时还帮助妈妈倒垃圾。妈妈一到做饭的时候,就让儿子到客厅去找爸爸的好习惯,因为厨房的油烟味太大了。

俊俊一到客厅,就看到爸爸正从烟盒里掏出一支烟,可一看到他,尴尬地笑了一下,就把烟又放了回去,俊俊马上把爸爸的这一行为记在了自己的"监督本"上。

晚上,俊俊像往常那样把爸爸妈妈召集到了客厅,开始了每周由他主持的"家庭总结会议"。他煞有其事地对爸爸妈妈说:"爸爸妈妈今天表现得都很棒,妈妈洗菜很干净,而且很关心俊俊,怕我被油烟熏到;爸爸也很乖,今天没有吸烟。"爸爸妈妈听到儿子的夸赞会心地笑了,而俊俊也在耳濡目染中学会了爸爸妈妈的这些好习惯。

男孩天生就有领导欲,而且一旦在现实生活中他们当了"领导",就会全心全意地把自己的工作做好。俊俊的爸爸妈妈正是利用了儿子的这一心理,很聪明地让儿子当家里的"领导",其实,他们是在用另外一种方式教育儿子什么是好习惯、哪些事情应该做、哪些事情不该做。也正是在父母的这种巧妙教育下,俊俊身上的好习惯越来越多,坏毛病越来越少。因此,父母一定要想办法给自己的儿子制造"当领导"的机会,让小家伙尝尝当"领导"的滋味,让他们在当"领导"的过程中增强认识问题、分析问题、解决问题的能力,并且培养自己良好的品行和习惯。

方法二:赞赏你的小男子汉想要当"头"的心理

"爸爸,我想当班长!"8岁的儿子刚回到家就兴冲冲地对坐在沙发上的爸爸说。可是,爸爸只是斜看了儿子一眼,口气轻蔑地说:"你想当班长?你根本没这本事,别做梦了!"

儿子有没有本事,可不是爸爸一句话就能下定论的,但是爸爸这一句"你根本没这本事"却能把儿子所有的自信和热情打击掉。也许,你的儿子年龄还很小,也没有什么过人的能力,而他却经常向你讲起他的目标和梦想,以及他想赢过谁、取得怎样的成绩。这时,你千万不要胡乱搪塞自己的儿子,更不能打击他,因为男孩在这一方面是十分敏感的,漠视、打击和批评都会让他受到伤害,所以你最应该做的就是赞扬、肯定和鼓励。你应该坚定地对你的小男子汉说:"儿子,你这种想法真是太棒了!爸爸相信你能凭借自己的努力达到你的目标!"相信小家伙在得到你的尊重和肯定之后,一定会带着更多的自信和热情朝着目标前进。

方法三：父母要学会巧用男孩的竞争心理

如果你要问小男孩最怕什么，那答案无疑是"激"。所以，父母有时不妨利用男孩的这一特点，用"激将法"把男孩体内的竞争意识激发出来，让男孩乖乖地去做你想让他们去做的事情。

下面一位妈妈明智的育儿经验很值得各位父母学习：

儿子的房间总是乱糟糟的，我让他收拾房间，他就反驳我说："我不喜欢收拾房间！"这小家伙是个"常有理"，但我知道他骨子里是个很有竞争意识的小家伙，于是我就对他说："儿子，你看这样好不好，妈妈和你来一场比赛怎么样？我打扫客厅，你打扫自己的房间，我一定比你干得好。"儿子似乎被激"怒"了，说："哼，我才不信呢，我一定干得比你好。"说完，就迅速地干了起来。

当然，父母在使用"激将法"的时候，一定要掌握好其中的"度"，否则，就会让不谙世事的小男子汉过度认同和依赖你的观点，以至于到后来真的会认为自己"这个不行""那个做不来"，甚至"破罐子破摔"，不继续努力。

教育专家给男孩父母的教子方案

小男孩都有当"头"的欲望，父母如何巧妙地正确引导他们这种"领导欲"呢？英国的教育专家伊丽莎白·哈特利·布鲁尔给出了自己的答案——鼓励和支持男孩，而不要强迫和控制他。她的具体意见是：

1. 父母要时刻关注男孩的所作所为，并在一旁观察他从事的各种活动，必要时，询问男孩进展如何。

2. 为男孩提供一定的帮助，带他去他需要去的任何地方，并和他一起讨论遇到的各种问题和解决方法。

3. 当男孩跟你讲述自己遇到的问题和取得的成就时，父母要认真倾听，并及时给予表扬和肯定，要学会同孩子一起分享他对梦想和目标的热情。

"我想看看里面什么样"
——停不下的探索心理

生活中,我们总会听到父母有意无意地说出以下这些话:

"我家那个小祖宗,简直就是个'破坏王',昨天刚给他买的电动玩具车,没两天就被他拆得七零八落,尸骨无存了。"

"我真是奇怪了,家里的闹钟、收音机、电视机和儿子有什么'深仇大恨',他总是想着怎样把它们大卸八块。"

"儿子最近总是有很多问题,一会儿问我地球为什么不掉下去,一会儿又问月亮为什么总在晚上出现,我能回答一个,可不能各个都能回答,都快被他'问死'了。"

事实上,每家的男孩都不"老实",他们体内有无数的"小问号",所以你总会看到男孩寻根问底,时不时地改造自己的玩具,或者把爷爷的收音机拆开,看里面说话的人躲在哪里……而所有的这些不过是男孩探索心理的表现。

不过,有些父母就不理解了:"难道男孩的探索心理就是搞破坏吗?"当然不是,一位儿童心理学家曾经表示:男孩的"破坏性"原因大致有两种:一是因为好奇而破坏,另一种可能就是故意破坏。因此,父母们一定要正确认识男孩"破坏性"行为背后的真正原因,然后"对症下药",这才能真正把你的"破坏大王"引向正路。

方法一:正确对待"破坏小子"的好奇心

8岁的男孩廷廷不但是有名的"破坏小子",见什么拆什么,还是"十万个为什么",从早到晚都在问:"妈妈,为什么树会长叶子?""爸爸,电视里怎么会有人说话?""这个是为什么?"面对儿子不停地问"为什么",爸爸妈妈本来就很头疼,谁知这小子竟然为了找到答案,不是把树劈开,想看看其中的奥秘,就是拆开电视,看看里面是不是真的藏着会说话的人,结果爸爸妈妈一天到晚为他收拾"烂摊子"。

男孩做个"破坏小子"和"问号小子"固然会给父母增添很多的麻烦，但也正是这种带着探索心理和好奇心理的"破坏"和"问号"，推动着男孩主动去获取知识。因此，当你的小男子汉对周围的事物产生兴趣，并且想要探知其中的究竟时，你对小家伙的这种刨根问底行为，一定不要表示出厌烦，相反，应该及时给予鼓励和回答："儿子，你真了不起，竟然能注意到这一点。不过这到底是为什么呢？真是让人觉得不可思议！"

男孩在得到父母的认同和鼓励后，一定更加有兴趣探知其中的"秘密"，而此时如果父母能进一步给男孩提供正确的获取知识的渠道，教会男孩解决问题的方法，那么男孩不仅有利于尊重知识、获取知识，更有利于培养男孩的思维能力、创新能力、解决问题的能力等，而这些特性和习惯，也必将让男孩成长为一个卓尔不群的男子汉。

方法二：尊重和理解你的小男子汉的"破坏能力"

蔡智忠是一位很有名的漫画大师。他小时候很顽皮，有一次在家里用墨汁胡乱地描画，东描西画，他把客厅通往书房的墙壁作为画板，画上了一个一个的小人。儿子的这种调皮行为自然惹得父亲火冒三丈，但蔡智忠的父亲没有痛打儿子，而是批评了小蔡智忠两句，之后竟然给儿子买了一些画笔和一块小黑板。自然，父亲的支持和认同，换回的是儿子不断的创造和努力，乃至最后的成功。

我们可以试想一下，如果父亲看到蔡智忠的"破坏行为"后对他一顿大骂，那也许一位天才的艺术家将就此夭折。因此，你应该学着尊重和理解男孩的"破坏能力"，绝不要让一个天才消失在自己盲目、无情的棍棒下。那做父母的应该怎么做呢？其实很简单，应该理解他、尊重他，和他站在同等的位置对话，那他就会听你的话，进而用正确的手段、方法去探索事情的真相。相信在父母客观地为其分析事情的因果关系之后，在鼓励和尊重男孩的探索能力的前提下，一定能将孩子从"破坏性"引向正途。

方法三：发现并挖掘男孩"破坏性"背后的天赋

父母或许不知道，男孩"破坏性"行为背后隐藏着很多天赋：创新能力、探索能力、思维能力、动手能力，等等。所以，如果作为父母，你忽视或者小瞧了自己的男孩"破坏行为"背后的这些天赋，你很有可能为此失去一个"天才儿童"。

一位爸爸曾这样给别人讲述自己的育儿经验：

我儿子从小就和别的男孩不一样，他不喜欢手枪、汽车等男孩标志性的玩具，但却特别喜欢玩积木，而且他还总是把妹妹辛辛苦苦组装好的积木推倒，自己再重新设计一个。女儿经常被儿子的这种行为弄得大哭，但我并没有训斥儿子的破坏行为，而是一点点地把儿子的这种爱好引向正路。例如，我会经常带他参观一些独特的风格建筑；给他买图片书；和他一起玩搭积木的游戏，并比赛谁搭出的积木又好又快。

渐渐地，儿子对那些"小房子"产生了兴趣，更让我欣喜的是，他自己在学校设计的建筑竟获得了一等奖，而且从此之后，儿子真正爱上了建筑，希望将来他成为一名优秀的建筑师。

这真是一位非常明智的父亲，他不但没有批评儿子的这种"破坏行为"，相反，他看到了儿子这种行为背后的天赋——对建筑的兴趣，于是，他鼓励儿子继续自己的这种兴趣，并且运用恰当的方法引导儿子真正爱上建筑，或许在不久的将来这个小男孩真的会成为一名出色的建筑师。

教育专家给男孩父母的教子方案

著有《蒙台梭利早教育法》《发现孩子》等书的意大利医学博士蒙台梭利认为，父母要理智地看待孩子的"搞破坏"行为，看清孩子是"无意破坏"还是"有意破坏"。具体的教育方法如下：

1. 如果男孩是"无意破坏"，作为父母应主要通过对其进行一些生理和心理训练来解决，例如给他买铅笔、蜡笔等，让他画、涂、写，等等。

2. 如果男孩是"有意破坏"，父母应给予理解，并关心、支持男孩的这种好奇心，鼓励孩子的求知欲，引导孩子正确地探索他感兴趣的世界。

3. 父母切忌对男孩的"破坏行为"批评、怒斥，这会让男孩的好奇心冷却。

第6招 "妈妈,为什么?"
——男孩体内的小问号

作为父母的你,是不是经常为男孩脑袋里那些稀奇古怪的问题感到头疼呢?可以这样说,几乎每个男孩的脑袋里都装着本《十万个为什么》。他们对周围的事情总是充满着疑问与好奇,从宇宙星空到花草树木都是让他们产生疑问的对象,他们想知道的事情太多了,并且在他们眼里,父母就是无所不知,能够帮他们解决所有疑问的"百科全书"。

纵观国内外的大科学家,他们的成功大都是由一个"为什么"引发的,比如:牛顿发现苹果自由降落,一句"为什么"使他得出了万有引力定律;爱迪生在千万次实验失败后,不断问自己"为什么",终于发明了电灯……

诸如此类的例子不胜枚举,因此,作为父母,你千万不要觉得你家的"小问号"烦人,更不要因为他拆了家里的录音机,就对他大打出手;或是因为他质疑一些常规性的问题,你就责骂他不懂事,要知道,这些质疑往往就是创新思想的源泉。

做父母的应该懂得,男孩好问是一个很好的习惯,这是男孩开始追求知识的表现。纵观古今中外,但凡有所成就的人不都是从发出疑问开始的吗?所谓"学问学问,一半学一半问",说的就是这个道理。如果父母能够对男孩的疑问耐心地讲解,定能把自己家的小男子汉培养成一个博学多才的"小博士"。

方法一:多加鼓励,让男孩在疑问中发散思维

生活中,能够对自己质疑的事情提出问题,这证明男孩在思考,所以,父母千万不要认为,男孩提出这些问题是因为他不听话、不懂事,甚至有意和你作对,也不要出于保护自己的尊严而拒绝孩子对你的提问。这样只能让孩子丧失思考的能力,成为墨守成规的"产品",永远也无法走出真正属于自己的路,这样的男孩长大以后,大

都唯唯诺诺，没有自己鲜明的特点，在工作中，因为没有出色的见解和创新能力而庸庸碌碌。

下面是一位母亲的亲身经历：

张女士正在厨房里做饭，正在屋子里看电视的 6 岁儿子跑进厨房，问张女士说："妈妈，星星是从哪里来的？"

张女士先是一愣，接着说："我儿子的问题提得真不错，你想想看呢。"

说完，张女士继续切菜，而她的儿子则一个人走出了厨房，过了好一会儿，儿子又兴冲冲地跑进来对着张女士说："妈妈，我知道了，星星一定是用做月亮剩下的材料切成的。"

张女士一听笑了，然后从冰箱里拿出了一个冰激凌，递给儿子说："真是个好答案，这个就是给你的奖励。吃晚饭，妈妈给你讲月亮和星星的故事。"

父母的鼓励会让男孩乐于思考。当然，并不是所有的问题都要给予鼓励，父母一定要善于区分男孩的问题，对于那些男孩自己能够解决的问题，父母一定要鼓励孩子自己去完成。这样不仅能解决男孩的疑问，还能很好地锻炼他的独立性，让他知道有些事情是需要他自己来自己去做的。如果对于一些父母也没有办法回答的问题，千万不要随便编造一个答案，而是尽量引导男孩，告诉他这需要进一步的学习才能找到答案，让他对学习产生积极性，自己去寻找答案。

方法二：教男孩在思考的基础上学会辨析

一天，妈妈带着 12 岁的儿子邓阳去商场买鞋子，商场的鞋子太多了，看得邓阳眼睛都花了。这时，一位导购员走了过来，手里拿着一双鞋子对邓阳的妈妈说："大姐，你看这双鞋子多好，暖和，而且底子厚、螺纹多，冬天穿防滑。"

导购阿姨的一句话勾起了邓阳的好奇心，邓阳扯扯妈妈的袖子说："为什么鞋底厚、螺纹多，冬天就能防滑呢？"妈妈笑着摸了摸邓阳的头，说："那你自己可以做一些实验啊，这双鞋不错，我们就买这双吧。"

邓阳点点头，脑子里却全是疑问。回到家里，邓阳就迫不及待地拿出夏天鞋底较薄、螺纹较少的鞋子和新买的鞋子作对比，还专门跑到外面去做实验，半天下来，冻得邓阳小脸通红。妈妈问他想到答案了没，他兴奋地点点头说："螺纹多，鞋与地面产生的摩擦力就大,所以就防滑了。"

对于年龄稍大一点的男孩来说,让他自己去思考答案,比父母直接给他一个答案要重要得多。作为父母,当男孩提出问题后,父母应当积极地鼓励他去自己思考答案,这样更有利于培养男孩的思维意识和独立意识。

教育专家给男孩父母的教子方案

教育专家蒙台梭利一直认为每个孩子身上都藏有巨大的潜力,而要想打开孩子的"潜力之门",就要利用他天生的"好奇心",带他去大自然中寻找"答案"。对此,蒙台梭利给父母提供的方法是:

1. 父母可让男孩试着栽培植物,以培养他的观察力和耐心。
2. 父母可允许男孩养育小动物,以便开阔其视野,并培养孩子的爱心。
3. 时常教育男孩注意观察四季变化,让他体验大自然的各种变化。

第一章 读懂男孩的行为，走进男孩的内心花园

第7招 "我就不！"
——为何男孩都倔强

一位妈妈曾在博客中这样记录道：

做了妈妈之后我才发现，教育孩子是一件多么令人头疼的事情，尤其是你要面对一个调皮捣蛋又难驯服的男孩的时候。儿子从小到大都没有让我省心过，我几乎要把所有的精力都放在他身上。我时常会担心他今天有没有趁我不注意爬到危险的地方去，有没有做一些我禁止他做的事情，更让我恼火和担忧的是，这孩子根本就不听我的话，我让他往东，他就想往西，我不让他做什么，他就偏要做什么，你要是劝他"回心转意"，他就把头一拧，给你来一句"我就不"。我们一家人都很关爱这个孩子，可他还这么倔强到底是为什么呢？

男孩总是和父母"唱反调"，老是倔强任性地去做自己认为对的事情，其实这并不是他们心底的本意，一切都是他们体内的睾丸素在作祟。

睾丸素，是一种类固醇荷尔蒙，一般是由男性的睾丸分泌出来的，而它也是主要的男性性激素及同化激素，同时它更是男孩好竞争、好动、敢冒险，渴望成为最强壮、最坚强、最勇敢的男子汉的重要原因。也正是在睾丸素的作用下，男孩才会表现得非常倔强、固执和任性。

现在，我们知道了睾丸素是使男孩倔强的主要原因，那么就可以根据睾丸素的特点来教育性格倔强的小男子汉。

具体来说，父母可以采取以下几种方法来教育倔强的男孩：

方法一：把倔强男孩寻求刺激的欲望引向正途

一个11岁的小男孩在日记中写下了这样一件事情：

我今天做了一件很"出格"的事情，虽然这件事情妈妈阻止了我很多次，而且说

因为我年龄小严令禁止我去做,但是今天趁爸爸妈妈不在家,我一个人偷偷地做了,真是太刺激了!这件事情就是在大马路上骑电动车。

平时,妈妈担心我骑车会出事,所以总是"看"着我,但今天我过足了瘾。虽然刚开始在马路上骑车我心里很紧张,但更多的是兴奋。我越兴奋,骑车就越快,很快就冲到了十字路口,可是突然增多的人群和车辆,把我吓了一跳,我连怎么停下来都忘了。幸好,一位交警阿姨及时拦住了我,否则,我真不知道会发生什么事情。不过,即使这样我也不后悔,我终于敢在大马路上骑电动车了!

很难想象,如果上面这位"任性"的小男孩没有得到交警的帮助,后果会是怎样的。也许,很多父母看到这个情形会说:"看吧,就是因为这样,我才不让儿子做一些'出格'的事情!"没错,父母的担心和出发点是为自己的孩子好,但你要知道小男孩和小女孩是不一样的,你越是不让他做某些事情,他体内的睾丸素就会促使他越发地想做某件事情,于是就演变成了上面这种情况:爸爸妈妈不让做,我就偷偷做。

因此,父母在养育男孩时,尤其是面对他有时的倔强和任性时,千万不要打骂或者极力阻止,而是应该了解清楚男孩这样做是出于什么心理:好奇、探索还是寻求刺激?当你了解清楚后,就可以采取相应正确的措施把孩子引回正途。

方法二:允许精力过剩的男孩玩"打架游戏"

睾丸素让男孩变得好动、喜欢打斗、喜欢破坏东西……对此,父母不要过于抱怨和无奈,也不要过多阻拦,除非他正在进行特别暴力、危害自己或他人健康的行为。正确的做法是让男孩把过剩的精力宣泄掉。

一位男孩的妈妈这样讲述自己的育儿经历:

一次,我看见我的儿子与他的好朋友明明打了起来,他们挥舞着手臂,互相拍打着。我当时连忙将儿子拉到一边,为他讲了很多道理,比如小伙伴之间应该团结友爱、互相帮助等。儿子点头答应:"妈妈,你回去吧,我知道了。"

我相信了他,便起身往家走。可没走几步,我发现这两个男孩子又厮打在一起了。我将他们拉开,并询问他们打架的原因,但两个孩子似乎都说不上来,他们只是觉得这样好玩。我当时真的疑惑了——只是好玩而已吗?

男孩不听父母的话和小朋友"打架",不是他倔强任性,而是他精力过剩,所以,

"我就不!"——为何男孩都倔强

男孩喜欢和人"唱反调",如果你是"强硬派",那么你的男孩会与你倔强到底。

如果你将命令换为商量,男孩的态度也会好很多。

父母与其禁止,不如让孩子把他的过剩精力完全地发泄出来,只有这样,他才能安静下来去做其他事,当然,你可以让自己的儿子玩"打架游戏",但前提是在正确的规则和不伤害自己和他人的情况下进行。

方法三:给你的小男子汉一些自由和权力

男孩因为体内睾丸素的"蠢蠢欲动",变得争强好胜、喜欢挑战权威,所以很多时候他们自然就成为父母口中的"倔强小子""不听话孩子",但他们又不会轻易屈服于成人世界的规则,同时在睾丸素的作用下,男孩时时想要当"头",希望自己的意见被采纳,在与别人相处的过程中,他最关注的事情就是谁做主,自己能否控制局面,这样的性格在日常生活中表现得特别明显。

因此,面对我们的倔强男孩,父母要学会适当分给他一些权力,给他一些他想要的自由。

教育专家给男孩父母的教子方案

写有《激励你的孩子》一书的英国作家伊丽莎白·哈特利·布鲁尔认为,男孩在被大人误解后很容易产生自我怀疑,而某些看似"倔强"的行为,其实背后都有很多潜在的"意思"。因此,她提出以下这些建议:

1. 接受男孩对世界的看法——他不一定要同意你的看法,你也不必同意他的看法。
2. 重视男孩的独特之处,告诉他父母喜欢他什么。
3. 探寻他行为背后可能的原因和情绪感受,让他知道你了解那些原因和感受。

"我也不想上课溜号"
——男孩也有弱项

男孩的精力旺盛,永远没有安静的时候。让父母头疼的是,男孩在上课时也无法安定,不认真听课,作业本扔来扔去,对老师的批评不闻不顾。

朋朋是个小学生,上课总是不认真听,虽然老师反复提醒,他还是控制不了自己,小动作不断。一等到放学,就像个刚出笼的小鸟放飞到了大自然,整天玩不够,可是一写作业就磨磨叽叽,撕了写,写了撕。在家做功课时,他总是一会儿要吃东西,一会儿要喝水,一会儿又要去厕所,坐立不安,父母对此烦恼极了。

对男孩的这种情况,有的父母当作天大的事来对付,对男孩非打即骂,恨铁不成钢,但矫枉过正,男孩还是我行我素,成绩更差;而有些父母认为,男孩小学时调皮没关系,中学时成绩就会赶上来,什么也不影响,还是顺其自然的好。

这两类父母的做法都是错误的,男孩不喜欢上课,父母应首先考虑男孩为什么上课这么容易"溜号",怎么让他集中精力听课。建议父母采取以下三种方法,把上课"溜号"的男孩给拽回来。

方法一:及时鼓励,帮男孩找回学习的兴趣

男孩上课不认真,主要还是因为他对学习没有兴趣。爱因斯坦说过:"兴趣是最好的老师。"成绩好的男孩,就是由于对学习有着浓厚的兴趣。父母想办法帮助男孩找回学习兴趣。有些兴趣是天生的,但更多的兴趣还是环境、人为等多种因素影响下产生的。为什么男孩会没有学习兴趣呢?他们一会儿搞怪,一会儿和周围的同学说话。学习对他来说成了枯燥无味的事,无法满足他与生俱来的对新鲜事物的挑战和探索欲。

形形对数字很感兴趣,他的数学成绩在班里是第一。平时,他也很崇拜邻居家学奥数的哥哥。有一次因为失误,他考了全班第二名,便不愿上数学课了,老师看后非

常着急。

形形显然是暂时失去了学习数学的兴趣。聪明的妈妈见他这样，就把一道数学题给他："形形，这是邻居哥哥的作业题，你快来看看，帮帮哥哥，他在家都急坏了。"形形马上来了精神，趴在桌上认真做了起来，一会儿就完事了。妈妈很高兴地夸奖他，还故意意味深长地说："看来奥数哥哥也有做不出来的数学题啊。"形形自己也很得意，从此以后，学习数学的兴趣又被激发起来了。

孩子在快速的成长期，对事物保持的兴趣也是不稳定的。所以，父母要帮助孩子保持兴趣，在他获得一点成就时，适当地给予肯定和鼓励，会给孩子很大的信心。当兴趣成为一种习惯，孩子就会自己把握。

方法二：良好的学习氛围让男孩成长得更快

妈妈催强强去写作业，强强还想再玩会儿，就说："爸爸为什么还看电视？"强强爸爸说："大人的事，小孩子不要管，快去写你的作业。"强强听后非常不情愿。

强强妈妈走到强强爸爸跟前，小声说："大人都做不到的事情，怎么要求孩子做到呢？"强强爸爸起身说："关电视了，现在是学习时间。"说着自己拿起一本书安静地看起来。强强这才痛痛快快地写起作业来。

父母是孩子最早的老师。日常生活中的"言传身教"都在潜移默化地影响着孩子的成长。现实中，男孩的成长不会因为强行说教而茁壮。做父母的在培养男孩时，更要注意为他树立一个好的榜样，在这样的家庭氛围中，孩子的学习会提高得更快，学习的自觉性也会更高。

方法三：把竞争意识转移到学习中来

男孩天生具有挑战意识，对新奇的事物总是充满好奇，卸钟表、拆玩具、研究"飞机""坦克"，忙得不亦乐乎。但很多男孩的挑战意识在学习中表现得并不强，这就需要竞争的刺激才能把他的潜能充分发挥出来。因此，父母要鼓励男孩多参与学校和班级的活动，比如，多参加讲演、书画等比赛活动。通过这些活动参与竞争，从中得到锻炼，在竞争的环境中体验快乐，使自己的特长、个性、自信不断得到张扬和发展，而这些也将成为男孩学习的更强大动力。男孩的竞争意识增强了,学习也就成了一项很有趣的挑战。当然,父母要从男孩子本身的性格特点和兴趣特长出发,完善男孩的人格,让他具备更强的学习竞争能力。

教育专家给男孩父母的教子方案

小卡尔虽然被称为"天才",但老卡尔·威特认为一个孩子的成长是由多种因素支配的,"天资不足"并不是否定孩子的理由,教育的关键在于父母如何培养孩子,如何去引导孩子。他的经验是:

1. 无论在孩子学习什么的时候,父母都要要求他做到专心致志。

2. 父母要从孩子很小的时候就严格地教育他学会计划和安排。

3. 父母要善于在日常生活中观察自己的孩子,一旦发现孩子心中有"迷惑",就要及时给他解除。

第二章 培养最棒男孩,家长要明确自己的责任

> 关键词:品行、母爱、人格、父爱、规矩、男子汉气概、教育风格、权威型、批评、必备教育、言传身教、家庭环境、民主、和谐、富二代、劳动、责任感、性别教育、伪娘、理解、尊重、信任、优势、合理教育、单亲家庭、隔代育儿。

父亲和母亲就像太阳和月亮一样,在教育男孩的过程中都有着属于自己的责任。

父亲是儿子最坚定的"领航者",他教会儿子怎样才是真正的男子汉、什么是男人应具有的人格。

母亲是儿子最温柔的"港湾",她教会儿子男子汉应具有怎样的品行、教会儿子如何去爱。

但做好男孩的父母并不是你想象中的那么简单,你还要知道如何为他打造一个温馨的家庭环境,如何消除两代人之间的鸿沟。

男孩品行的塑造，99% 靠妈妈

不管是正在成长的小男孩，还是已经成家立业的男人，或者是已经年过半百的中年男人，母亲的存在都会带给他们十足的安全感，母亲永远是他们心灵的港湾。

受母亲生理特征的影响，从怀胎、哺乳到启蒙的过程中，母亲与男孩有着更多的接触机会，加之其特有的细腻情感和耐心，使男孩天生就与母亲存在着一种超乎其他亲属关系的亲密性。一个男孩从嗷嗷待哺的小宝贝，成长为独立自主的男子汉，在这个过程中，母亲的养育至关重要。因此，有这样一句谚语："母亲一手摇着摇床，另一只手却在摇动整个世界。"

我们说母亲是孩子未来的塑造者，这一点也不为过。如果母亲有兴趣教男孩知识，并且乐于与他交流，那么会很好地促进孩子大脑的发育及完善，使他获得更多的讲话技巧，从而使他在以后的生活中能更好地适应社会。

相反，如果母亲消极厌世、情绪低落，在男孩出生后的两年里未尽到职责，那么男孩的大脑就会发生变化，也会满脑的忧愁，紧闭心门，长大后也会遇到同样的困扰，因为他们不能向自己的伴侣或孩子表达自己的关怀和柔情，他们会变得高度紧张，异常脆弱。

作为男孩的母亲，不管你的儿子处于哪个年龄段，你都应该一如既往地支持孩子，使孩子能感受到母爱的温暖，同时直接或潜移默化地将自己的修养、观念、思想传递给孩子，塑造出一个优秀的男子汉。

方法一：用母爱塑造孩子健全的人格

母爱是塑造孩子人格的种子，它不仅会给予孩子十足的安全感，促使他勇敢面对一切困难和挑战；还能在潜移默化中净化孩子的心灵，让男孩变成神圣而美好的人。这也是教育学家为什么一再强调母乳喂养，父母自己带孩子等问题的原因。

一位老师讲述了他一个学生的故事：

王琦是个性格很暴躁、容易冲动的孩子。只要别人与他稍有摩擦，他就用拳脚去"摆平"对方。有一天，他因为一件小事与一名高年级的同学发生了口角，对方还没说几句，他就一拳将别人打成了熊猫眼。恰巧被我遇见，我连忙拉开这两个学生，并让王琦把自己的家长叫到学校来。王琦半天也没动地方，我有点生气了，拽起他的胳膊说："你不叫？那就直接带我去找他们！"王琦在我的强迫下带我来到了他们家。这时我才知道，他的父母在他很小的时候就分开了，他一直由爸爸带大。他的爸爸脾气很不好，孩子稍微犯点错便往死里打，渐渐地，王琦也开始效仿父亲，喜欢以打架的方式来消除心中的不快；加之他自小又缺乏母爱，便形成了这样暴躁的性格。

爱打架的男孩往往来自需要得不到满足的家庭，他们没有良好的自我形象，生活中缺乏安全感，所以喜欢求助于暴力来解决问题。而改造他们的最好办法就是让他们感受到母爱的温暖，也只有母爱才能为孩子塑造出安定、祥和、善良的人格。因此，为了让男孩日后拥有一个健全的人格，各位母亲要不断地将自己的爱倾注在男孩身上，尽量自己带孩子，并维持和谐的婚姻。

方法二：及时对儿子的智力进行引导和开发

一提到开发儿子的智力问题，大多数母亲都会争先恐后地说：

"我儿子在3岁的时候就会说外语单词了！"

"我儿子还没上幼儿园就会做算术题了！"

从这些话我们可以看出，母亲并没有真正理解"开发智力"的含义。智力开发并不是叫你的儿子参加补习班、苦读英语、钻研数学题等，而是指在孩子幼小时，引导他把大脑智力潜能彻底发挥出来。如果家长没能及时对孩子进行智力引导和开发，那孩子的智力便会逐年递减，最后出现智能萎缩现象。

一位母亲这样总结自己的教子经验：

在儿子很小的时候，我便刻意加强他对数字的敏感性。比如，当他吃苹果时，我就会告诉他："妈妈今天一共买了5个苹果，宝宝吃了1个，还剩4个。"当孩子穿衣服时，我就说："宝宝有1双小袜子，有1个小帽子。"渐渐地，孩子没有通过"1，

2，3，4"死记数字的方式，便学会了记数字。

此外，我还利用画画的方式加强儿子的空间概念。我为他买了很多种颜料笔，让他在图画纸上画画。儿子起初对各种各样的颜色很好奇，常常把整张纸都涂得五彩缤纷。没过多久，他便懂得用色彩搭配出空间感了。有一次，他临摹桌子上的一个苹果，我惊奇地发现，他竟然在苹果的下面用黑色的水彩笔画了一道阴影。

这位母亲的做法非常科学，她不是单纯地教儿子知识，而是主动引导孩子去思考。这样，这个男孩便掌握了获得知识的方法——这才是开发男孩智力的根本途径。

具体来讲，母亲该如何引导和开发儿子的智力呢？主要有如下几个方面：

首先，便是带孩子亲近自然，当他在辨认动植物或环境时，就等于启动了观察的智能。

其次，让孩子聆听音乐。音乐可以开发孩子的想象力和创造力；让孩子尽情绘画，画画可以开发孩子的形象思维能力、色彩敏感度、空间想象力等。

最后，通过游戏开发孩子的智力。只有爱玩、会玩游戏的孩子才聪明。

在男孩生命的早期，如果母亲能够按着这几个方面去做，那么，男孩智力的"阀门"就顺利地开启了。

方法三：随时修正男孩的坏习惯

很多犯有偷窃罪的男孩，几乎都有一个共同的特点：没有母亲，或不与母亲生活在一起。

为什么会有这样的共同点呢？经过一些行为学家的研究，最终得出结论：盗窃少年犯大多在童年时缺失母爱，或得不到母亲的尊重，因此才去拿别人的东西来弥补自己心灵上的缺失。由此可见，母亲肩负着塑造男孩品性的重担。

因此，在平时，母亲不仅要给予男孩温暖的关怀，还要悉心留意男孩的各种生活习惯。对其优良的习惯，要多加鼓励，令其发扬光大。一旦发现不良的习惯，就要马上指出，并督促其改掉。不要对男孩的错误心慈手软，也不要为他收拾"烂摊子"，而应该让男孩接受自然结果的惩罚。

一位母亲是这样总结自己的教子经验的：

我儿子经常丢三落四，上课时经常忘带书本。每当这时，他便会打电话给我，要我给他送过去。我警告过他很多次,每天晚上要看课程表装好第二天的书,但他却总是忘记。

为了让他品尝自己种下的苦果,同时也为了纠正他这个习惯,我决定找个机会好好"惩罚"他一下。果然,一天,他再一次忘记带书,在电话里央求我:"妈妈,你给我送过来吧!"我当时真有些心软,但还是斩钉截铁地回答他:"不行!你自己犯下的错误自己承担!"

还真是神奇,从那以后,儿子再没忘记带课本上学,生活时也自律多了。

每个男孩都有很强的可塑性,只要母亲能把握好方向,付出爱心,就一定可以把孩子塑造成优秀的人才。

教育专家给男孩父母的教子方案

卡尔·威特在教育儿子的过程中认为:很多母亲只顾关心孩子身体的健康,而忽略了孩子品德的形成和智力的发展,这是十分错误的,并且是一种不负责任的行为。他的妻子在教育儿子品行的过程中是这样做的:

1. 为了拥有一个从小就很勇敢的孩子,母亲要变得更加坚强。

2. 怀孕期间,纵使有再难过的事情,母亲也要忍住眼泪,让自己快速从痛苦中解脱出来。

3. 为了使孩子成为爱美、爱正义、爱真理的人,母亲一直用勇敢、乐观、坚强的精神影响孩子,并且给予孩子爱与智慧。

第10招 男孩人格的形成，离不开爸爸的指引

有人曾说过这样的话："让一个男孩和一个合适的男人在一起，这个男孩就永远不会走上邪路。"而这个"合适的男人"主要指的就是男孩的父亲。父亲在男孩的成长中起着重要的作用。当男孩遇到困难时，当男孩需要感情支持时，一抬头，如果发现父亲就站在自己的前方，那么男孩会更加自信、坚强。反之，男孩在最需要帮助的时候，父亲却常常缺席，天长日久，男孩的性格也会发生改变，变得自卑、孤僻、没有男子汉气概。

然而，很多父亲却为了事业而"牺牲"了自己的儿子。他们认为只有辛勤工作才能为孩子提供最优越的物质生活，却不知道对于男孩来说，父亲的陪伴才是最迫切的需求。

男孩的成长，离不开父亲的引导。不管双方的距离是近还是远，男孩都会从父亲那里认识、学习、效仿到怎样做一个男人。

一个男孩的父亲讲述了一件特别有意思的事：

"我儿子从2岁起就开始模仿我。有一次，他趁人不注意，竟然搬着凳子偷偷溜进了卫生间，找到了我放在洗漱台上的刮胡刀，学习我刮胡子。他那么小，怎么有胡子，结果可想而知，他的小脸被刮破了皮。"

看！每个男孩都像一个小雷达，他每天都在专注地观察着父亲的一举一动，并且会积极模仿父亲的一言一行。作为男孩的父亲，如果你很孝敬父母，那么这个男孩也会尊重你；如果你对妻子、朋友都温柔有加、以礼相待，那么你的儿子长大后也会像你一样成为一个绅士。反过来说，如果你经常酗酒，那么你的儿子将来也可能会成为酒鬼；如果你经常对别人发脾气，你的儿子也可能脾气暴躁。

英国文学家哈伯特说："一个父亲胜过一百个校长。"作为孩子成长阶段接触最早、接触时间最长的成年男性，父亲的作用绝非一般。

那么，在教育男孩的过程中，父亲具体要做些什么呢？相关教育专家是这样认为的：

首先，父亲应该多多亲近儿子，同他建立默契的情感。

男孩人格的形成，离不开爸爸的指引

父亲不应随意扼杀男孩的好奇心。

正确引导你的"小雷达"，他才能健康成长。

其次，父亲要把自己的男子汉气概灌输给儿子，为好奇的他诠释——怎样才算是真正的男人。

最后，父亲管教儿子要不失严厉，要设法让自己成为儿子眼中集法律、约束力、威严、权力于一身的超人，以此树立自己在儿子心中的形象。

只有做好这三点，父亲才能成为最称职、最合格的父亲。

方法一：为男孩制定一些规矩

一位男孩的妈妈讲述了这样一件事情：

我家儿子很邋遢，每次回家将衣服脱下就四处乱扔，书包随手就往地上一放，从不会规规矩矩把东西放好，每次都是我帮他收拾。有一次，正巧他爸爸下班早，看到了孩子邋遢的一幕，便皱起眉头，问："你怎么乱放东西？"单单这一句，儿子的脸就红了。他马上把自己的衣物收好了，此后，儿子邋遢的行为收敛多了。

确实，父亲在大多数的家庭中，都是权威的象征。可能男孩不服从妈妈的管教，但当他面对严厉的父亲时，做事则少了很多借口。为什么呢？因为男孩都是"规则性动物"，喜欢按规矩行事，更喜欢为别人制定规矩。但由于男孩的年纪还小，没有能力去制定，因此，只能服从于严父的规矩。因此父亲可以利用自己的权威性，制定一些家庭规范。以吃饭这件事情为例，在准备饭菜的时候，父亲可以要求男孩去和妈妈一起准备，并制定吃饭的规矩，比如吃饭时尽量少说话等。当然，规矩还可以扩展到让男孩清扫房间、整理衣物、打扫厕所等日常生活起居的各个方面。

规矩是人性化的，如果你制定的规矩不合理，男孩提出质疑，也要相应地做修改。但对于一些原则性规矩，父亲要坚决反对修改，比如不许玩火、玩电，不许浪费水，等等。

如此男孩便会逐渐明白制定、遵守规矩的重要意义。规矩能培养男孩的自律能力，并教会男孩如何更安全地去接触他周围的社会。

方法二：从小事中让男孩体会到严父的慈爱

不要小瞧生活中的细节，它是父子关系升温的秘诀。父亲可以利用一些小事，让男孩体会与你平时严厉的形象相反的感觉——慈祥。比如，你可以花些时间与儿子一起玩玩泥沙；周末带孩子外出放一会儿风筝、踢踢足球、爬爬山；夏天的夜晚，带儿子出去散散步，边散步边和小家伙聊聊天，向他讲述你的童年……美好的回忆始于此，多年后，无论是你还是他，每当回首这段童年中的往事，都会感到无尽的深情与美好。

方法三：把你的男子汉气概传输给孩子

父亲不会像母亲那样，对男孩百般宠爱，常常透着一股十足的"男子汉"硬派作风。如果父亲能参与到男孩的教育中来，那么他的"男子汉"作风，往往会在其教养方式中为男孩注入阳刚之气。

有研究证明，男孩与父亲接触的机会越多，在一起的时间越长，男孩就越表现出很多优势，如性格开朗、头脑灵活、身体健壮、充满活力。为什么会出现这种现象呢？教育学家表示，这是由于父亲的教育方式、父亲的男子汉硬派作风能使男孩更为健康地成长。因此，要想把儿子培养成合格的男子汉，父亲首先就要成为一个顶天立地的男人，然后再把这股阳刚之气传输给男孩。例如：在遇到困难时，父亲要在男孩面前保持冷静的头脑，从容地应对问题，这会在无形中教会孩子，让他拥有坚定的意志和聪慧的头脑；平时不要怕脏，不要怕累，多陪孩子动一动，踢球、赛跑、摔跤……这些运动方式多是动态的、激烈的、富有对抗性的，有利于培养男孩强健的身体和敏捷的思维。

教育专家给男孩父母的教子方案

如何成为男孩的好父亲呢？著名教育家孙云晓给出了答案：

1. 父亲要首先端正态度，要认识到当个好父亲是一种无上荣耀，更要有勇气突破传统的性别刻板印象，改变自己的育儿态度，把教育孩子视为父亲义不容辞的使命和责任。

2. 父亲要做好孩子言行举止的好榜样，把男人应有的气质、品行、责任感等都传输给儿子。

3. 好爸爸需要大量的时间，从孩子出生那天起，父亲就应该舍得花时间去养育他、教育他。

第11招 父母的方法决定教育成果

英国广受尊重的作家，曾著有《积极的养育方式》《激励你的孩子》等书的伊丽莎白·哈特利·布鲁尔认为："尽管现今越来越强调遗传的力量，并承认同伴群体的影响，但父母和其他重要成年人仍然能够强烈地影响男孩的成长，影响其自信心及对自己能力的看法，进而影响其整体自尊水平的高下。男孩既可能与生俱来对生活和自己持有乐观倾向，也可能持有悲观倾向。与之亲近的成年人既可能使他变得更加强大，也可能让他变得更加弱小。"这段话从另一个角度说明：父母对孩子的教育方法决定其最终的教育成果。

事实上，每位父母都有属于自己教育孩子的独特方法，但总体上大概可以分为四种风格：权威性、专制型、纵容型、忽略型。这四种教育风格下的父母都有自己的具体特点：

权威型父母多表现为关心和倾听孩子，对孩子的需要能做出敏感的反应，能及时给予孩子帮助，在孩子心目中有很高的威信，彼此信任、尊重、理解。权威型父母教育下的孩子易于形成真诚、友善、自立、合作的品质，而且有良好的社会适应能力和自我控制能力，较能自信、愉快地学习。

专制型父母多表现为严格控制孩子，并要求孩子无条件服从自己的各种要求，一旦违反，孩子就要遭受严厉的惩罚，不关心孩子的内心感受和想法。专制型父母教育下的孩子易形成行为上的两面性，并时常感到焦虑、不满、退缩、沮丧、自卑、悲观、对人缺乏信任等，还易产生攻击行为和报复心理。

纵容型父母多表现为溺爱孩子，他们对孩子不是没要求，但他们从来不严格要求自己的孩子。纵容型父母教育下的孩子易形成犹豫、霸道、任性、缺乏主见等不良习性，而且看似"小皇帝"的他们内心常常焦虑不安，心理发展也不成熟，自控力差，缺乏应有的进取心和探索精神。

忽略型父母多表现为对孩子漠然、拒绝，更多时候沉浸在自我的需要中，对孩子既不关心，也不提要求，亲子之间缺乏应有的交往和沟通。忽略型父母教育下的孩子易产生多种行为问题，身心都得不到健康发展。

各位父母根据上面提供的四种教育风格，是不是已经找出自己属于哪一种风格的父母。如果你已经知道自己现在采用的教育方法是不正确、不科学的，那么就请及时改正，以免对孩子的将来造成无法挽回的恶果。下面这些方法或许能够让你知道自己以后应该如何做。

方法一：对男孩不要"总要求"

很多父母在教育儿子的过程中，为了使儿子更加出色，总会对儿子提出各种各样的要求："这次考试你要考100分！""书桌你怎么不摆在这个位置？"可能实际生活中男孩确实存在着这样那样的问题，但你"总要求"他去做事，很容易让孩子产生逆反心理。因此，父母在教育孩子时不要对他"总要求"。

豆豆是一个小学三年级的男孩子，天性就比较好动、调皮，为了让儿子变成一个乖巧懂事的"小绅士"，妈妈采取的教育方式就是"总要求"，例如每次送他去学校的时候，妈妈都要说："豆豆，上课的时候不要做小动作。""豆豆，上课要注意听讲。""豆豆，老师提问一定要积极回答。"结果豆豆每天都是皱着一张脸去上课，而且妈妈要求他做的事情他一件也没有做。

看来父母"总要求"的这种教育方法并不能真正达到教育孩子的效果，反而会起负面效果。

方法二：对男孩不要"总表扬"

现在人们都提倡赏识教育，于是很多父母都觉得自己掌握了教育孩子的好方法，无论自己的男孩做什么事情，都是说："你真行！""你真棒！""你太了不起了！"以为这样就能"夸出一个好孩子"。其实，这种"总表扬"的教育方法，不是让男孩变得自大自负起来，就是让男孩对自己的能力产生怀疑。

有一个小男孩就曾在日记中这样写道：

今天放学回到家，妈妈就开始表扬我，我像往常那样给爸爸倒水，妈妈就说："儿子，你真棒！"我去倒垃圾回来，妈妈就对我说："儿子，你太了不起了！"可我真的不知道自己棒在哪里、了不起在哪里，妈妈是不是生病了，要不然最近一段时间她为什么老是表扬我？我好像没有做什么值得表扬的事情，我好迷惑啊！

方法三：对男孩不要"总批评"

很多时候，当父母发现"总要求"和"总表扬"不管用了，接下来就是"总批评"，认为这样男孩就会改正自己的错误，朝着父母认为对的方向前进，岂不知这种教育方式不但不能很好地帮助男孩改正自身的毛病，反而会伤害父母和孩子之间的感情。

在日常生活中，假如男孩真的做了错事，父母适当地批评一下也是应该的，但言语之中不要带侮辱性的词语，或者狠狠地打他一顿，甚至惩罚孩子不让他吃饭。这些方式都是错误的，会严重伤害孩子的身心健康。

教育专家给男孩父母的教子方案

英国作家伊丽莎白·哈特利·布鲁尔认为，父母对男孩的不同期望，会造就出不同的男孩。对此，她建议父母要常常检视自己对男孩的期望，具体做法是：

1. 列出你对男孩的种种期望，尽量坦诚地面对你存有这些期望的原因，并仔细考虑它们对孩子产生的积极或消极影响。

2. 认真考虑男孩的运动、艺术、音乐、学业、职业、爱好等，以及你对这些项目的期望值是高、适中还是低。

3. 认真考虑你对男孩的短期学业期望是否现实，如果男孩达不到，你会采取哪些措施。

第二章 培养最棒男孩，家长要明确自己的责任

第12招 三个阶段的必备教育，别让男孩输在起跑线上

任何一个男孩都不是一夜之间长大的，他们变好或变坏都有一个循序渐进的过程，这一点无论古今中外都是如此。男孩在成长过程中主要经历三个阶段。各位父母应该充分了解这三个阶段中男孩的心理及生理特征，以便于在孩子最需要帮助时伸出援助之手。

◎第一阶段：0～6岁

无论哪种性格的男孩，他们在6岁前都有一个共同点——非常需要母亲的关爱和教育。这个对世界充满好奇的小生命，喜欢被妈妈抱在怀里，喜欢妈妈和他说话，喜欢被别人逗得咯咯直笑；喜欢撒娇，希望妈妈能时时陪在自己身边……因此我们说，6岁前的男孩是属于妈妈的。

◎第二阶段：6～13岁

男孩过了6岁，性格上就会发生巨大的变化。这时的男孩突然变得"男人味儿"十足，即使是平时特别安静、内向的男孩都充满了"英雄情结"。他们把自己幻想成"蜘蛛侠""变形金刚""奥特曼"……喜欢挥舞着玩具刀枪，装模作样地打打杀杀，而嘴中还一刻不闲，为每一次"打斗"配着音："我是超人，看我的，啪啪啪。"

男孩滑稽的神情可能会让一些父母啼笑皆非，也可能让一些父母感到很无助，以为自己的孩子太过"好斗"，担心他长大后会做出危害他人安全的不良行为。其实，各位父母大可放心，这个活跃期是每个男孩的必经之旅。

男孩之所以发生上述变化，是因为他在这个年龄段开始尝试着成为男人，他在兴趣与爱好方面越来越像父亲。他更喜欢和爸爸或其他男性在一起，想向他们学习，想模仿他们。这个时期的男孩做事情的目的非常单纯——就是学着做一个男人。如果在这

个时候做父亲的忽略了这一点，那么你的儿子就会不断地制造麻烦，以引起父亲的注意。

◎第三阶段：14～18岁

这个阶段的男孩，要完成从幼稚到成熟的转变。此时，男孩进入了生长发育期，他体内睾丸素的含量是从前的8倍。在睾丸素的作用下，他的身体会发生一系列显著的变化：

他的身体轮廓逐渐明显起来；

他的肩膀变宽，周围的肌肉渐渐出现新的线条；

他的四肢的骨骼延长并更加结实了；

他的嗓音由稚嫩的童音变为低沉的音调；

他渐渐长出了喉结，生出了胡须。

在这个阶段，男孩向往更广阔的世界，喜欢具有吸引力的事物，但是他没有正确的是非观，这就要求每一位男孩的父母要做出正确的引导，为男孩解答成长道路中遇到的疑惑，避免男孩陷入吸烟、酗酒、斗殴等事件中。

相信通过以上的介绍，各位父母已经明白了男孩成长道路上的这三个阶段，以及每个阶段自己所要肩负的责任。那么，做父母的具体应该怎么做呢？

方法一：多多亲近你的孩子

一个妈妈这样描述她的教子经历：

我非常幸运，生了一对龙凤胎。虽然他们同时降生，但在表现上还是差别很大。我的女儿很少哭闹，但我的儿子就大不一样了：他常常动个不停，有时还会恶狠狠地对我晃起小拳头，只有我来到他身边，将他抱在怀里时，他才好一些。

儿子每次哭闹都要不停地蹬腿，这时我轻轻地亲吻一下他的额头，他便会平静许多，但是很显然，他的"怒火"还是没有熄，我只有不停地对他说话，他才会渐渐停止哭闹。后来我意识到，与女儿相比，儿子更需要我的安抚、拥抱和亲吻。可见，养育一个男孩，需要有比养育女孩更多的耐心。

各位男孩的妈妈一定要抓住孩子降生后的美好时光，多多亲近你的孩子，比如常常拥抱他、和他交流、对他讲故事……在母爱的包围下，孩子会更踏实和安全地成长，他的大脑也会发育得更完善。反之，如果母亲对孩子很冷漠，经常责骂他，那么男孩的大脑发育和性格发展都会出现问题,他日后适应社会的能力也随之变差了。

方法二:进入男孩的世界,体会他的感受

这一天,4岁的萌萌突然拉起妈妈的衣角问:"妈妈,你不是答应我今天给我买拼图积木吗?"萌萌的妈妈正在厨房忙着收拾碗筷,一看到萌萌进来"捣乱",于是有点不耐烦地说:"儿子,快回去,这里脏,一会儿我忙完就过去陪你。"萌萌嘬着小嘴进屋了。

过了一会儿,萌萌妈忙完了厨房里的活,出去看萌萌,却发现他正满脸泪痕地蜷缩在角落里。妈妈问:"你怎么哭啦?"萌萌说:"你骗人,你说好在我4岁生日时给我买拼图积木,但你没有给我买!"妈妈仔细地回忆了一下,自己好像确实说过这样的话,她又翻了翻日历,然后倒吸了一口凉气——今天是萌萌的生日!自己怎么如此粗心,忘记了孩子的生日呢?

不要以为男孩还小,什么都不知道,其实他非常细心和敏感,有时甚至胜于女孩。可能父母不记得自己随口的承诺了,但男孩却偷偷地记在了心里。他总在默默关注着父母的一举一动,并希望父母也对自己多关注一些。因此,无论你的男孩处于哪个阶段,作为父母,都要进入他的世界,体会他的感受。

方法三:言传身教,让男孩学会自律

一天,孙女士和7岁的儿子齐齐在家看电视,母子俩一同发现沙发下面有一枚五角钱硬币。孙女士本来以为儿子会把钱捡起来,但齐齐却伸出腿一脚把硬币踢飞了。孙女士生气地问:"你在干什么?为什么不把钱捡起来呢?"

齐齐一副得意的表情,说:"这点小钱我才不要呢,要捡我就捡大钱!"

齐齐的一番话让孙女士感到吃惊,儿子为什么如此不爱惜钱币呢?仔细一想,可能是自己平时和丈夫谈论金钱的时候被齐齐听见过。孙女士经常对丈夫开玩笑:"这点小钱我才不赚,要赚我就要赚大钱!"没想到,自己无心的话语却给孩子带来了负面影响,孙女士非常后悔。

父母对孩子的言传身教、潜移默化的影响非常大。其实,有很多毛病并不是出在

孩子身上,而是出在父母身上。父母是孩子最好的老师,孩子每天和父母在一起,父母的行为习惯孩子看在眼里记在心里,自然很快就会学会,并且效仿。因此,在教育男孩时,父母应该首先养成良好的生活习惯,并格外留意自己的言行,不要把坏的信息传达给孩子。

教育专家给男孩父母的教子方案

卡尔·威特从教育儿子小卡尔的经验中得出的结论是:教育孩子最重要的是后天教育,而后天教育中最重要的是早期教育。他认为在孩子3岁以前的记忆时期,父母大概可从以下两个方面去给孩子"硬灌"些什么:

1. 反复给孩子灌输语言、音乐、文字和图形等,以提高其智力。
2. 时常给孩子输入人生的基本准则和态度。

第13招 为你的男孩打造一个温馨的堡垒

对于男孩来说，家庭才是他赖以生存的地方，对他的影响远比成年的社会要大得多。在男孩眼中，家庭不仅仅是一个生活场所，还是他接受爱、学习爱的地方。因此，一个良好的、温馨的、和睦的、甜蜜的家庭对男孩身心健康的发育起着至关重要的作用。

说到这里，很多父母便会问：什么样的家庭才适合小家伙成长呢？答案很简单，让你家里的小男子汉来告诉你。

曾经有一个教育家在一所小学里做了这样一项实验：他让所有的孩子回答这样两个问题："你心中最完美的家是什么样子呢？""生活中，哪些事情让你觉得温暖？"这位教育家本以为孩子们肯定会说有洋房、汽车的家是完美的，能让他们感到温暖的是那些好吃的和好玩的，然而，让这位教育家没想到的是，没有一个孩子这样回答，他们所说的完美的家和温暖的感觉，都是日常生活中每天都在发生的事儿，比如鼓励、民主的讨论、与父母一起玩耍，等等。在孩子的回答中，家与家人的关爱胜于物质和娱乐。

不要以为你的孩子还小，什么都不懂，其实他们非常了解家的含义。在他们心中，家不一定是富丽堂皇的，但一定是温馨的；爸爸妈妈很少吵架，每天都是开心的；家庭生活中，不一定每天都有好吃的零食，但只要是全家人一起吃饭，聊聊天，开开玩笑，就是幸福的；在家中的游戏肯定没有去游乐场好玩，但他们喜欢也愿意和父母一起在家共同玩耍，甚至要胜过去游乐场一个人玩耍的感觉。

生活中，为人父母的你，可以时不时地询问一下你家的小男子汉："你理想的家庭是什么样子？"然后把他回答中的一些合理的要求归类，并且一一实现，孩子会看到父母为他们做出的改变，也会在这些改变中看到尊重、理解、疼爱。他们也会尝试着去为自己的父母做出改变。

父母是孩子的第一任老师，家庭则是孩子的第一所学校，健康和谐的家庭环境，是孩子身心健康发展的前提条件。

方法一：创造学习氛围浓厚的家庭环境

一个书商家里有两个儿子，虽然两个儿子都只是在上小学，但无论和谁聊天，他们的话题总是丰富得惊人。

"花钱要花在刀刃儿上，这点我是向比尔·盖茨学的。"

"我们'90后'也有出色的作家，他叫吴子尤，文笔特别棒！"

"我喜欢三毛写的东西，有一种淡淡的忧伤。"

许多与他们聊天的成年人都惊奇这两个小家伙怎么能有如此广阔的见解呢？

于是，很多人便问这个书商："你是怎么让你的儿子如此博学的呢？"这个书商笑着说："你只要去我家看看，你就知道了。"

原来，这位书商家里，任何一个屋子都堆满了书籍，从科学杂志到古典文学一样不少。

试想一下，在这样的环境中生活，孩子能不喜欢读书吗？为人父母，要是希望将自己的儿子培养成博览群书的"文士"，就要把家里布置成书屋，让它满布书香气，让孩子在无聊的时候，伸手就能拿到书，从而自由自在地在书海中遨游。

现代社会，竞争越来越激烈，父母都想把自己的孩子培养成精英，不仅要考试考得好，还要能出口成章，只有这样，才能跟得上这快速前进的社会。作为父母，你必须想一想，你的家庭氛围如何呢？很多孩子在很小的时候就染上了吸烟的恶习，父母不但不反思，还总是一味地打骂孩子，试想一下，你们把烟放得随处都是，当孩子一个人在家感到无聊、孤独的时候，那种好奇心自然会驱使他去触碰那个父亲经常放在嘴上的东西。

要知道，父母的行为对孩子的影响是非常大的，这也是为什么出生在书香门第的孩子大多都会功成名就的原因。

方法二：营造民主的家庭氛围

大部分孩子的家庭环境都算得上是温馨的，但却很难做到民主，而一个再温馨的家庭若缺乏了民主的气氛，也会让生活在这个家庭里的孩子感到压抑，尤其是对那些要求个性成长的男孩来说。

父母动不动就对自己的儿子说，你应该这样，你不能那样……这无疑会破坏男孩天生的创造力，让本应自由成长的男孩变成一个有些自闭的"小呆子"。这样的孩子虽然看上去老老实实，是父母眼中中规中矩的"好"孩子，然而未来步入社会时却缺少了一份灵性。因此，各位父母要力争为男孩创建一个民主的家庭氛围。

首先，你应当把"我是老子，你是儿子"的思想彻底剔除掉。要知道，这种"父教子从"的家长作风早已被当代的教育体制淘汰了。你要明确孩子不仅仅是你的血肉，也是这个家庭的一员——自打他出生起，他就是独立存在于这个社会中的，他有自己的思想、意志，也有强烈的自尊心，需要得到家长的尊重。只有在孩子的教育中树立这种平等的意识，才能让孩子真正听你的话，让他从内心尊重你。

此外，父母千万别存在那种"孩子还小，很多事情没有必要让他知道"的心理，这样会让孩子觉得自己是脱离家庭生活的，从而产生一种孤独感。作为家长，你必须保证家庭内每个成员之间都是平等的，不能因为年龄关系就对他"另外对待"，要知道，男孩虽小，却有自己的感受，他能感受到家长对他的尊重和重视，更能感受到你的爱！

方法三：营造和谐的家庭氛围

"你简直就是个窝囊废！"

"有本事你去挣钱，就知道在家里耍横！"

这是家庭生活中，夫妻双方吵架时经常说的话。也许当夫妻双方争吵完后，并没有觉得有什么不对，权当是一场发泄，但他们却没有考虑到孩子的感受，这些恶意伤人的话，会对他们的孩子造成什么影响。

心理学家研究表明，从小就生活在紧张的家庭环境中，孩子的智商发育较同龄人会晚一些；有的男孩还会因为恐惧，拒绝与人交往而患上自闭症。反之，一个自幼生活在和睦家庭的孩子，他的身心发育则会很健康。

在恩爱、和谐的家庭中生活的孩子，通常能够感受到一种幸福感。父母经常带着自己的孩子外出散散步、逛逛公园等，不仅可以增进家长与孩子之间的亲密程度，还能潜移默化地将一些知识传授给孩子，从而使孩子更加热爱学习，对周围的事情充满好奇感，乐于与他人接触。反之，若孩子生活在一个不和睦、经常发生争吵的家庭中，父母不仅无心照顾孩子，一生气吵架后，甚至还拿孩子作为双方的"出气筒"，这无疑会给孩子的精神造成很大压力，严重危害孩子的身心健康及智力发展。

家庭是孩子成长的摇篮，父母的一言一行都对孩子的成长起着至关重要的作用。比如一个公益广告所演：一个小男孩在无意间看到忙碌了一天的母亲在为奶奶洗脚，双方非常融洽地聊着天，他也突然端来了一盆水给自己的妈妈洗脚。

试想一下，要是这个孩子生活在一个婆媳关系不融洽的家庭又会怎么样呢？看到妈妈与奶奶争吵，他肯定想不到去打一盆水给妈妈洗脚，甚至会否定妈妈为这个家庭付出的一切。

教育专家给男孩父母的教子方案

"知心姐姐"卢勤曾说："家庭，不仅是成年人歇息的港湾，可以放松地表现出真实的自我，而且也是孩子的港湾。"她认为父母给孩子提供一个温馨的港湾，应该做到以下几点：

1. 爸爸妈妈永远不能对孩子说："你给我滚出去！"
2. 一定要教给孩子自我保护的能力。
3. 父母要时刻关心孩子在看什么、在做什么，以防微杜渐。

第14招 不要疼出一个纨绔"富二代"

"穷养男孩,富养女孩"这种说法由来已久。"穷养",当然不是让他衣不遮体、食不果腹,而是远离过分的物质享受,不与别人做物质攀比。培养男孩,就是从小要培养他吃苦耐劳、独立自主、勇敢承担责任的优良品质,让他们多经历一些挫折和磨砺,在"穷"中得到锻炼,懂得并珍惜生活。这样,将来他才会在社会、家庭中承担起自己应当承担的责任。

美国亿万富豪巴菲特曾告诉他的三个孩子,他不会将自己巨额的财产留给他们,而是要用来做慈善事业。巴菲特的小儿子彼得说,他父亲留给他们最宝贵的资产是教导了他们人生的价值观。因为,巴菲特认为人生的价值观比财富更加重要。他觉得,在教育子女上一定要向他们传输正确的价值观,而不要把金钱看成是万能和控制一切的东西。对于孩子,不是他们想要什么,父母就一定要马上去满足,而是要鼓励他们自立、自爱,独立成长,自己创造和争取自己想要的。在教育孩子的过程中,巴菲特特别强调三点:一是强调自尊自信的培养;二是对个人梦想的追寻;三是拒绝为物质财富所奴役。

"可怜天下父母心",天下的父母都是爱自己的孩子的。而在我们东方大部分的家庭教育中,溺爱几乎成为一种风尚。一家六个大人围着一个孩子忙得团团转。殊不知,这样疼孩子,尤其对于男孩,只会折断他将来腾飞的羽翼。在成长的过程中,经受不住一点打击。现在很多年轻的男孩从象牙塔进入社会后,面对来自社会的压力和打击,就以为大厦将倾、天地不存,甚至放弃生命。所以,父母对于男孩的疼爱,更要"用心良苦"。

方法一:对男孩的爱要深沉

腾腾备受父母疼爱,俨然成了家里的一个中心。这不,家里来了人,爸爸、妈妈正和客人说话,他在一边玩着玩着,听到那边正聊得热闹,立马不耐烦了,就开始敲桌子,以引起大家的注意,并大声喊:"听我说,听我说……"腾腾妈妈尴尬地笑着说:"冷落了孩子。"

像腾腾这样的男孩就是教育的失误,造成了他凡事以自己为中心的自私心理。而大人稍有点自我的生活,都可能会让他感觉受到了冷落,这是要不得的。对男孩的爱,父母不要表现得那么明显。在家里,对男孩不特殊对待,他提出不合理的要求就要坚决拒绝,有错误就批评,赏罚分明……只有这样,男孩天下唯我独尊的思想才不会存在。

方法二:让男孩知道劳动才可以创造生活

比尔·盖茨说过一句话:"卖汉堡包并不会有损于你的尊严。"任何劳动的获得都是有尊严的。要让男孩懂得,只有劳动才会有回报,劳动的回报才是最有尊严的。养成他从小参与劳动的习惯,比如,让他帮着父母做家务。这样,一方面可以增进男孩与父母的感情,让男孩懂得承担,同时,也提升了他在家庭中的自我价值感。对于男孩的某些要求或者愿望,都可以让他以劳动的方式获得,这样他会更珍惜自己的劳动所得。

方法三:责任感是男孩必须具备的品质

峻峻在周末的日记中写道:今天早上,我和妈妈去公园玩。因为我们出来得早,公交车上人不多,我和妈妈都有一个座位。看着外边的风景,我的心情真好啊。过了三四个站,车又再次发动时,上来一位爷爷。我看了看,这时车上已经没有空座了,我赶紧走过去扶爷爷坐下。

峻峻这么做,全得益于他的父母从小对他的教育。他的父母知道,责任感对于男孩来说,是最应该具备的品质,不论是家庭责任还是社会责任,家长都要从小培养,告诉男孩自己的事情自己做。在家中,父母甚至可以"懒"一点,把某项家务,比如擦桌子,交给他,让他长期负责,让他明白这是自己的职责,并去行使好。父母在关爱男孩时,不要忽视了自己,同时也让男孩子关注自己。有些父母身体不舒服也不告诉孩子,还为孩子不停地奔忙。这是对孩子树立责任感的忽视。告诉男孩你的感受,并让他为你做点什么。适当地让男孩体验照顾别人的感受,他的责任感会慢慢树立并增强。

方法四：锻炼男孩的超强意志力

大伟很早就起来和爸爸一起去晨跑。天气相比往常有点热，跑着跑着他受不了了，停下来不准备跑了。爸爸也感觉到热得难受，他犹豫了一下，又快速地跑起来。爸爸有些生气地对大伟说："跑起来，不能停。"大伟见爸爸生气了，就又跟着爸爸跑起来。回去的路上，他问爸爸为什么生那么大气。爸爸告诉他："男孩不要遇到一点困难就放弃，要勇于克服，不然以后遇到困难只会退缩。我生气，就是因为看到你在放弃。"

没有永远一帆风顺的生活。男孩在成长过程中，也会遇到各种不同的挫折。只有从小让他学会迎难而上，不怕挫折，他在长大后才能成就一番事业。当然，培养孩子的超强意志力，也需要父母持之以恒地去带动孩子。

教育专家给男孩父母的教子方案

意大利最为著名的教育家蒙台梭利在谈到"富家子弟"的教育时，是这样表示的：富家子弟容易被社会所提供的优越感包围，因此他们所受的"疼爱"比平常孩子更甚百倍。对此，她给"富家子弟"的父母提供了自己的建议：

1. 让这些"富家子弟"回到正常的状态中去，以便学会克制自我，并培养他们的独立的个人意识。

2. 转变"富家子弟"要从他自己最专注、最感兴趣的工作开始，以便给他的转变注入兴趣、热情和动力。

3. 引导这些"富家子弟"做一些有秩序的工作训练，将会激发出他们内心的潜能，让他们不断完善自我。

第15招 远离"娘娘腔"，男孩的性别教育不要错位

世界上有各种各样的男孩，他们有的风趣、幽默，有的阳刚、威猛，有的具有破坏性，有的被人们称为"男子汉"，但也有的被人们称为"伪娘"。原本男孩和女孩是两个不同世界的人，他们在性格、行为、习惯等方面都存在很大的差异，不过随着社会变迁、经济变革和教育方式的改变，男孩的男性本质似乎在一点点被削弱，变得越来越女性化，失去了男子汉的气概。

为了让我们的男孩能够像个真正的男人那样在社会上生存，父母尤其要注意他的性别教育，绝对不能因自己错误的教育方式造成男孩的性别错位，否则就会让男孩陷入无比的痛苦里。

嘉义的妈妈一直盼着生个女儿，这样就可以每天把女儿打扮得漂漂亮亮的，像个小公主一样。但可惜的是，她生下的是个儿子。不过，嘉义很符合妈妈心里"小公主"的特性———不哭不闹不淘气。于是，嘉义妈妈总爱给儿子穿蕾丝公主裙、戴粉色漂亮的发卡，邻居们看着都会夸："这孩子长得真好看，像个小姑娘似的，而且一点儿也不淘气，真让大人省心！"

嘉义没上过幼儿园，一直是妈妈带着，在妈妈的特殊关爱和外人长期的"女性化"赞美中，嘉义感觉到小女孩是招人喜欢的。于是，他开始喜欢和小丫头玩，逐渐地远离那些"野小子"。对此，嘉义的爸爸也没有提出反对意见。

6岁的嘉义到了上学的年龄，第一天上学的课间嘉义很自然地跟着女生走进了女厕所，当时，女同学都被他吓得哭着跑了出来，男同学都笑话他进女厕所。而嘉义无辜地站在那里，根本不知道哪里出了问题。第二天，嘉义就不愿意再上学了。

嘉义的"厕所事件"完全是他妈妈性别教育错位造成的。一般来说，造成父母对男孩性别教育错位的原因主要有三种：一是父母对女孩性别的喜好，大人根据自己对

性别的喜好对男孩进行疏导，给男孩造成错误的性别暗示；二是父母好玩搞怪的心理，把男孩当成女娃娃进行装扮，以便获取自己的心理认可；三是父母不懂教育规律，有的父母根本不注重男孩年幼时的性别培养，以为男孩小，不懂这些，还认为男孩长大了自然就会有男子汉气概。

现在父母知道了造成男孩性别错位的原因，接下来就要采取恰当的教育方式和方法把儿子教育成一个真正有担当、有责任心、有男子汉气概的阳刚男孩，让他们远离"娘娘腔""伪娘"等称谓。

方法一：父亲要给自己的儿子做出"性别"榜样

人们常说"有其父必有其子"，父亲给孩子的爱就如高山一般坚毅、深厚、刚强，而且父亲会用自己的行动告诉儿子，什么才是真正的男子汉。因此，对于男孩的性别教育来说，父亲一定要给儿子做出一个好榜样，用自己的阳刚之气去教育影响儿子：男人应该是这样的！

具体来说，教育男孩的过程中，父亲可以这样做：时常带着儿子嬉戏，如多参加一些户外运动，让他玩一些男孩的勇敢游戏，像滚翻、登攀等，这对男孩的运动能力发展大有益处。另外，根据男孩爱冒险、好奇心强等天性，父亲可以在这方面激发男孩的动手能力、想象能力、创造力等，引起他对周围世界探索的兴趣。

据调查表明，如果男孩有一个善于教育的好父亲，那他在数学和阅读理解方面的能力就会比较高，而且在人际关系方面会有安全感，自尊心也相对较强。因此，作为男孩的父亲，必须"亲临"教育第一线，为儿子做出"性别"榜样，教会他如何乐观、坚强、果断地去面对和解决自己遇到的事情，这将有利于培养他的人格魅力和自主能力，使男孩更好地适应现实世界和未来社会。

方法二：对男孩的性别教育越早越好

专家通过多年研究发现，男孩的性别角色意识是从3岁后开始建立的，而真正形成其性别角色意识是在青春期之后。在6～12岁的年龄段，即男孩的小学阶段，他们会把更多的注意力转移到兴趣的培养和学习社会知识上，其实，这个阶段是他们性别意识的潜伏期。因此，父母应从男孩 3 岁开始就对其进行性别教育，尤其是 3～6 岁这个时期的性别教育，对他们形成健康的人格非常有利，更会对以后在青春期处理男女关系打下牢固的人格基础。

因此，父母不但不应该忽视男孩的性别教育，反而应该从他们很小的时候就重视这方面的教育，同时这也会对父母进行男孩性教育起到重要作用，就像有关专家说的那样："性别教育是对孩子进行性教育的基础，是孩子对自身了解的启蒙，也是孩子形成健康人格的基础。所以，从小就开始对孩子进行科学的性别教育是非常必要的。"

教育专家给男孩父母的教子方案

有位母亲说："我不想让儿子变得'女里女气'的，怎样让他具有'阳刚之气'呢？"教育专家王金战老师是这样回答的：

1. 不要排斥孩子的个性发挥。

2. 现在的独生子女心理素质差，抗挫折力普遍低下，这就要求父母帮助孩子树立坚强的意志，培养他们敢于直面逆境的信心与毅力。

3. 在家庭中，最好由夫妻双方共同负责孩子的教育，形成优势互补。

第16招 消除代沟三要素：理解、尊重、信任

很多父母可能都有这样的感觉，和男孩相处是一件很有难度、很费力的事情；男孩在小时候，不像女孩那样乖巧、听话，还常常耍脾气、和父母发生矛盾，等长大了一些，他们变得更为倔强、固执了，不仅听不进父母的话，而且有些孩子还和父母对着干。我们常常听到一些父母抱怨：

"我7岁的儿子一点也不听话，常常惹我。"

"我的话，儿子一点也听不进去，他常常和我对着干。"

"儿子有了心事，宁愿和网上的陌生人倾诉，也不愿意和我分享。"

"虽然我是儿子最亲密的人，但是我们之间的关系却总有一些隔阂，这大概就是人们常常提起的'代沟'吧。"

如何才能使父母和男孩的关系升温呢？这大概是每个父母都想过的事情。但是父母要想改善和儿子的关系，光自己想象是不行的，还要懂得儿子心中是怎么想的：他们最喜欢什么样的家长、最喜欢什么样的沟通方式。

某家报纸曾经针对这个问题做过一次调查，结果发现，几乎90%的男孩把票投给了以下几个选项：

信任我，不做我的监工。

尊重我，让我平等地参与家庭生活。

理解我，做我的知心朋友。

说话算数，不轻易爽约。

对我管理比较松，辅导我的功课，并且和我一起玩。

允许我结交知心朋友，并且尊重我的朋友。

从上面几条可以看出，男孩非常渴望得到父母的信任和尊重，他们希望父母把他们当作独立的个体来看待，并且给他们一定的自由和空间。其实，只要父母稍加用心，对男孩多些关爱和理解，这些要求是很容易做到的。只要父母能够做到这些，父母和男孩的关系自然会升温。

女孩非常在乎人与人之间的关系，尤其是和父母的关系，所以她们非常乖巧、听话。而男孩非常在乎自己的面子，如果父母对他们表示出不信任、不尊重，他们会认为自己失去了面子，从而会非常固执、倔强地去和父母顶嘴、对着干。所以，在和男孩相处的时候，父母一定要考虑到这一点，尽量满足他们的心理要求，这样，亲子关系自然会越来越融洽。

方法一：多给男孩一些信任

信任是相互的，如果一个人不信任我们，自然也得不到我们的信任。同样的道理，如果父母不信任自己的孩子，孩子自然也不会完全信任父母。虽然这些道理父母都懂，但是在生活中却经常有这样的事情发生：

场景一：12岁的小凡兴致勃勃地对妈妈说："妈妈，周末我要和几个同学去野炊。"妈妈皱起眉头说："你们几个小孩子去荒郊野外多危险啊，不许去。"

场景二：有的爸爸和妈妈要外出办事，留下儿子一个人在家里写作业。妈妈怕儿子偷着上网看电视，便每隔半个小时就给儿子打一个电话，问问他是不是在写作业。

场景三：周末，儿子宁晋对爸爸说："我今天要去找同学一起写作业。"爸爸追问道："你是真的去写作业吗？不是去打篮球吧？"

一般来讲，父母对男孩的不信任源于以下两点：第一，出于对儿子的关爱，怕他们独自无法应付一些事情；第二，怕给他们太多的自由会出现安全问题，或者怕他们光顾玩耍而影响了学习，甚至还会学坏。虽然父母的这些"不信任"也是出于对孩子的爱，但是在孩子看来却不是这样。对男孩来说，父母的不信任是怀疑他的能力，甚至是在怀疑他的品行，这让他感到非常不舒服，从而和父母的关系也会产生隔阂。所以，父母要想让男孩信任，让男孩把自己当作知心朋友，必须信任男孩。当男孩觉得父母非常信任他们的时候，反而会对自己加强约束，因为他不想辜负父母对自己的信任。

方法二：尊重男孩的意思，不把自己的意愿强加给男孩

很多父母都遇到过这样的情况：有时候男孩犯了错误，他们自己也认识到了错误，但是他们就是不认错，宁愿接受父母的惩罚。为什么会出现这样的情况呢？这是因为男孩的自尊心是非常强烈的，他们宁愿接受惩罚，也要维护自尊心。所以，在和男孩相处时，父母一定要尊重他们，友好、平等地对待他们。

一位优秀的父亲谈及自己的教子经验时说：

在前两年，我和儿子的关系非常不融洽，常常发生矛盾。尽管我竭尽全力想和儿子搞好关系，但是儿子总是对我敬而远之。后来我终于找到了儿子不愿意接触我的原因：我常常把自己的意愿强加给孩子，而没有平等地对待他。例如给儿子报兴趣班，我不和他商量就直接给他报名；再比如给儿子买衣服，我从来都没想过他喜不喜欢，只买那些自己感觉不错的衣服。找到这个原因后，我不再把自己的意愿强加给儿子，而是很多事情都和他商量，听听他的看法。甚至家庭中的一些事儿，我也让儿子参加进来。儿子感觉自己受到了尊重，和我的关系也就亲密起来了。

方法三：用理解跨越"代沟"

很多父母都抱怨自己和孩子之间存在"代沟"：自己感兴趣的事情孩子一点也不喜欢，而孩子感兴趣的事情自己又一点也不了解。正是因为代沟的存在，很多父母竭尽全力想和孩子搞好关系，但是却做不到。

其实代沟并非"鸿沟"，只要我们理解孩子，多站在孩子的角度上"思考问题"，就可以轻而易举地将"代沟"跨越过去。

一位父亲曾经这样讲自己的教子经验：

我和儿子的兴趣点完全不同，我喜欢听京戏，他喜欢听周杰伦、蔡依林；我喜欢看《平凡的世界》，他喜欢读郭敬明的《小时代》；我喜欢写字画画，他喜欢唱歌跳舞。开始的时候，我总想把自己的爱好"推销"给儿子，并且告诉他多么多么有趣，但是儿子一点兴趣也没有，还讥笑我"老土"。后来我开始向儿子"看齐"，和他一起唱歌、跳舞，一起听周杰伦的《东风破》。慢慢地，我们有了共同的语言，关系更加亲密了。而且让我高兴的是，我和儿子成为知心朋友后，儿子也开始对我的爱好感兴趣了，前

些天还和我一起学京戏呢。

孩子比父母更年轻，接触的新鲜事物也更多，他们的兴趣爱好不可能和父母一样。所以，父母应该理解他们，不要要求他们向父母看齐，而是父母主动向他们看齐，这样，就可以轻易跨越"代沟"，从而让亲子关系更加亲密。

教育专家给男孩父母的教子方案

知心姐姐卢勤认为父母在面对"小大人"一样的孩子时，要表现出对孩子的尊重和信任，一般来说，可归纳为以下几点：

1. 父母要把孩子当成真正的人，而不是物，允许他有自己的行为方式、独立人格以及隐私。

2. 孩子是未成年人，有时夸大一些事情或者有一些坏习惯，父母都要试着站在他的立场上理解他、尊重他。

3. 孩子是一个独立的人，不论年龄大小，父母都要给孩子一定的决定权，要相信孩子的能力。

第17招 寻找男孩的优势，做他的第一任"伯乐"

很多男孩的父母都羡慕那些生了女孩的父母。在他们看来，女孩乖巧、伶俐、懂事，在她们身上具备了很多男孩所不具备的优势，看上去要比笨拙、淘气的男孩更加惹人喜爱。于是，很多男孩父母在育儿时总是按照要求女孩的标准去教育男孩，这无形中便对男孩造成了伤害。

其实，每个男孩都有自己出众的一面。父母首先应认真地了解男孩的优势，再采取相应的培养措施，以发扬男孩的长处，回避男孩的短处，为男孩日后的成功奠定良好的基础。

一般来说，男孩具备以下这些天赋和优势，父母可以通过下面所列的内容对比自己的男孩，进一步发现他的闪光之处：

男孩具有较强的实践能力、自学能力；

男孩天生是运动的能手，在运动方面他们有着极强的爆发力；

在大多数情况下，男孩喜欢单刀直入地解决问题，因为他们具有较为明确的目的性；

大多数男孩都具备很强的逻辑思维、推理能力、运算能力和理解能力；

事业对成熟的男孩来说是非常重要的，大多数男孩会把某一领域的成功作为生活目标；

与女孩相比，男孩在语言交流时更倾向于提出建议和解决问题的办法。

男孩是上天赐予父母最好的礼物，因此对他们的教育并不是要简单地保留他们身上的优势而消除各种劣势，也不是要让他们像女孩一样温柔恬静、乖巧听话。父母要做的工作就是当好一个领航者和培训师，让男孩在不失去自己个性的同时，发挥自己的长处。

方法一：劣势变优势，从锻炼男孩的语言表达能力开始

对于正处于成长中的男孩来说，培养他们的语言表达能力是非常重要的事情。只有训练他完整、顺畅地表达出自己的感受，他才会被人了解和接受。然而，由于生理或家庭教育方式等原因，大多数的男孩在听、说、读、写等方面都存在困难。这时，父母应该采取相应的措施，促进男孩语言表达能力的发展。

一位母亲这样谈自己的教子经验：

自我的儿子出生后，我就每天抽出一些时间和他说话。我每天都教他读一些优美的诗句，给他讲一些好玩的小故事。看得出来，儿子虽然不能完全理解诗歌或故事中的含义，但很乐于我这样做。

为了训练儿子的语言表达能力，在他3岁时，我开始引导他讲故事给我听。我还记得儿子第一次为我讲故事时的情景，他磕磕巴巴，显得很心急，可越心急，便越讲不清楚，最后讲到一半就不想讲了。我在一边鼓励他："儿子，你讲得真棒，比妈妈讲得好。可是，你为什么不讲了呢？"儿子听我说完，受到了莫大的鼓舞，接着，又继续为我讲了下去。

在我的鼓励下，儿子爱上了阅读，爱上了讲演，他的表达能力在同龄孩子中非常出众。

这位妈妈的做法非常聪明，她知道男孩天生对语言不敏感，于是在男孩很小的时候，就坚持不懈地培养他的语言表达能力。我们也应该这样做，在男孩还小的时候，就要试着通过认物、读诗、讲故事等方式，让他从小就对语言产生兴趣，最后教他开口说话、讲故事，并给予他相当大的鼓励，从而使男孩产生了强烈的表达欲望。当然，这个过程艰辛而漫长，父母会在中途遇到许许多多的困难，但是千万不要灰心，也别放弃。在具体的教育过程中，父母应多给孩子一些鼓励和帮助，而不是嘲笑和批评。

方法二：好好培养男孩的每一种天分

父母不应把眼光停留在男孩的学习成绩上，要知道，学习成绩不能作为衡量所有才能的标准。

以下是一位母亲的教子经验：

儿子这次考试排了全班倒数第四。为此，我心情很差，回家后一动不动地坐在桌前思考：究竟儿子的问题出在哪里。在我冥思苦想的这段时间，有几个小朋友接二连三地敲门，要找儿子出去玩。但儿子知道自己惹我伤了心，所以一直没有出去。

过了一会儿，又有敲门声了，我好奇地开门，看到门口站了好几个小孩子，他们异口同声地哀求我说："阿姨，你让康康陪我们玩一会吧！没有他，我们玩着没意思。"正是这样的一句话点醒了我。康康虽然成绩很差，却拥有良好的人缘，每个孩子都很喜欢他。难道这——社交能力——不是一种比学习更可贵的天赋吗？

想到这里，我再也不干预儿子的娱乐生活了，甚至还鼓励康康多交朋友，把同学叫到家里一起做功课。经过半年的时间，儿子的学习成绩明显提高了，还受别的小朋友影响喜欢上了绘画和音乐。

父母在平时要多多留意孩子，努力发现他的优点或天分：他是否喜欢音乐、美术胜于学习？他是否口齿伶俐、感受力强、具有幽默感？他喜欢模仿还是喜欢表达？

找到孩子的长处后，便可像上面的那位妈妈那样，积极引导孩子朝着他感兴趣的方向发展，用父母的自信和赞美催开孩子的天赋之花。

教育专家给男孩父母的教子方案

英国作家伊丽莎白·哈特利·布鲁尔说："如果能以适合自己的方式，通过自己感兴趣的主题来学习，任何男孩都会学得更好、更轻松，也更加积极主动。"因此，她给父母提供了一些有利于发挥男孩优势的建议：

1. 确认你的男孩具备什么样的能力和长处，关注他有能力做什么而不是他做不了什么。

2. 不要看不起你的男孩非常看重的个人才能。

3. 认真观察男孩喜欢什么样的做事和学习方式，他对什么有特殊的兴趣，不要强迫他以违背其天性的方式做事。

第18招 父母"合力教育"，携手培养最棒的男孩

6岁的崔晓飞最近对爸爸鱼缸里的鱼产生了兴趣，他总是喜欢用渔网将鱼捞来捞去。爸爸看见后，便把崔晓飞拉到一边，严厉地斥责他："不可以这样做，鱼会被你玩死的！"但崔晓飞不听，反而撒泼说："我就要玩！"爸爸生气了，给了崔晓飞一巴掌，这可把一旁的崔晓飞妈妈心疼坏了。她对崔晓飞爸爸说："你是怎么当爸爸的？为了几条鱼就打孩子？"崔晓飞的爸爸也不甘示弱地回敬道："你是怎么当妈的？让孩子从小就这么没有爱心？"就这样，两人你一言、我一语地争吵了起来。

案例中的两位家长的做法是家庭教育中的大忌。

首先，他们在教子时不应该各执一词。这会让孩子对问题的正确性感到迷茫，产生左右为难的想法，不清楚自己该听谁的话，不知道哪种做法是对的。日子久了，这会影响到男孩的判断力，使得他们日后容易出现自卑心理，做事时没有决断能力。

其次，父母常常因教育孩子而争执，还会使孩子对家庭产生不安全感，会对人际关系产生排斥感，对环境产生不信任感，最终形成孤僻的性格。

作为男孩的父母，如果爱自己的儿子，希望他有个幸福的童年、完整的人生，就不要在孩子面前流露出不和谐的气氛。孩子接触最多的就是父母，父母经常在孩子面前争吵，无论哪一方赢了，都会削弱父母在孩子心目中的分量。父母双方应该心平气和地坐在一起，寻找解决问题最为科学的方法。

方法一：双方意见应该求同存异

小强上初中了，却非常不喜欢学习。为此，小强的母亲决定为他请一个家教，而小强的父亲觉得请家教没有用，应该控制住孩子玩电脑的时间，周六周日送他去补习

父母"合力教育",携手培养最棒的男孩

父母意见不统一,男孩不知道自己该听谁的。

只有父母意见一致,男孩才会意识到自己的错误。

班。就这样，双方意见发生了分歧，你一言我一语地吵了起来。本来是针对孩子的学习问题而争执，后来吵架的内容却涉及他们在生活中的矛盾。

眼看一场"家庭大战"就要爆发，小强的爷爷站出来解决了这一切。老人严厉地说："你们的出发点很好，都是为了孩子的学习成绩，可是你们为什么要说到别的事上去呢？即使你们的方法有道理，可你们征求过孩子的意见吗？"

经小强爷爷这么一问，小强的父母低下了头。在爷爷的带领下，全家人坐在一起，商讨提高小强学习成绩的办法，最后他们做出了一个共同的决定：从根本上激发孩子的学习兴趣，大家还为此做了明确的分工。

此后，再遇到此类问题，小强的父母也总是效仿这件事解决，再没有"面红脖子粗"的现象发生。最令他们欣慰的是，小强很喜欢他们统一后的意见，可见家人间的交流没有白费。

在每一个家庭中，由于生活背景、受教育程度等方面的不同，夫妻双方在对待很多问题上都会出现分歧，这是很正常的事。但是需要注意的是，在意见不统一时，不要单纯地固执己见、否定另一方，也不要以孩子为筹码，去恶性攻击对方，说些伤害性、抱怨性的话。那样，不仅会破坏良好的夫妻关系，还会使本来好的初衷变成坏的恶果。

正确的做法是抱着解决、商讨的态度，站在孩子的位置思考。家长也可以找第三方来评判，求同存异，找出解决问题的方法。若夫妻间最后依旧无法达成一致，可以在闲暇时参加一些教育讲座，或参考教育书籍，或向教育专家请教，最后共同改变教子观念，达成共识。

方法二：矛盾要背着孩子协调

教育要一致，不是说不能有矛盾，只是有了矛盾要背着孩子协调，切不可把矛盾暴露在孩子面前。

一位男孩的母亲是这样解决问题的：

我是音乐老师，同时也是一个男孩的母亲。为了让儿子传承我的音乐技能，我准备利用周六、日时，教儿子学习弹钢琴。孩子的爸爸知道我这个想法后，反驳我说："一个男孩学琴有什么用呢？不如参加一个外语班。"我们由此争执了起来，声音越来越大，吵醒了正在睡觉的儿子。他眯着睡眼走进我们的房间问："爸爸妈妈，你们在干吗呀？"

我率先冷静了下来,说:"可能我有什么不对的地方,我向你道歉。"

孩子父亲一看我这个样子,又看看孩子,态度也来了个180°大转变,说:"可能我也有错。这样吧,这个问题我们先放一放!"就这样,我们暂时把问题搁置在一边,等到儿子睡着时,我们又开始讨论,与上一次不同的是,这次我们的态度非常平和。

夫妻之间更应该积极主动配合,努力在孩子心中树立对方的威信。最好的办法是,在意见不统一的情况下,先无条件地听其中一方的,或将问题暂时保留,千万不要当着孩子的面去争个高下。之后,父母双方再另找时间就此问题好好商量,得出一个统一结论,再按这个商量的结果去执行。

教育专家给男孩父母的教子方案

父母是男孩一生中最重要的两个人,对他的性格、习惯、品行、生活态度等各方面都有着深刻的影响。但很多时候父母不是在"合力教育"自己的孩子,而是在相互争吵。如何尽可能减少家庭冲突,让父母相处得更和谐呢?英国著名的教育专家伊丽莎白·哈特利·布鲁尔给出的教育方法是:

1. 男孩心情不好时,父母尽量减少争吵。
2. 家庭成员间的讨论和争辩和家庭冲突不同,这是健康有益的。
3. 父母要向自己的儿子传授和示范解决冲突的方法,这会使男孩受益终生。

第19招 单亲家庭，如何教育出好男孩

有一位单亲家庭的男孩曾在网络博客中这样写道：

我今年已经是一名初三的学生了，但我不想待在学校，不想待在家里，甚至不想活在这个世界上。我的爸爸妈妈在我七岁的时候就开始闹离婚，我是奶奶带大的。在没有父爱和母爱的日子里，我的不幸只有我自己最清楚。

记得我上小学一年级的时候，常常看见奶奶一个人坐在房间里默默流泪，年幼的我就走到奶奶的身边问她为什么哭。她轻轻抱着我，擦着流不完的眼泪说："孩子，我是头疼。"当时我真的信以为真。可直到后来爸爸妈妈离婚了，我才知道自己的生活里已经没有爸爸和妈妈，他们不是小时爱我疼我的爸爸妈妈了，我真恨他们！所以我在作文里常写他们是坏爸爸和坏妈妈。从小到大我都和奶奶生活在一起，这个世界上只有奶奶真心关心我的学习和生活，而那自称为我的爸爸和妈妈的男人和女人却从来没有给过我一点儿关爱。

现在，奶奶的身体因为过于劳累变得很不好，要经常去医院检查，而且不能生气，她再也不能像以前那样有力气和时间来关心我了。自此我的学习成绩直线下降，尤其是进入初中之后，我的厌学情绪日益加重，逃学、打架是常事，我没有真心的朋友，也不喜欢去交朋友。我是老师和同学眼中的"怪学生""坏学生"，我觉得自己一直生活在黑暗中，看不到希望和光明，更没有快乐。

心理学家曾通过相关研究得出结论：单亲家庭的孩子往往因缺少父爱或母爱而导致心理失衡，更易产生忧虑、失望、沮丧、悲观等不良情绪，性格多表现为孤僻、不合群。如果孩子的这种心态得不到及时矫正，时间一长，很可能造成孩子性格扭曲，心理变态，甚至严重影响其意志、情感和品德的发展。

据有关统计资料表明，中国离婚率有逐年升高的趋势，尤其是在一些大城市，单

亲家庭的数目在逐年增多。因此，我们希望做父母的，要多注重加强彼此婚姻生活的和谐度和稳固度，慎重做出结束婚姻关系的抉择。另外，我们更希望那些已离婚的父母根据家庭变故的现实，解决好孩子的教育问题。

那么为了男孩的健康成长，离异的父母应该怎样教育出一个身心健康，并拥有良好品格和习惯的男孩呢？

方法一：离婚也要让男孩有完整的父爱和母爱

一位老师曾向自己的朋友讲述了这样一件事情：

我在教小学一年级时，班里有个小男孩叫腾腾，长得很好看，但就是整天蓬头垢面，衣服上也都是泥巴，还经常上课发呆，时常给人一种精神恍惚的感觉。看到小小年纪的孩子这样，我非常心急，而且我肯定他家里一定有事发生。所以，我就想借助家访的机会，到他们家去看一下，但这孩子说什么都不让我去家访，甚至哭着闹着阻止我，看着孩子哭得可怜的样子，我只好答应不去家访，但心中的疑惑更加重了。

幸好，几天后，这个孩子的妈妈找到我，哭着对我说："老师，我和腾腾的爸爸离婚了，孩子判给了他爸爸，但腾腾的奶奶说什么都不让我看孩子。我想在孩子上课的时间看看他，行吗？"看着眼前这位泣不成声的母亲，我只好成全了她。母子相见的场面感动了在场的所有人。但没想到，第二天腾腾的奶奶就知道了这件事情，不但来学校大闹一场，而且回家就把孙子狠狠打了一顿，并且让他保证以后不再见他的妈妈。

看着腾腾可怜的小模样，我只好把他的爸爸请到了学校，把事情的经过全都对他讲述了一遍，并把腾腾平时的表现也告诉了他。腾腾的爸爸听后竟抱着自己的儿子痛哭起来，然后他坚定地对我说："老师，你放心，我一定会做通腾腾奶奶和妈妈的工作，绝不让孩子在中间为难。大人的错怎么能让孩子来承担所有的痛苦呢！"

后来，在腾腾爸爸的协调下，我发现腾腾变了，他的笑容多了，学习成绩也上去了一些。他妈妈再也不用偷偷到学校来看儿子，可以在周末正大光明地把儿子接走。

听完这位老师的讲述，我们不由得为腾腾捏一把汗。想一想，如果腾腾的父亲也像奶奶那样坚持不让他见自己的妈妈，那么后果会是怎样的呢？他会变得更加孤僻、精神恍惚，甚至会怨恨自己的奶奶和爸爸，严重者会造成心理扭曲和心理变态。

因此，无论离婚后父母的感情如何，都不要让自己的孩子来承受这一切，而是尽可能地让孩子享受到和以前一样完整的父爱和母爱，让他真切地感受到"爸爸妈妈虽然离婚了，但他们还是像以前一样一直在关心着我、深爱着我"。

方法二：用科学的教养方式对待单亲家庭的男孩

为人父母者在丧偶或者离异后，时常会把自己所有的爱与感情都倾注在自己的孩子身上，希望把男孩缺失的父爱或母爱全部补上，但这样过度的爱与保护，会养成男孩"衣来伸手、饭来张口"的坏习惯，日子一久，他们对爸爸或妈妈的依赖性就会增加。而在这种"爱"包围的环境下成长起来的男孩，势必会变得脆弱、依赖性强、缺乏独立意识和主见，倘若有一天离开了父母，他便会变得茫然不知所措。

因此，单亲家庭的父母要做的第一件事就是不要给男孩太多的保护。而接下来要做的就是——千万不要对孩子期望值太高。我们都知道缺少配偶的家长，会把孩子当成唯一的精神寄托，给他过多的压力，这会造成男孩心理负担沉重，甚至产生逆反心理，走上错误的道路。

方法三：让男孩多参加社会活动

单亲家庭的男孩可能时常会受到来自社会的歧视、偏见，也因此在性格上易变得内向、自卑、悲观、忧郁，甚至孤僻。所以单亲家庭的爸爸或妈妈要注意多和儿子进行交流和沟通，重视他情感方面的需要，并且多给儿子提供精神上的支持，平时多注意教育男孩坚强、勇敢、自尊、自爱、自强、自励，尤其要鼓励男孩多积极参加集体活动，尽可能多地参与社会活动，不要躲避人群，逃避社会，要学会主动与人交往，更好地处理人际关系，进而培养其健康、乐观、自信的性格。

有一位单亲家庭的妈妈是这样做的：

三年前我和前夫因为感情不和离婚了，当时儿子才8岁，正在上小学二年级。当时我们离婚的事情对儿子造成很大的打击和不良影响，他原来是一个活泼、好动的小男孩，可自从知道我们离婚后，他变得沉默寡言，还常常把自己关在房间里。

儿子突然的转变让我心生愧疚，我知道这一切都是我们做父母的没有做好，让孩子幼小的心灵受到了前所未有的伤害。为了弥补这些伤害，我和前夫约定，每个月都让孩子有一半时间和我在一起,另外一半时间和他在一起,以便给儿子完整的父爱和母爱。同时,我还鼓励儿子多参加一些课外活动和社会活动,例如参加夏令营活动、手拉手爱心活动,等等。另外,我还会利用节假日带他出去旅游,让他多亲近美好的事物。

现在,儿子就要上初中了,他比以前变得更加自信、乐观、坚强,而且他和我前夫成了"好哥们儿",还更懂得关心我、理解我,并常常以"妈妈的保护者"自居,看着儿子这样健康地成长,我很欣慰。

教育专家给男孩父母的教子方案

父母离婚后,孩子很容易变得孤僻,对于如何解决这种问题,教育专家王金战老师给出的建议是:

1. 不要在孩子面前否定对方。

2. 帮助孩子树立信心,让他认识到离婚只是父母不在一起生活了,但对他的爱没变,让孩子也不必因此而感觉自己不够好。

3. 帮助孩子建立良好的人际关系,包括鼓励孩子交友、为孩子创造交友的环境和条件、为孩子交友提供建议和指导等。

第20招 隔代育儿守好"道",老人也能带出好男孩

随着时代的发展,越来越多的年轻父母忙于工作,几乎无暇顾及孩子,于是,抚养孩子的重担就不可避免地落在了爷爷奶奶、外公外婆的肩上。这种由祖辈对孙辈施行抚养与教育的现象就称为"隔代教育"。

目前隔代教育现象越来越普遍,据调查显示,我国约有一半的儿童正在接受隔代教育。在广州,有将近一半的孩子接受隔代教育;在上海,在0～6岁的孩子中有50%～60%由祖辈教育。

关于隔代教育,有几个男孩的妈妈这样讲述:

"老人带孩子,他们的观念多多少少与我们有些摩擦。比如说话口音问题,就会或多或少地影响孩子。我儿子的奶奶是上海人,因此教孩子说话总是一口方言,有时孩子突然冒出一句上海话,让人哭笑不得。"

"我的婆婆总对孩子实施一些'土方法',比如我儿子刚出生后,每天晚上睡觉前她都会用小被子把孩子捆起来。我问她为什么这样做,婆婆笑眯眯地告诉我,这样孩子的身体才能长得直。可在我看来,婆婆对儿子的做法简直是虐待。"

隔代教育真的那么失败吗?当然不是,在生活中,还有很多成功的例子:

案例一:小亮今年7岁,刚刚开始和爷爷奶奶一起住。爷爷在邮局订了报纸,每天早上都早早地起来读晨报。小亮觉得好玩,也模仿起来,和爷爷一起凑着看。开始他只是看上面的一些图画,不懂的地方小亮就让爷爷给自己讲解。后来时间长了,小亮开始磕磕绊绊地读起来,遇到困难,及时找爷爷请教。不到半年的时间,小亮已经能很顺畅地读报了。

案例二:王小姐和丈夫工作都很忙,于是便请孩子的奶奶过来带孩子。孩子的奶奶抚养和教育孩子的经验很丰富;孩子爱卫生、讲礼貌之类的好习惯都是奶奶一手调教出来的。孩子的奶奶还经常给孩子讲故事，陪孩子读书，回答孩子各种各样稀奇古怪的问题，甚至和孩子一起玩很多看起来不可思议的游戏。现在，王小姐的孩子求知欲很强，知识面也很广，说话做事有条理，与很多同龄人比起来成熟和懂事得多。

可见，老人带孩子有优点也有缺点。优点是相对于孩子的父母而言，老人有更丰富的带孩子的经验，比如对食物的选取、安全的防范、疾病的治疗等方面，显然比年轻的父母更胜一筹；缺点是大多数老人的观念都很陈旧，会影响到孩子的启蒙教育。此外，老人都非常溺爱孩子，以至于事事代劳，处处迁就男孩，容易宠出一个"自私鬼"。

不是说所有在老人教养下的孩子都不能健康成长。问题在于把孩子交给了什么样的老人。对带孩子的老人来说，仅仅有爱是远远不够的——更需要的是健康的启蒙教育方式。

那么，什么样的长辈可以对孩子进行科学合理的启蒙教育呢？博学、善良、豁达的老人，才是培养男孩的最佳人选。

方法一：劝老人家不要对孩子太溺爱

如果父母真的抽不出时间养孩子，一定要长辈帮忙看护孩子的话，就要和长辈事先沟通好，劝他们不要对孩子娇生惯养。可以告诉他们一些应付孩子要求的方法。比如：

当男孩强行要买东西时，爷爷奶奶可以说："这个要你妈妈为你买吧，如果我买会被批评。"这样，孩子的目标就会放在妈妈身上，教育权又转回父母了，避免了孩子与老人之间的冲突。

当小男孩不爱劳动时，老人就可以督促他："你爸爸小的时候可不是这样的，他很爱帮我干活的，我相信我的孙子比他强！"如此激励，既锻炼了孩子的动手能力，又能培养他热爱劳动的品格。

当男孩不做功课，嚷着要出去玩时，老人不可以"心软"，要明确地告诉孩子："做完功课，我才可以陪你出去玩。"

老人往往格外疼爱孩子，并且容易陷入无原则的迁就和溺爱，对孩子不合理的欲望常会无原则地满足。时间一长，孩子会觉得自己是家庭的"主宰"，形成自私、任性等不良个性。因此，男孩的父母要及时与老人沟通，把溺爱的危害性温和地灌输给老人。现在的老人都比较开通，最后肯定能与父母达成共识——收起疼爱，和孩子的不良行为"对着干"。

方法二：跟紧时代步伐，自觉学习新知识

由于时代不同，老人的知识和思想观念有些已非常落后，由他们抚育孩子，往往有良好愿望，但效果却未必好。在这种情况下，"隔代家长"则很有必要学习一些新知识，特别是在培养孩子的理念上，老年人一定要跟上时代的步伐。

下面是一位爷爷的教育经历：

儿子把孙子托我照看，但现在的时代与过去不同了，我怕自己无法胜任，便一边带孩子，一边学习教育方法。如何学习呢？我会常常买回一些育儿书籍，参照书里的方法行事。平时不再看二人转、听京剧，而专看各电视台的育儿节目。书上说，孩子在3岁时要进行早期教育，于是我便经常给孩子放一些轻松活泼的音乐，还会为他准备一些图画纸和水彩笔，让他尽情画画。为了扩大孩子的知识面，我还常常和孩子聊天，我尽量挑选积极、有趣的内容。

现在，我的小孙子已经上小学了，非常聪明、懂事，谁见了他都会夸上两句。儿子逢人便说："这要归功于孩子爷爷的教育！"每当他这么说时，我心里就乐开了花。

老年人在教育孩子时，一定要摒弃陈旧的思想观念和僵化的思维模式，具体如何做呢？报纸、书籍、电视都是积累教育知识的不错途径。此外，还可以参加"补习班"，使自己对孙辈的养育方式更加科学合理。现在有专门为老人设立的"隔代家长学校"，许多爷爷、奶奶、外公、外婆学习后都取得了显著的效果。各位男孩的长辈不妨也去"进修"一下。

总而言之，"新型隔代教育"需要父母和祖辈相互配合，也是老年人自身保持生命活力、努力学习和自我完善的一个过程。老年人要当好"隔代家长"，就必须不断地接触和学习新知识、新事物。

方法三：让孩子接触一下"尘世"

由于生理的原因，老年人一般都喜欢静不喜欢动，这样，就会不自觉地限制孩子的活动。教育学家认为，这非常不利于孩子的身体发育和个性发展。

老人应充分利用自己时间充足、经验丰富等优势，带孩子一起参加户外活动，接触一下"尘世"，多认识一些新鲜的事物，多接触一些陌生的面孔。这无论对于孩子还是老人，都是非常有好处的。老人可以搬一把小椅子，看着孩子和其他小朋友一起玩耍，或者与孩子一起游戏、活动。久而久之，就避免了孩子视野狭小、胆小固执、不敢面对生人、缺乏探索欲和想象力等弊端。

教育专家给男孩父母的教子方案

隔代育儿是如今中国家庭中普遍存在的一种教育现象，但孩子最需要的还是父母的关爱。英国著名的教育专家伊丽莎白·哈特利·布鲁尔认为，父母无论多忙，都应该抽出时间陪孩子。她对此提出的教育方法是：

1. 父母不能只用礼物来代替陪伴孩子，更不能试图用物质补偿来"填补"自己不能长时间和孩子在一起的"愧疚心"。
2. 履行去看望孩子的每一次承诺，定期和孩子保持联系。
3. 尽量在家里做你必须完成的事情，这样你就可以和孩子时常在一起。

第三章

再富不能富孩子，男孩一定要"穷"养

关键词：穷养、吝啬、惩罚、逆境商、挫折、劳动能力、家务、公益劳动、溺爱、言行一致、发泄、适应力、自尊、潜能、国际化视野、世界地图、科技知识、管理。

人们常说："穷养儿，富养女。"但你知道"穷养儿"也需要技巧吗？

穷养儿不等于吝啬、打骂和惩罚；

穷养儿就绝不能溺爱他；

穷养儿还要教会他学习如何管理自己的时间和生活。

真正的穷养会让男孩感到快乐和自信，会让他拥有"国际化视野"，而这一切都需要父母把握好穷养的尺度。如果你想掌握好这个尺度，那么就请仔细阅读本章！

第21招 穷养，不等于吝啬、打骂和惩罚

现实生活中有很多男孩的父母普遍认为："穷养儿"就是不要给孩子金钱和物质上的享受，让他多吃苦、多经历磨难，一旦犯错误，就要用"棍棒"来让他长记性，这样男孩才会按照父母的意愿去做事，才会达到教养男孩的目的。

事实果真是这样吗？答案当然是否定的，父母对男孩打骂、惩罚甚至在物质、感情上的吝啬都不是在"穷养"自己的儿子，相反，这是在折磨自己的儿子，让他的身心都遭受伤害。

因此，父母在实施"穷养教育"时，不能只追求那些表面的形式，以为打孩子几顿、不给他饭吃，就是在教育他，而忽视了培养男孩的基本要素以及培养男孩的最终目的。

张明是家里的"小霸王"，因为家人的娇惯，他经常欺负小朋友，爸爸妈妈批评他两句，他就坐在地上"哇哇"大哭。不过，这个小家伙虽然在爸爸妈妈面前撒娇、任性，但是在严肃的爷爷面前，他却表现得比较乖巧，不敢随意地撒泼打人。原来，每次张明任性的时候，爷爷都会拿起桌旁的藤条打他两下；而且，每次张明向父母要零花钱的时候，爷爷总会站出来说："自古穷养男孩，富养女孩，不要给他零花钱。"当然，爷爷的做法也挑起了"家庭纷争"，两代人在"穷养"的问题上产生了激烈的争论。

上面这个事例中的爷爷采用的教育方式对孙子有效果吗？有，但效果甚微。我们可以看到孙子确实在爷爷面前收敛了很多，但是在他的爸爸妈妈面前依然故我。

因此，父母在用"穷养"观念教育男孩时，一定不要走入一些的"误区"，以免给教育孩子带来消极影响。那么，父母应该怎样正确认识"穷养教育"呢？

方法一："穷养教育"不等于罚站、批评、吝啬

8岁的淘气包磊磊时不时地惹祸，虽然他是爸爸妈妈的"宝贝蛋"，但是对于他的无理行为，爸爸妈妈也不会过度纵容，相反，爸爸会在他犯错的时候，经常让他去"面壁思过"，如果他犯的错很严重，生气的爸爸就会痛扁他一顿，而妈妈在他犯错时最常说的一句话就是："你这孩子太不听话了，今天不许吃饭了！"

有一次，磊磊把爸爸最心爱的花瓶打碎了，为了逃避家人的惩罚，磊磊竟然离家出走了。由于身无分文，他在外面只能偷别人的东西吃。最后在警察的帮助下，磊磊的爸爸妈妈才找到了他。

看看吧，这就是父母体罚儿子的结果，导致一个年仅8岁的孩子离家出走、偷东西。而且这种教育方式，从大的方面来说，是对男孩人权的侵犯；从小的方面来说，是一种错误的家庭教育方法。

现如今，独生子女日益增多，而他们的心理本来就很脆弱，如果父母再经常对他们体罚或者把他们关进"小黑屋"不给饭吃，很容易让孩子身心受到重创。当然，过度溺爱也是不可取的。

方法二：穷养教育不等于多吃苦

很多父母认为，"穷养儿"就是让男孩多吃点苦头，只要多吃苦、不溺爱，就不会把男孩宠坏，他就会变成坚强、勇敢的小男子汉。事实上是这样吗？当然不是，"穷养教育"不是纯粹的吃苦教育和挫折教育，过度溺爱的确会把男孩宠坏，但是过度吃苦，同样会让他受到伤害。

一位母亲就曾在日记中这样写道：

我一直信奉"穷养教育"，从儿子生下来那一刻，我就希望能让他多吃点苦。所以，等他稍大一些，我就送他去封闭式夏令营锻炼，当然学习是其次的，最主要的还是让儿子多吃吃苦。平时在家里他遇到一些磕磕碰碰或者情绪不高的时候，我们都是想办法让儿子多受受罪，以便锻炼他的吃苦精神。一开始，这种吃苦锻炼的方式的确很有效，儿子变得比以前更加坚强和勇敢了，但是后来我却发现，我们之间的亲子关系却没有以前亲密了。

父母人为地给儿子制造一些困难、挫折，可能是为了锻炼自己的孩子，让他们从父母的溺爱中解放出来，但一次次的挫折和漠视，会逐渐挫伤男孩的自信心，也会让他们认为父母一再地让他们身处困难之中是一种不爱他们的行为，于是无形中男孩与父母之间就出现了一道感情的屏障。

因此，为了培养男孩良好的品行和习惯，父母可以采取适当的方法让孩子吃点苦、受点挫折，但绝不能毫无节制。其实，最合适的方法就是让男孩独立地成长，让他在日常生活中体验人生的酸甜苦辣。

方法三："穷养教育"不等于不尊重男孩，更不等于和他对着干

一位妈妈在亲子论坛上发表了一篇日志：

儿子在放学回家的路上吵着要吃汉堡包，由于我已经买好了晚上的饭菜，而且汉堡包属于高热量食物，孩子不能多吃，所以我没有答应儿子的请求。可儿子却不肯罢休，始终拉着我的衣角央求我。我有点生气，拉过儿子重重地拍了两巴掌，谁知他顺势坐在地上撒起野来，还委屈地对我高喊："你怎么老是这样啊？就知道打人！"

为了表示惩罚，我将他拎回了家，并将他反锁在卧室里，让他好好反省。大约过了半小时，我做好饭后，从门缝里偷偷往里瞧，随后我的肺简直要气炸了：儿子把作业本撕成了碎片，整个小屋被他弄得乱七八糟，他自己则坐在地上，嘴里嘟嘟囔囔不知说些什么。我再次被他惹火！冲进屋拉起他就一阵怒吼："早知道你这样不听话，当初我不如不生你！"儿子也圆瞪着眼，顶撞我："你只会打人，我也不想要你这样的妈妈！"这一句话把我噎得无言以对，我充满了绝望，为什么自己养了这样一个不听话的儿子？各位家长，我该如何让他意识到自己的错误呢？

类似的事情在现实生活中时常发生，而每当男孩说出或者做出一些不合时宜的事情时，爸爸妈妈通常采取的方法不是听之任之，就是打骂一顿，甚至用不让孩子吃饭、睡觉等作为惩罚手段。

父母采用过激手段来惩罚儿子肯定是不对的，"穷养教育"的根本目的是让我们的孩子变成一个有勇气、能够机智解决困难的男子汉。因此，父母要对男孩进行"穷养教育"，首先就要先学会尊重自己的孩子，不要处处和他"针锋相对"，多给孩子一些时间、空间和选择。

穷养，不等于吝啬、打骂和惩罚

打骂、惩罚和物质、感情上的吝啬不是真正的"穷养"。

对男孩个人素质的培养才是"穷养"的真正目的。

教育专家给男孩父母的教子方案

英国作家伊丽莎白·哈特利·布鲁尔认为,父母有时可以对孩子采取一些惩罚手段,但绝不能侮辱他。她给父母提供的建议是:

1. 如果你要惩罚孩子,尽可能做到明确、公平、一贯、短暂,同时充满关爱,并注重效果。

2. 每次惩罚孩子只针对一个行为——不要过分地抱怨。

3. 打孩子的替代方法包括:取消特权、收回零用钱、限制他的某项活动,等等。

穷养，培养男孩的逆境商

大作家奥斯特洛夫斯基，在正值人生青春韶华时，却遭遇病魔的侵袭。在与病魔做斗争的同时，他开始在病榻上创作小说，可是这部凝聚他心血的小说却被邮局给弄丢了。之后，他的健康状况进一步恶化，直至瘫痪、失明。但是即便这样，他还是意志坚强地继续在一个特别制作的钢框格格上写作，最终完成了《钢铁是怎样炼成的》这部举世闻名的著作。承受生活的一切，并做出这样卓著的贡献，需要多大的毅力啊，这也正是因为奥斯特洛夫斯基的逆境商远远高于别人。

凡·高一生经历无数挫折，依然不停止自己手中热情的画笔。在他困厄的一生中为人类留下了宝贵的精神财富。贝多芬在耳聋的情况下却谱写了传世经典乐章。历史上众多的伟人之所以取得了成功，就是因为他们具备常人所没有的逆境商。

所谓逆境商，就是指承受逆境的心理素质、经受挫折的能力。法国作家巴尔扎克曾经说过："苦难对于天才是一块垫脚石，对能干的人是一笔财富，对弱者则是一个万丈深渊。"所以，面对挫折，每个人的反应都是不同的。人的一生中，有时失败也是财富，当遭遇挫折时，就要以逆境商来化解了。

高逆境商的男孩面对逆境时，始终不退缩，他们内心乐观，相信能挣脱一切困难。他们会把挫折当作前进的动力。低逆境商的男孩在面对困难和挫折时，信心大挫，消极颓废，他们会把挫折当成压力，并不愿意面对生活。

我们很多的父母事事为男孩代劳，使得他们的个性变得软弱。因为他们成长得过于顺利，所以一旦进入社会后，遇到工作、感情等现实问题的压力时，就会不堪忍受而被挫折打倒。生活中的每个逆境，都是磨炼男孩毅力的一道坎，当男孩越过这一道道人生之坎后，才能真正成熟。

逆境商必须从小培养，那么，对于缺少挫折经历的男孩，父母应该怎样做，才能培养男孩的逆境商呢？

方法一：让男孩直面挫折

　　文晨是班里的文艺骨干，他的拉丁舞跳得特别棒，平时班级或学校的文艺活动，他都非常热心，总是积极参与。新年晚会上，因为在跳舞时失误滑倒，他觉得当众丢了丑，回家就把自己关在屋里，在学校也不再与同学们玩了，他就像变了个人似的，一整天都不与人交流，一个人闷闷不乐。爸爸妈妈知道后也很着急，因为表演失利，文晨感觉丢了面子，于是他们在文晨面前有意不提表演的事，转移到其他话题，可还是无济于事。

　　很多男孩因为班干部竞争失败或考试失利，忍受不了这种打击而信心受挫，自暴自弃。挫折教育不是让他在失败的阴影中体味痛苦，父母应该在这时引导他直面挫折，就像文晨的父母，完全没有必要避开表演这件事，而是应该就这件事和他交流，总结挫折的教训，鼓劲他重新振作精神走上舞台，建立自信。

　　文晨是因为感觉自己出了丑，所以被挫折伤害了，假如他换一种认识："我事先没有排练好，太粗心了，才会出现这种情况。下次我一定做足准备"，受到的挫败感就不会这么强烈，这才是我们教育孩子在面对挫折时应该具有的一种乐观自信的态度。面对挫折的乐观心态，男孩不会与生俱来，而是历经种种挫折慢慢形成的。如果父母能正确地引导男孩，让他敢于面对挫折，这将是他人生的一笔巨大财富。

　　对于没有多少逆境经历的男孩来说，在经历了一次挫折之后，对他的自信是一种挫伤，这种挫伤，一般不是大人的安慰或老师、同学的理解所能让其愈合的。让他找回自信的办法就是"在哪儿跌倒，就在哪儿爬起"。如果他舞蹈表演失利，或者演讲比赛口误，就拒绝登台，大人首先不要放弃，鼓励他再试一次。往往就是在这再试一次中的成功体验，让他找回了自信，克服了上一次的挫折。

方法二：教男孩学会欣赏优秀的对手

　　放学的路上，爸爸问健健："今天在学校的运动会上表现怎么样啊？"健健低着头不吱声。爸爸又问："你发挥不好？"原来100米短跑一直是健健的强项，可是今天他却跑了个第二。爸爸笑着说:"亚军,也不错嘛。"健健眼看泪都要流出来了:"肯定是他起跑得早,裁判竟然都看不到。"爸爸静静地听健健说完,之后,又笑了:"你们那位冠军的实力也很强吧,要不然半个学期就超过你了。"一路上,爸爸帮他分析这次失利的原因,客观地分析对方为什么会获得冠军。到家门口了,健健心里也敞亮了。

男孩在竞争或比赛中失利了,有些父母为了安慰和讨好自己的孩子,就主观贬低对方,为孩子挣回面子。这种行为是最要不得的,孩子在潜意识里,就会狂妄地认为自己没输而心生怨恨,把失败归结到别人身上。这种心态会使其心胸变得非常狭隘,对一切充满仇视。

父母要引导男孩大方地承认对方的胜利,再帮他分析对方为什么会胜利,然后一起找到对方取胜的关键因素,并让男孩说出对方获胜和自己失利的原因。这样,男孩就可以平静地面对自己的失利,也会从内心去欣赏对方。在男孩一生的竞争中,让他从容面对,保持永远欣赏对手的心态,这是他健全人格、魅力的展现。

教育专家给男孩父母的教子方案

儿童教育专家孙云晓认为男孩的生活注定要充满挑战,但现代家庭教育男孩大多以"溺爱"和"过度保护"为主,这让男孩失去了应有的承受挫折的机会和能力。为此他提出要"磨炼男孩的韧性",简单来说就是:

1. 告诉男孩,挫折并不可怕,可怕的是逃避困难和挫折。
2. 给男孩磨炼的机会,鼓励并监督男孩坚持做一些他应该做却不愿意去做的事情。
3. 父母要学会狠狠心,"逼"男孩磨炼自我,以增强他的韧性。

第23招 穷养，锻炼男孩的劳动能力

周末，妈妈有事出去了，回来时已是下午。方方还躺在沙发上看电视。看到妈妈回来，他立即就以命令的口气对妈妈说："妈妈赶快给我做饭，都快饿死我了。"不会做饭的方方，甚至连水在哪放着也不知道，又饥又渴的他就硬挺着等妈妈回来给他做好端到面前。"儿子，水就离你有3米远，冰箱里什么都有，热一下就可以吃了。你怎么这么让人操心啊。"方方妈妈一边发着牢骚，一边忙活起来。

有的男孩上学了，自己还不会穿衣，不会系鞋带，不会打扫自己的房间，不会自己洗澡。父母不在家，他们就像失去了生活的明灯一样茫然，这是很多男孩的生活写照。父母包办了孩子的一切事务，男孩在家被惯成了"小皇帝"，好逸恶劳，处处以自我为中心，只知道饭来张口衣来伸手。这样的男孩怎么能干得了大事？

很多父母认为，孩子现在的唯一任务就是搞好学习，将来从事脑力劳动那才是有能耐，从事体力劳动的工作多丢面子啊，再说了，等孩子长大后，劳动能力不学也会了。所以，在他们平时的教育中就忽视了对孩子劳动能力的培养。所以，很多孩子在家成了衣来伸手饭来张口的"小皇帝"，从不主动帮父母做家务，更谈不上对父母劳动成果的珍惜了。

据有关调查数据显示，现在大城市的中小学生，有劳动习惯的仅仅占到1/3，另外的是不愿劳动或不劳动的。从世界范围的小学生劳动时间对照表中，我们也能发现中国中小学生每天的劳动时间是12分钟，排名末位。而美国中小学生每天要劳动72分钟，韩国42分钟，法国36分钟。

父母希望自己的儿子从事体面的脑力工作，这是可以理解的，但是仅仅为了"要学习，不要劳动"而忽视了对男孩劳动能力的培养则是大大的错误。没有劳动能力的男孩总是轻易得到自己想要的东西，他就不会懂得珍惜劳动所得，也不懂得尊重劳动者，

更没有自理能力。美国哈佛大学的几位教授用了将近 20 年时间，对 200 多名孩子进行了追踪观察，最后他们总结出的结论是：小时候受过劳动磨炼的孩子，将来更善于处理与别人的关系，他们的平均劳动收入比不爱劳动的人高 5 倍，而失业率少 10 多倍，身体也更健康，而且他们生活的幸福指数也高于不爱劳动的人。

因此，要加强对男孩劳动观念的培养，让他们明白美好的生活是劳动创造的，懂得劳动的意义。那么，劳动的好习惯又如何养成呢？

方法一：让男孩明白只有劳动才可以创造生活

高尔基说过一句话："我们世界上最美好的东西，都是由劳动、由人的聪明的手创造出来的。"可以说，正是劳动创造了这个美好的世界。有些有心的家长，就是在锻炼孩子的劳动能力的过程中，让孩子明白了劳动的意义。

炎炎的爸爸妈妈经常让炎炎在放学回来时买一些日用品，而且，回家后他们让孩子把所买东西及账目都列到本上。这看似微乎其微的小事，却让炎炎体会到了生活的快乐和不容易，同时，他的做事能力也得到了增强，也在不知不觉中锻炼了自己的生存能力。

有意地让男孩参与、计划家庭事务，时间久了，男孩就会养成一种关心家庭、认真负责的好习惯。而且他也会学会计划花钱，养成良好的个性和生活态度。即使打扫客厅要花上半小时，即使帮妈妈修门锁累得满头大汗，他仍然满怀喜悦地干着，充满成就感地看着被他收拾干净的房间。劳动，在男孩看来真的就成了一种乐趣。

方法二：让男孩参与家务

范文家的马桶坏了，爸爸拿出了工具修理。范文也站在旁边帮忙，一会儿帮爸爸递钳子，一会儿又找螺丝，一会儿又帮爸爸擦汗。水阀修好了，马桶的问题解决了，范文和爸爸高兴地笑了。在范文家做客的小姨很不乐意地对范文妈妈说："这活也让你们家宝贝儿子干啊，人家可是弹钢琴的手啊。"范文妈妈笑着说："让孩子多参与家务，对他有好处。"

培养男孩的劳动能力，让他习惯成为家里的小帮手，做一些力所能及的事，比如拖地、擦桌子、摆座位、倒垃圾，也可以让男孩尝试炒菜，不要让他有独生子的优越感，而要养成劳动的习惯。这些琐碎的劳动，会培养他的耐心、独立性和责任感。周末，家里可能还会有一些特别的家务，也可以让男孩亲自体验一下，既可以满足他的挑战欲望，同时这样的生活体验也是他写作文的好素材。

方法三：永远不打击男孩的劳动积极性

林林家吃完饭，妈妈开始收拾碗柜，林林马上想去帮忙："妈妈，我帮你刷碗。"说完就要准备干活了。"你去和爸爸玩吧，妈妈做就行了，你上次刷碗，就摔坏了一个，地上弄得到处是水，快去吧！"妈妈说着就把林林推出了厨房，林林很不高兴地走了。

父母怕麻烦，在男孩乐于劳动时，却打击了他劳动的积极性，三番五次，男孩也就不愿再尝试去劳动了。所以父母不要因为怕男孩犯错就阻止他，应该让他在劳动中锻炼自己。

教育专家给男孩父母的教子方案

教育专家蒙台梭利认为，孩子到了三四岁时，父母就要及时鼓励他锻炼自理生活的能力，而其中劳动能力是最为重要的一个环节。具体做法有：

1. 刚开始，父母必须参与到劳动中来，亲自为男孩演示和讲解劳动的具体过程。
2. 接下来，父母要把劳动的主动意识注入男孩的头脑中，让他自我动手训练。
3. 最后，父母要对男孩的劳动成果给予及时的赞赏和肯定。

穷养，别太溺爱你的男孩

天下所有的父母都是爱自己的孩子的，想给孩子提供更好的生活条件。因此，就会为孩子扫除一切障碍，尽可能地满足他的要求，直到他满意。但是，被宠的孩子是不是就一定会快乐健康地成长呢？大量的事实证明不是这样的。相反，溺爱只会把孩子推向"火坑"。尤其对男孩来说，溺爱更是一种慢性毒药。

大人在孩子小的时候可以为他遮风挡雨，但孩子大了呢？很多父母没有把握好自己爱子的尺度，一味地顺从，让孩子变得完全以自我为中心、不为别人考虑，只知索取不知付出，甚至不能和其他小朋友和平相处，看到别人的进步就忌恨。溺爱的男孩再发展下去，就可能变得自私、狭隘、自闭，甚至有可能成了伤害别人，甚至危害社会的坏孩子。

父母为什么会有溺爱男孩的行为呢？有些父母明明知道，不能对孩子过分地疼爱，可是做起来就是"当局者迷了"。

第一，他们从心理上有一种意识，就这一个孩子，不对他好对谁好呢？一个家庭就只有一个孩子，这是造成多数家庭溺爱孩子的一个主要因素。

第二，有的父母总想在孩子身上弥补自己童年的缺失。因为自己小时候受生活环境的限制，内心有一些深深的渴望，就想当然地移植到孩子身上来了，极力创造最好的生活让他享受，满足孩子的各种要求，甚至买名牌服装、鞋子。这无形中会让他陷入攀比之风中。

第三，有一些家长出于对孩子的亏欠心理，比如，工作忙不能陪孩子，或者家庭出现变故，觉得这些对孩子不公平，所以就一味地以物质作为补偿来满足男孩。

溺爱男孩，会对他有很多的不利。首先，事事被父母代劳，他自己一点儿也得不到锻炼，长此以往，男孩会变得软弱，心灵不能健康地成长，接受挫折的能力减弱。其次，被溺爱的男孩在家里享受王子的待遇，可是在学校就不一定也有"众星捧月"的待遇，这种心理落差,势必会影响男孩的情绪,使她产生抗拒心理,不愿与人交往。最后,在父母溺爱中长大的男孩,在生活、学习、交往中,也可能是只考虑自己,不愿意付出,时间长了,朋友和同学也会远离他。因为不受欢迎,对他的自信也是一种打击。

父母应该对男孩慈爱,而不应该是溺爱,这样会对男孩的成长更好。当男孩做错事时,以温和的态度,讲明是非与曲直,帮助男孩认识错误,让他勇于改正,男孩即便是受到了父母的批评,但是仍能感觉到父母的慈爱。这样也更容易接受批评,而不是抗拒。爱男孩,而不是溺爱,怎样才能做到呢?

方法一:不要让男孩以为他是你们的全部

爸爸要出差了,萌萌眼红红的,在爸爸旁边转来转去。爸爸虽然心里很难过,但看到萌萌这么舍不得自己,心里还是很感动,于是抱着萌萌说:"给爸爸说,你想要什么,爸爸一定满足你。"哄了好一会儿,萌萌还是放声大哭了。"怎么了,儿子?"爸爸妈妈都围上来,还安慰萌萌:"爸爸过几天就回来了。""可是,可是,妈妈从来都没有给我买过这么多好吃的东西。"萌萌委屈地说。爸爸妈妈这才恍然大悟,原来萌萌看到了桌子上妈妈给爸爸准备的在火车上吃的东西。其实就几瓶水、几根火腿肠,还有方便面,相比给萌萌花的钱,简直九牛一毛。可萌萌一向自以为家里买来的吃的全部都应该属于他,这次却给了爸爸,所以他才深感委屈。

很多父母平时就只顾孩子的需要,完全忽视了自己,给孩子买衣服,自己舍不得穿。给孩子吃肯德基,自己舍不得吃。有的人甚至把工作之外的时间全部奉献给了孩子,其实大可不必。不要让男孩认为他是你生活的全部,在培养孩子的过程中,没有必要牺牲自己所有的时间和精力。你也有需求,应该让孩子明白这一点。如果孩子有过分的要求,家长要及时制止,让孩子明白:任何获取,都需要付出。爸爸妈妈都有自己的不同需求。不然,只会让他越来越自私、自大。

方法二:学会对男孩说"不"

天晓小时候一直跟着爷爷奶奶长大,最近才被父母接到身边。这天,天晓和爸爸从姥姥家回来后就开始哭了起来。原来,他把自己非常喜欢的一本书忘记在姥姥家了,直到回到家吃完晚饭才想起来。他非让爸爸立刻去姥姥家去取。离姥姥家100多里，又是夜里了，这当然是不合理的要求，爸爸拒绝了他，但答应第二天去取。天晓还是坚持自己的想法，并开始以哭威胁爸爸。爸爸见他听不进道理，也不再理他，去做自己的事了。

天晓见爸爸妈妈根本不理自己这茬，哭了半天他也感到没趣，自己跑到一边去玩了。这时候，爸爸才喊他过来给他讲明道理，让他认识到自己以哭来威胁爸爸是错误的。最后天晓向爸爸认了错。

对男孩的无理要求，大人要坚决拒绝，不要顾着面子。有时，在超市或者商场里，男孩一定要某个玩具，父母觉得周围的目光让自己很难堪，就满足了男孩，这无疑是纵容了他。再比如，周末他故意拖延睡觉的时间，或者不吃饭非要再吃一根香肠，父母都不要对孩子让步。不然，父母定出来的规则这么轻易地就被改变，男孩也不会把父母的话当回事。

家长也不要因为怕伤害而不拒绝男孩的无理要求，更不要认为男孩会因此就不再喜欢自己了。这份深沉的爱，男孩在成熟后就会更加理解并接受，并且对他的一生都具有非常重要的意义。

方法三：父母的教育言行要一致

已经到睡觉的时间了，萌萌还待在电视前看动画片，妈妈叫他去睡觉，他说："我想再看一集，行吗？"妈妈说："不行，睡觉的时间到了。"这时爸爸插话了："今天是周末，可以的。"萌萌高兴得不得了，刚才还是有点胆怯的，现在却是一副有恃无恐的样子："爸爸说了，可以的。"又坐下看起来了。

父母在教育男孩时，很关键的一点是双方要态度一致，不能一个说东，另一个说西，男孩就会没有了是非观，对于不好的行为，也会有恃无恐。

方法四：让男孩安静一下或发泄一下就好了

再优秀的男孩也不可能时时都那么完美，他也会有闹情绪的时候，想发火、想哭、想跟父母唱对台戏，其实，这些也都是孩子的正常表现，父母也没有必要太过紧张。

当男孩突然不乖,或对所有的事物表现得索然无味,提不起兴趣的时候,父母应平静一些,尽量转移男孩的精力,或者让他一个人静一下。而不要急着给孩子灌输一些长篇大论,这样只能激起他更多的烦恼和抵触情绪。

教育专家给男孩父母的教子方案

《父母必读》杂志的专栏作家李子勋先生认为父母无条件的爱很容易让孩子变得没主见,那如何帮助父母从"溺爱孩子"的旋涡中走出来呢?李先生的意见大致可归纳为以下几点:

1. 父母需要换一种思维,给孩子更多的自由,因为孩子并没有我们想象中的那么脆弱,要让他们试着去触摸这个世界。

2. 父母在教育孩子的过程中,不要对生活中的一些挫折、困难等现象向孩子进行过多的不好暗示,以防孩子凡事都产生畏惧的心态。

3. 培养孩子的自主性,允许他在相当长的一段时间里可能会有的矛盾行为,甚至可以采取在孩子面前适当"示弱"的行为,让孩子自己探索做事的正确方法。

穷养，让男孩拥有适应社会的能力

每个家庭都是各有特点的，可能会培育出"正义的化身"的男孩，也可能培育出"恶魔转世"的男孩。家庭环境、父母的教育都决定着男孩将来是"飞龙在天"，还是"蜗居不前"。

现在很多父母都是围着孩子转，爸爸妈妈、爷爷奶奶、姥姥姥爷，左擎吃喝用，右牵玩具行。孩子一有需要，立即满足。男孩除了上学，也不与别人打交道。就陷在爱的旋涡里，自得其乐。家长温言细语呵护，稍有不如意，他就不耐烦。大人怕孩子受不了，也不敢厉声说他一句。试想，在这样的温室里培育出来的小苗，能禁得起室外风雨的侵袭吗？这样娇声惯养出来的男孩，进入社会后，又能担当起什么责任、受得了什么挫折呢？因此，对男孩，就要让他从小经受磨炼。家长除了给孩子物质生活外，还要培养他适应社会的能力，让他学会自己解决问题，以便进入社会以后，在面对更多可能出现的困难和压力时，都能够从容以对，更好地适应这个多变的社会。

方法一：让男孩在不同的环境中体验

有时候，有心的父母会发现一种现象：邻家的男孩比较羞涩。他们的脑子也会有这样的念头一闪而过：为什么我们家的孩子这么闹，而邻居家的男孩看起来真是懂事，既稳重又礼貌。是不是我们的孩子就不如邻居家的孩子呢？其实男孩都是一样的，调皮、精力充沛，永远不知疲惫地"创造"着新奇的事物。为什么邻居家的男孩就会显得比自己家的男孩强呢？

这是因为，男孩一般在自己家都很自由、随便，走到别人家，内心就会觉得不能那么任性，行为上也就会不知不觉地规矩起来，他本身的自律性增强了，如果再有大人的一句夸奖，那简直就是给他套了一个美丽的套子，他会一直很自律，不再逾规，有礼貌，并且注意倾听别人的话，也比较关注别人的感受。

放了暑假，爸爸让伟峰去姥姥家住一段时间。伟峰在姥姥家过得开心极了。每天早上，他也不像原来一样被妈妈叫上三遍两遍才起床，而是赶在姥姥之前就自己起来洗漱，有时还帮助姥姥做事，帮姥爷喂鸟。吃完饭就和舅舅家的小表哥一起在舅妈的辅导下写作业，写完作业再玩。晚上一到九点，就喊着表哥去洗澡，九点半之前就上床睡觉了。看他这么乖，姥姥一家人对伟峰赞不绝口，喜欢得不得了，直夸他懂事。在姥姥家的20天过得真快，伟峰觉得一转眼就过去了。来接伟峰的爸爸听着姥姥一家人对伟峰的夸赞，心里也很高兴。

平时，父母可以多带男孩去有同龄男孩的亲戚或朋友家串门，或者让男孩在假期内亲戚朋友家短时间地留宿一段时间。这对男孩来说是一个很好的体验，既可以锻炼男孩生活的独立性，又让男孩在不同于自己家庭的环境中懂得自律，懂得理解别人，同时也可以在无形中提高他的人际交往能力。

方法二：相信男孩自己可以解决

乐乐一回到家就一副闷闷不乐的样子。妈妈着急问他怎么了，他说："今天老师冤枉我了。""怎么冤枉你了？你跟老师解释了吗？"乐乐妈妈继续着急地追问他。"本来是别的同学在讲台旁边扔了纸团，我在弯腰去捡时，正好被班主任看到，他以为是我扔的，当着所有的同学批评我：'杨乐乐，赶紧把纸屑捡起来。'然后上课铃声响了，我也没机会解释了。"妈妈听乐乐这么说，就安慰他说："乐乐，这件事你没有错，如果老师的确冤枉你了，你就应该跟他解释清楚，明天一早到学校你就去找他。"这时在旁边坐着看报纸的爸爸对妈妈说："明天你去学校给他们老师说说吧。"妈妈则有不同的意见，她说："儿子自己可以解决，不信你问他。"看着妈妈鼓励的目光，乐乐对着爸爸点了点头。

男孩在与朋友、同学、老师之间的来往中，发生误会，或者出现一些摩擦，都是很正常的事情。父母根本不用大惊小怪、小题大做，而是应该放手让男孩自己去解决。现实中，有时两个男孩吵了架，反倒是双方父母在"短兵相接"。一些父母生怕自己的孩子吃亏，就插手孩子的事，代劳处理。这其实就让男孩错失了独立解决问题的机会。让他去解决，不但可以锻炼他独立处理问题的能力，而且在处理问题的过程中，他会思考更多的问题，从而增强辨识能力，是非观也会进一步加强。父母应该在一旁为孩子提供一些正确的意见给予引导。这样，你的男孩在健康的成长中，将更善于处理与周围人的关系。

方法三：给男孩创造一些锻炼的机会

周末，程程全家人和姑姑一家人一起去饭店吃饭。姑妈不停地给已经9岁的表弟夹菜，一遍遍叮嘱让他再多吃点，另一只手端着杯子，不时督促他喝口水。而程程妈妈则是一会喊"程程，给姑妈加点水"，一会又喊"程程，再去让阿姨给上瓶饮料"，一会又叫"儿子，让服务员把汤端上来"。这时姑妈实在看不下去了："你看你倒是省事了，怎么能老让孩子跑来跑去的啊？"程程妈妈却笑了："是不是说我懒呢？只有懒妈妈，才显得出儿子的能耐来呀。"

其实，程程妈妈并非真的懒，她的心却在为儿子勤快地转着呢。她让儿子代劳，与饭店的人打交道，就是有意在锻炼儿子。让儿子在不同的环境中，学会与不同的人沟通、打交道，从而培养儿子的社会交往能力。看着程程小大人似的彬彬有礼地与服务员交流，再看在自己身边扭来扭去，喂着还不好好吃饭的儿子，姑妈这才若有所思地点点头。

男孩一味地听从父母的所有安排，自己就会没有主见，同时，他自己得不到锻炼，进入社会后就很难适应各种交叠的社会关系。各位父母，让男孩从你的羽翼之下走出来吧，迎接更多的风雨，这样男孩才能够真正成长。

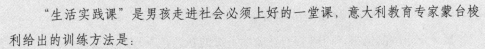

"生活实践课"是男孩走进社会必须上好的一堂课，意大利教育专家蒙台梭利给出的训练方法是：

1. 父母必须唤起孩子的注意，唤起他们内在的生命活力、创造生活的热情。
2. 父母要经常检查孩子的卫生状况，帮助他养成注重个人仪表的好习惯。
3. 父母不要忽视孩子的日常说话能力的训练，要提高孩子与人交往谈话的积极性。

第26招　穷养，让男孩更快乐、更自信

牛顿在27岁时，就被选为英国皇家学会会员，而且被剑桥大学聘为教授，集各种荣誉于一身。而牛顿在大学讲台上含泪说了这样一句："在我研究的过程中，始终坚持这样一个信念：'我要寻找的，我一定能找到它。'"这位伟大的科学家，同时也是位浪漫的诗人，他会在夜晚经常仰望星空，有一次他发现一件奇怪的事情：不同的光线之间会有不同的折射度。牛顿又开始研究起来，一架反射望远镜也终于在他手中成形了。牛顿就是这样一生不停地探索，因为他相信"我一定可以找到它"。

牛顿的成功，就是因为他的坚持、他的自信。这在几乎每个伟人身上都可以发现，自信是他们不懈创造的动力。所以，他们才克服了非同一般的困难，为人类创造了巨大的财富。

歌德说过一句话："只要能够自信，别人也信你。"当一个人有了足够的自信，他就可以做他想做的，而不被人打倒，最终克服所遇到的困难，达到自己的目标。如果没有了自信，即使是天才，也有可能遇到一点阻力就放弃或停滞，最终被尘世埋没；是金子，也可能没得到烈火煅烧就已褪色。可见，自信对人是多么重要。

自信的男孩通常都是昂首挺胸，做事情也总是胜券在握的样子，他们快乐溢于言表，声音洪亮，认为自己是个男子汉，可以做男人可做的一切事情；他们勇于去尝试新事物，接受新挑战，从来不愿表现出退缩的样子。

相反，不自信的男孩，时时有一种萎靡不振的状态，不敢抬头直视别人；遇到事情没有主见，唯唯诺诺，说话也带着探试性的口吻，声音弱弱的；他们前怕狼，后怕虎，有时考虑半天下了决心，可能受别人一句话的影响，却又放弃了……长此以往，他们的发展受到了自己心态的限制，其潜能得不到挖掘，甚至原来的一些能力也会因此而慢慢"退化"，变得越来越自卑、自闭、闷闷不乐，不愿与人交流、交往。

自信与快乐总是相生相伴的，因为自信，内心才会有由衷的快乐。试想，一个没有自信的孩子，时时小心翼翼，他的内心怎么会有快乐？所以，让你的男孩自信，他才会有快乐。

自信，对于男孩来说，就相当于将军的勋章一样不可或缺。父母要从小培养孩子超强的自信。在树立自信的过程中，他所潜藏的能力也会被开发出来，性格得到完善，成长得更快乐更优秀。

那么，怎么让男孩树立强大的自信心从而让他快乐地度过自己的青少年阶段呢？这就需要父母持之以恒的努力。

方法一：老师和父母的宽容让男孩更自信

亚迪的妈妈是个很要强的女人，所以，也总希望自己的儿子很有出息。可是儿子总是在关键的时候不给她面子。比如朋友来家里了，妈妈让他给客人打招呼，他却低着头，一溜烟地跑到里屋再不出来。去吃肯德基时，让他自己去拿个吸管，他也不敢去。每当这时，妈妈总是对他一顿恨铁不成钢的责骂。亚迪低着头也不吱声。

做父母的可以首先反思一下自己平时对待男孩的态度，如果经常呵斥、责骂，这对男孩的自信心是一种很大的挫伤。他可能会感觉周围的大人都不喜欢他，就会慢慢变得没有了自信和主见，内心不再快乐。如果父母和老师对男孩温和亲切，男孩的内心也会变得平静安定，自信倍增，认为自己是最棒的，他们在待人接物时都会大大方方，内心充满阳光。

方法二：保护男孩的自尊

有一位老师谈到他自己的职业选择时，说自己之所以选择教师这个职业，就是因为上小学时，他的班主任无数次当众揭他的短，每当那时，他就有一种羞辱感，恨不得有个地缝钻进去。所以，他的整个童年都因此很不快乐。多年后再回忆，都感觉童年的天空是灰色的，压抑无趣。所以，他那时就暗下决心，将来一定当个老师，当个爱护学生心灵的好老师。

也许有时在大人看来无关紧要的小事，却成了事关男孩"面子"的大事。男孩的自尊心极强，总怕被人揭短，尤其是当众被揭短，会让他无地自容，信心受挫。所以大人在管教男孩时，要分清情况，不予姑息，也不要一味地批评。在给男孩正面教育的同时，多鼓励孩子，尽量保护男孩的自尊。

方法三：激发男孩的潜能

每个男孩都是不一样的，每个男孩都是一座宝库，等待被开发和挖掘。这就需要父母的慧眼，挖掘他们潜藏的宝藏，发现他们身上的闪光点。及时地肯定和鼓励男孩，让他为自己的能力而骄傲。

当然，父母的及时夸奖，可能还会激起男孩争强好胜的欲望，他会在这个基础上做得更好。男孩还在成长期，父母不要对他有过高的要求，要以发展的眼光来看他，给他成长的空间，让他慢慢完善自己。要多多鼓励他，让他把自己的长处发挥得更好。

方法四：让男孩体验成就感

自信的男孩，总是在不断的成功体验中增强信心，慢慢让自己的内心变得强大。反之，不自信的男孩，就是因为成功的体验太少，缺乏这一建立自信的基础，信心薄弱，禁不住打击，有一丝风吹草动，都可能对他造成伤害。

文文如他的名字，平时文文静静，也不怎么爱运动，遇到事情，总有些犹疑不决。爸爸一直想帮文文增强自信。文文喜欢游泳，每当周末时，爸爸就带他去公园的露天游泳场去游泳。文文比一般孩子游得好多了。在爸爸的鼓励下，他开始试着从高空滑道向水里速滑。"儿子真厉害！我都有点害怕呢。"爸爸鼓励儿子说。自豪的文文经过一次成功的体验后，又一次昂首挺胸体验速滑了。经过一个暑假的锻炼，现在的文文遇到事情不再说："我行吗？"而是说："让我来试试。"

当男孩完成一件事，同时又得到了别人的肯定时，他就会更相信自己的能力。经常有类似的成功体验，男孩的成就感就强了，他也会越来越自信。

方法五：让男孩掌握一项特长

让男孩拥有自己最得意的"看家本领"，比如画画、舞蹈、打球等都可以，被同学和小伙伴崇拜的目光注视，这种优于他人的感觉，会让男孩更自信快乐，也更愿接受挑战。他也更愿意在各种场合下去表现自己。

教育专家给男孩父母的教子方案

英国作家伊丽莎白·哈特利·布鲁尔认为，父母过分呵护男孩，是一种不负责任的养育方式。因此，最好的教子方法就是教给男孩应对问题和生存的技能，提高他生活的自信心。她给出的方法是：

1. 告诉你的男孩那些降低危险的有效方法，让他学会保护自己。
2. 帮助男孩练习语言反应能力，快速、犀利的言辞有时会让他获得更多安全感。
3. 询问男孩是否正在为某件事而担忧、焦虑，进而正确引导他走出"低谷"，获取自信。

第27招 穷养，让男孩拥有"国际化视野"

随着教育全球化、人才国际化的快速发展，父母对男孩的期望也越来越高。希望自己的男孩高瞻远瞩，打开眼界。所以，也有一些父母很早就开始拓展男孩的"国际化视野"。有的父母从男孩咿呀学语就开始教他英语，希望男孩将来能出国留学，能够胜任国际的文化交流和沟通。有的父母担心自己的男孩落后，让孩子参加各种兴趣班，掌握不同的技能，以便适应将来的需要。

英国政府曾经提出"世界范围内的教育"，就是把教育的目标定为培养孩子在全球化经济社会中生活和工作的能力，给他们灌输全球化意识，提高他们在国际化环境下的交流技能。我国的教育专家也特别提出：让下一代学会理解不同政治、不同文化背景和宗教信仰的民族，他们才能拥有更大的生存空间。

那么如何培养男孩的"国际化视野"呢？除了让男孩掌握一门或多门外语、出国留学之外，是不是就没有更好的教育方式了呢？当然不是，为了不让自己的男孩输在起跑线上，父母提高男孩的国际化意识，可以有多种教育方式。

父母培养男孩的国际化意识，不要太急功近利。要结合男孩的实际，选择适合孩子的教育方式，让他接受多种文化的洗礼、不同价值观念的冲击，他会吸收多元文化，视野变得更开阔。

方法一：打开男孩那扇通向世界的窗户

二年级的波波是英格兰的球迷。世界杯期间，他一直很关注自己崇拜的球队。还不停地给爸爸分析每个人的状态，像鲁尼、兰帕德、特里等。爸爸问他："你知道英格兰在哪吗？"波波抱起脚下的球就在上面找起来了。原来波波玩的球，是爸爸专门买的一个世界地图的球。爸爸又问："你知道英格兰的全称叫什么吗？"波波摇头，爸爸又问："鲁尼的家乡在哪个城市？"看到波波还是摇头，爸爸就跟波波说起了这些知识，包括从英格兰的全称到鲁尼的故乡利物浦，又到英格兰的地理位置、风土人情以及英国绅士……波波听得入迷了。

教育从孩子的兴趣着手是最容易成功的。聪明的波波爸爸，就是从儿子的兴趣开始，让波波兴趣盎然地了解了他的偶像球队的国家风貌。让男孩多了解各个国家和地区的文化习俗、价值观念，并给予理解和尊重，男孩在以后的生活中，就会学会与不同文化背景、不同意识形态以及不同宗教信仰的人互相尊重、互相宽容、互相合作。父母要善于激发和引导孩子的兴趣，并在兴趣的基础上，为他开启一扇通往世界的窗户。比如，对有些爱画画的男孩，父母有时间可以带他去参观画展，欣赏世界不同的名画，扩大孩子的视野。

方法二：男孩不能没有世界地图

如果你的家里还没有挂上世界地图，那就赶快行动，为男孩挂上这幅伟大的地图。就像男孩的玩具不能没有刀、枪、车、坦克一样，也不能没有世界地图。没有世界地图，了解世界的第一步怎么实现呢？

从这一幅地图开始，父母就可以让男孩慢慢走进世界，心中装着世界。平时，父母可以和男孩做游戏，把周围的遮盖起来，让男孩辨识不同的国家。或者让他画各个国家的地图，打乱后再一个个地辨识，并说出每个国家的特点。孩子在画的同时、说的同时、思考的同时，就会把世界装入内心。一张世界地图，使小小男子汉，已然胸有丘壑。

方法三：引导男孩对科技知识产生兴趣

有的父母希望自己的男孩能成为科学家或者某个领域的专家。这也是很多父母的正常想法。随着经济全球化、人才国际化的发展越来越快，将来对具有国际视野的科技人才的需求量更大。怎么才能让你的男孩对科技知识产生兴趣呢？父母要多让孩子接触不同知识的书，激发他的兴趣。周末，带他到科技馆参观，男孩的好奇心及极强的探知欲，就很可能被调动起来了。家长还可以通过给男孩讲一些科学家的事例，在潜移默化中影响他。男孩的兴趣就很有可能在家长的引导下由此而萌生。

当然，如果你的男孩正在接受着国际化的培养，那么，他学习会更主动、视野会更开阔，对世界的认识也会更全面，对国际上先进的科学技术也会掌握得更好。

方法四：男孩就要关注国际形势

让你的男孩养成看国际新闻的习惯，多去关注国际形势，可以通过网络、电视、报刊、书籍等途径。这样，他可以了解各国的文化，将来也更容易融入全球化的教育环境，更具有国际化的大视野。这个过程也教会了他从全球的角度关注人类命运，关注社会进步。同时，也强化了男孩的国际责任意识。这样，男孩在未来迎接全球化和信息化发展的挑战时会更有信心。

教育专家给男孩父母的教子方案

如何让我们的男孩拥有广阔的视野呢？英国的教育专家伊丽莎白·哈特利·布鲁尔认为，最重要的就是父母要鼓励和重视男孩发展多种技能。她提供的最佳办法是：

1. 努力扩大男孩的知识基础，让他尝试参加各种活动，发展多种技能。
2. 限制男孩看电视的时间，取而代之的是让他均衡地参与各种各样的活动，体验不同的成功感受，进而获得全面的发展。
3. 平时尽量多带男孩一起出游，增长他的见识。

第28招　穷养，教男孩学会管理时间与生活

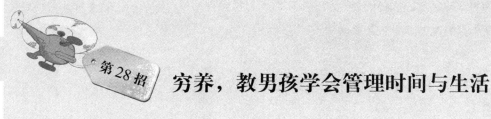

暑假的一天下午，爸爸妈妈有事出去，让飞飞自己在家做完作业再玩。傍晚，等妈妈回来打开门一看，先是大吃一惊，继而怒气冲冲，忍不住对飞飞发起火来。这是为什么呢？原来，爸爸妈妈一出门，飞飞就开始"孙悟空大闹天宫"，家里被他搞得一团糟：作业本散落在桌上；书柜里的书扔得到处都是；拖把歪在床边；所有的桌子、板凳涂上了各种不同的颜色；客厅地板上黏糊糊的，他美其名曰"用咖喱膏给地板打蜡"。

爸爸妈妈意识到了问题的严重性。晚上他们开起了会，针对这种情况，做了各种分析，觉得飞飞的创意思维还是不错的，但缺点更明显：他根本不会控制自己，也就是不具备管理自己生活的能力，更没有分配时间的观念。他们决定在以后的生活中要给孩子补上这重要的一课。

现实生活中，大部分的男孩总是爬上窜下，整天一副风风火火、一刻不得消停的样子。他们经常把东西扔得到处是，把家里上上下下搞得乱七八糟。而多数父母也只是数落数落、发发牢骚也就罢了，总认为男孩天性顽皮，不能扼制了天性，长大后就慢慢规矩了，也并不思考男孩为什么会这样，这样对他将来的生活与事业有什么影响。试想，男孩自小就没有时间观念，不能控制管理自己的生活，长大后怎么可能很好地规划自己的生活和事业呢？

为什么许多男孩都会有这些通病呢？一方面，这的确有天性的成分；另一方面，男孩不会管理时间与生活，其主要原因不外乎三个：第一，男孩的时间观念模糊。当男孩没有了时间观念，他匆匆忙忙或慢慢腾腾，都不觉得有什么不好，反正也不知道干什么，能乐一阵子就乐一阵子。第二，男孩的生活没有规划。男孩没有规划，就稀里糊涂，不知道自己下一刻要去干什么，明天要做什么，条理又何从谈起呢？我们都知道很多的成

功男人之所以成功，就是因为他们善于有效地利用时间、善于规划自己的人生。所以，作为男孩的父母，让你的男孩从小珍惜时间、懂得规划自己的生活，将来他才会拥有幸福而丰富的人生。

方法一：让你的男孩有规律地作息

一般来说，孩子对于时间的认识都是来自大人。父母要想孩子从小作息规律，可以给孩子制订一个作息时间表：几点起床、什么时间吃早餐、放学回来先做什么后做什么、几点洗漱、几点睡觉，等等，让你的男孩最初由你督促，慢慢养成自觉的习惯。

小山的家里来了客人，他的姑妈和小表哥从千里之外的老家赶来了。小山一家人很高兴，爸爸妈妈和姑妈一时聊得高兴，小山和表哥也玩得很开心，因此小山比平时晚睡了一个小时。第二天，睡得迷迷糊糊的小山被妈妈叫醒，让他起床。他是怎么也不愿起来，在被窝就和妈妈讲条件："我困啊，让我再睡一会儿。"直到爸爸进来，小山才不情愿地穿衣服。

有时会有些突发或者偶发的事件造成晚睡或其他影响，但也不要让男孩子认为规则总能被打破，从而影响第二天的作息或计划。

长期坚持规律的作息习惯，男孩慢慢也有了一定的时间意识，也就知道什么时候该干什么了，他也不会因为无所事事而把家里搞得一团糟。

方法二：男孩的时间男孩来做主

天气很热，峻逸和同学踢球回家来了，他先倒上一杯开水晾着，然后就去洗澡。在洗澡间，他先把脱下来的衣服用洗衣液泡上，冲澡的同时，他就把洗衣机调好洗衣服，等他洗完澡，衣服也洗好了。晒好衣服，他可以休息下了，这时水温正适宜喝。

时间是挤出来的，要让男孩学会关于统筹利用时间的方法。这也需要爸爸妈妈长期的影响和教育，并让他长期坚持下去。男孩只有提高了时间利用率，才具备成就伟业必需的条件。善于利用时间，也是男孩加强管理生活能力的一种方式。在有限的时间内把要做的事情用最短的时间条理化地做完，是一种很棒的能力。那么，还等什么呢？男孩的时间，让他去做主吧。

穷养，教男孩学会管理时间与生活

父母对男孩不要太严厉，也不要太娇惯。

把道理说给男孩听，男孩才懂得管理时间和生活的意义。

方法三：让男孩试着规划自己的生活

因为善于规划人生，所以很多成功人士事业有成，生活幸福。男孩的规划意识也要从小树立。父母要抓住一切机会，让他动脑子去规划自己的生活。比如，周末全家有个去公园玩的活动，可以交给他来做时间分配，上午去还是下午去，在公园玩几个小时，几点回来，让他把一天的时间都规划好。当然父母根据情况适时地给予指导。男孩的书架，也可以让他放手去规划，科技类、自然类、历史类、童话类的书如何放，让他自己动脑、动手。另外，让男孩对自己的财务也有个规划，比如让他有个财务目标，存够目标钱数后，在家长的引导下做些有意义的事情。男孩有了规划意识，并习惯成自然，他就会未雨绸缪，胸怀更宽，视野更广，生活和工作更有条理。

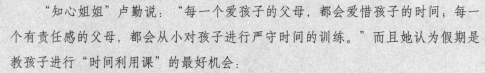

教育专家给男孩父母的教子方案

"知心姐姐"卢勤说："每一个爱孩子的父母，都会爱惜孩子的时间；每一个有责任感的父母，都会从小对孩子进行严守时间的训练。"而且她认为假期是教孩子进行"时间利用课"的最好机会：

1. 把假期时间全部交给孩子，让他们自由支配，并告诉他时间的珍贵。

2. 父母协助孩子制订假期计划，如每天的生活如何安排，必做的事情有哪些，等等。

3. 父母要告诉孩子，一旦计划定下来，就要严格执行。

第四章

能力决定男孩的命运，培养最全"能"的男子汉

关键词：思考能力、逻辑推理能力、表达能力、语言表达能力、决策能力、果断、依赖心理、创造能力、想象力、自立能力、独立意识、竞争能力、竞争对手、竞争心态、领导能力、交际能力、交往机会、合作能力。

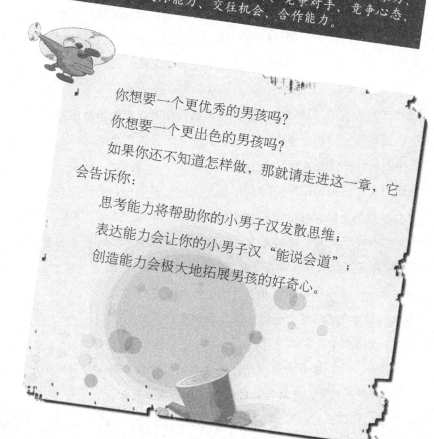

你想要一个更优秀的男孩吗？

你想要一个更出色的男孩吗？

如果你还不知道怎样做，那就请走进这一章，它会告诉你：

思考能力将帮助你的小男子汉发散思维；

表达能力会让你的小男子汉"能说会道"；

创造能力会极大地拓展男孩的好奇心。

第29招 帮助男孩发散思维——思考能力

中国有句古话叫作"纸上得来终觉浅，绝知此事要躬行"，把这句话应用在男孩的思考能力方面一点也不为过。为什么会这样说呢？因为父母可以给孩子生命，可以替他打点好衣食住行，为他找最好的学校，让他进入更好的教育环境，但却不能把男孩当成玩偶，代替他思考，只有思考这件事是父母无法全程参与的，需要男孩自己去执行。

不过，作为男孩最早启蒙老师的爸爸妈妈，却可以帮助男孩练习发散思维，让他拥有更出色、更缜密的思考能力，而且善于思考的男孩更易成功，也更会掌握自己的命运，试问天下又有哪位父母不希望自己的儿子成为一名出色的男子汉呢！

让我们先来看一下下面这个小测验，测一测你是不是一个善于引导孩子思考的父母：

有一天，四个男孩在放学回家的路上玩超级"剪刀、石头、布"，并且用四肢替代了手掌。四人边玩边走，其乐无穷。而作为其中一个男孩的爸爸或者妈妈，你可能要接儿子早点回家、做饭、监督儿子做作业，等等。这时，你会选择怎么做呢？

A. 强迫儿子马上跟你回家，并告诉他你的种种理由。

B. 用成人的口气哄骗这个小团伙，然后带走自己的儿子。

C. 你耐心地等待他们玩到家门口。

D. 你选择在一旁兴致勃勃地观战，然后到家门口后，和他讨论你小时候只用单手玩的"剪刀、石头、布"，接着你们讨论如何在游戏中获胜。

很显然，A、B、C三种选择都不恰当，A、B虽然节约了你的时间，但却让孩子很"扫兴"，而C让你少了一份与孩子交流的绝佳机会，当然，这三种选择都会让男孩失去思考的机会。所以，最佳的选择是D，原因就是男孩非常善于逻辑思维，而且很会"举一反三"，尤其是当他对某件事情发生兴趣或兴致正高时，他所有的神经和思考的"小细胞"就会特别活跃，不但会让他在情绪方面产生很大的快感，而且更有利于深层次地启发孩子的思维，让他更积极地展开想象，变得更具有创造性，更善于记忆。

因此，我们在教育男孩的过程中，不仅要教他如何更快、更有效地掌握知识，还要锻炼他如何发散自己的思维，变得更善于思考。以下给父母提供的这些方法对培养男孩灵活、敏捷的思考能力，以及开拓他的智慧都有很好的实效性和应用性。

方法一：引导你的小男子汉去独立思考

亮亮是一名小学五年级的小男孩，他特别喜欢解答数学难题。有一天晚上，老师布置的家庭作业里有一道非常有难度的数学题，他思考了半个多小时都没有把这道题解答出来。很快，妈妈规定的睡觉时间到了，正在上初中的姐姐走过来问他："亮亮，你做什么呢？"亮亮回答说："数学应用题，这道题很难，不过很有意思。"姐姐看了一眼题目，说："这道题我做过，我来帮你算。"亮亮马上拒绝说："不用了，我自己想一想吧！"半个小时后，亮亮还在苦苦地思索这道题目，姐姐有些生气地说："你怎么这么死心眼，我不管你了，我睡了，答案给你放在这里了。"说完，姐姐就把写好的答案放在弟弟的作业本边，转身回去休息了。

可是亮亮根本看也没看一眼答案，继续埋头思索，困了，他就用冷水洗把脸，终于在一个多小时后把这道题目解答了出来，然后带着满足的笑意进入了梦乡。

亮亮可以不用费那么长的时间和精力去想解答方法，但是他依然选择自己独立思考和完成这道难解的数学题。假如我们在实际教育的过程中，每当自己的孩子遇到疑难问题时，父母都对孩子有问必答，那么只会让他养成依赖父母的坏习惯，而且以后再遇到类似问题时他首先不是去独立思考、去自己寻找答案，而是寄希望于别人，这样的孩子又怎么会具有学习的主动性和积极性呢！

方法二：鼓励男孩发表自己的意见

在养育男孩的过程中你会发现，有些男孩发表自己的意见时，常常会受到父母和老师的影响，变得犹豫不决、没主见、随大流，自然他们的思维独立性的发展也会受到阻碍。因此，父母要想改变男孩的这种坏习惯，就要努力给他创造一个和谐、民主的家庭氛围，让男孩可以畅所欲言，同时也要正确引导和鼓励男孩多发表自己的意见。

有一天，爸爸带着9岁的儿子去看画展。平时，儿子就对画画比较感兴趣，所以只要爸爸有时间，就会带着他去少年宫或者博物馆看一些画展，并且鼓励他积极思考，让儿子说出自己对作品的看法。这次爸爸带儿子来看的是个人画展，但事先爸爸并没有告诉儿子，而是在观赏完一遍之后，故意问儿子："儿子，看过之后你觉得哪些画风格比较好？"儿子有些疑惑地说："爸爸，我觉得这些画都是一个人画的，都很好。""哦？那你说这些画都好在哪里呢？没关系，说说看！"爸爸鼓励儿子说。儿子想了一会儿，说："这些画布局好，气魄大，颜色对比很强烈，可见作者很大胆，有自己独特的想法。"爸爸听完儿子的评价，满意地笑了。

可能很多父母都有这样一种感觉，当儿子和成人待在一起的时候，他往往不敢把自己内心最真实的感受或者意见表达出来。像上面事例中的那个男孩能够大胆地说出自己的见解，这和他父亲平时积极鼓励其独立思考、大胆表述是分不开的。

因此，为了培养和提高男孩的思考能力，父母应该鼓励男孩大胆说出自己的想法，无论他表述的是对是错，都不要中途打断他或者轻视地纠正他，要等他完全表述完之后再给他恰当的指导。当然，在孩子正确地表述时，你要不时地用眼神、表情、动作、语言给予他适当的肯定和表扬，以增强他的自信心。

方法三：培养男孩的判断、推理能力

逻辑推理能力是思考能力的重要组成部分，而男孩天生在这方面就比女孩稍强一些，因此父母应该特别注重培养男孩在判断、推理、分析方面的能力，平时注意多给男孩解释一些概念性的东西。

有这样一则笑话：

有一天，爸爸问儿子："你长大了想当什么呀？"儿子神气地回答："我要当兵！"爸爸问："为什么要当兵？当兵会被敌人打死的呀。"儿子一听，就说："那我就当敌人！"

这个男孩就没有弄清楚敌人的概念，才会做出错误的推理、判断，以至于闹出了笑话。

所以，父母在培养男孩的判断、推理能力时，可以有意地在日常生活中让男孩多做一些有意思的推理题目和推理游戏，也可以让男孩看一些推理性的节目和书籍。

教育专家给男孩父母的教子方案

父母如何帮助男孩培养其思维品质呢?"高考战神"王金战老师给出的教育方法是:

1. 创建一个平等宽松的家庭环境,给孩子创造独立思考问题的机会。
2. 父母要鼓励孩子积极主动地参与到学习活动的各个环节。
3. 培养孩子的思维品质重在坚持,父母除了做到这一点,还要不失时机地引导孩子。

第30招 让男孩"能说会道"
——表达能力

在刘翔取得奥运会110米跨栏冠军后,一位日本记者不怀好意地问他:"亚洲人在田径项目上一直是弱势,很多人都怀疑你服用了某种查不出的兴奋剂,请问你是怎么看待这个问题的?"

刘翔说:"美国和日本的科技一直比中国发达,服用兴奋剂的历史也比中国要悠久得多,如果有这种兴奋剂的话,日本和美国的运动员一定服用过了。不过可以肯定的是,就算日本运动员服用兴奋剂,也进不了前3名,更不可能取得冠军。"

古人曾经说过:"一言之辩,重于九鼎之宝;三寸之舌,强于百万之师。"这句话是十分有道理的。在面对日本记者不怀好意的提问时,刘翔用自己的口才将了对方一军,让挑衅的日本记者变得哑口无言。

随着社会的发展,人与人之间的交往日趋频繁,口才的重要作用也渐渐凸显出来。有位著名的演讲教练曾经说过:"每个人都有一张嘴巴,嘴巴有两个功能:一是吃饭,二是说话。但是要想吃好饭,先要说好话!"这句话是非常有道理的,现在是一个充满竞争的社会,一个人即使有过硬的专业技能,但是如果没有口才的话,也很难把自己推销出去。而那些口才好的人,不仅更容易找到"伯乐",也更容易拥有良好的人际关系,从而取得更大的成功。

对于男孩来说,培养他们的口才是非常有必要的。一位父亲曾经带着懊悔的心情说出了下面的话:

我儿子是一个内向的人,不喜欢说话,更没有什么口才。他读的是重点大学,学习非常好,但是因为没有口才,那些不如他的同学都找到了工作,但我儿子却找不到。后来他总算找到了一家小公司,但是因为口才不好,他总是得不到重用,一直停留在最基层的位置上，而和他一起来公司的5个人，已经有3个晋升到管理层了。现在我真后悔，早知道这样，在儿子小时候我就应该好好培养一下他的口才。

从上面这个事例可以看出，口才也是一种竞争力，对一个人的求职、晋升有很大的帮助。所以，父母要想让自己的男孩在将来能够立足于社会，就要在男孩小时候培养他的口才，让他成为一个能说会道的"演讲天才"。

很多父母认为口才就是说话，其实口才和说话并不是两个等同的概念。简单地说，口才包括说话，但是其中还包括很多方法和技巧，所以需要重点培养。

方法一：培养男孩的语言表达能力

要想培养男孩的好口才，首先就要培养他们的语言表达能力，因为语言表达能力是口才中最基础的部分。所以，父母在男孩小时候就要培养他们的语言表达能力，为他们具有好口才打下坚实的基础。

在培养男孩的语言表达能力方面，父母可以教他们朗诵儿歌、背诵绕口令，这些能够让他们吐字清晰、语言流畅。另外，父母还可以让他们复述书本或者电影、电视剧的情节，这有利于培养他们的语言逻辑性，让他们说话有条理。

方法二：锻炼男孩当众说话的胆量

晓光今年12岁，是一个能说会道的小男孩。在前些天，他还在学校的演讲比赛上获了一等奖。能够做到这些，和晓光父母的教育是分不开的。

在晓光小时候，每当有亲朋好友来家里做客时，爸爸妈妈都会对晓光说："叔叔阿姨最喜欢你了。你昨天不是学会了一首唐诗吗？快给叔叔阿姨背诵一下。"等晓光长大一些，爸爸还带他参加一些电视节目。晓光见识了这些"大场面"，遇到其他场合自然就不会怕生了。

一个口才好的人，在任何场合都不怕生，都能把话说得圆圆满满。有很多小男孩吐字清晰，语言表达能力也很强，但是一到公共场合就紧张得说不出话来。所以，父母要想让男孩拥有出色的口才，锻炼他们当众说话的胆量也是一个很重要的方面。

方法三：让男孩多读书

培养男孩的好口才，还要鼓励他们多读书，因为良好的口才和渊博的知识是紧密相连的，一个知识丰富的人，说出来的话自然有文采，也更加具有感染力。

教育专家给男孩父母的教子方案

想让男孩成为能说会道的现代人，要注意些什么呢？卢勤老师是这样总结的：

1. 敢说话才能会说话，让孩子克服心理恐惧。
2. 练说话就能说好话，说话也要勤学苦练。
3. 准备好才能讲得好，让孩子做好准备再开口。

第31招 鼓励男孩"自作主张"
——决策能力

有这样一个故事：

有一个男孩帮着妈妈去定制新鞋，当时鞋子的样式有两种：一种是圆头的，另一种是方头的。男孩一时没了主意，一会儿说做圆头的，一会儿又说要做方头的。在男孩游移不定之时，鞋匠已经把鞋子做好了——鞋子一只做成了方形，一只做成了圆形，根本无法穿。

这个故事告诉我们，优柔寡断的人无法成事，他们往往错失掉很多机会，很可能忙碌一生也毫无建树。因此，父母应从小培养男孩的决断能力，为男孩把握人生机遇打下坚实的基础。

什么是"决断"呢？就是指在面对任何事情的时候要当机立断，不思前想后，不前怕狼后怕虎。果断的性格是一个人具有出众自我决定能力的体现。我们都知道，现代社会是一个高速发展的社会，要想在这个社会上取得成功，必须具备这种遇事果断处理的能力。对于男孩来讲，做事果断实际上是一种智慧和才能的体现，也是男孩未来能取得成功的关键。

但性格的养成是一个长期的过程，据心理学家研究发现，一个人做事不果断的性格形成可以追溯到他的童年，很可能是父母影响的结果。所以为人父母者，应该高度重视这个问题。

决断能力的培养并不是靠说教来完成的，需要父母在男孩的生活实践中通过事例进行引导，提高男孩的知识储备和生活认识，为他们良好的决断能力打好基础。那么，如何才能培养出一个爽快利落、做事雷厉风行的男孩呢？教育学家给出以下三种方法：

方法一：父母要注意自己的言行，在男孩面前必须果断

张先生的儿子张岩是一个性格非常爽快的孩子，做事从不拖拖拉拉，一贯都是雷厉风行，不管是在家里还是在学校，都非常受欢迎。这主要得益于张先生的教育。

张先生从张岩很小的时候就注意培养其果断的性格。日常生活中，张先生会刻意让张岩自己去决定许多力所能及的小事，比如看电视看哪个频道、出门穿什么衣服、晚上吃什么饭、压岁钱怎么分配，等等。

即使遇到什么难事了，张先生也尽量让张岩自己办。张岩上二年级的时候，有一次张先生开车送他上学，但是由于路上堵车而迟到了。张岩怕挨老师的批评，就坐在车里哭，一定要爸爸陪着才肯进教室，否则就不下车。但是，张先生并没有因为孩子的哭闹而心软，而是果断地拒绝了张岩的请求，同时给了张岩两个选择：一个是自己进教室，另一个就是立刻回家。结果，张岩不得不自己走进了教室。

那天回到家以后，张先生明确地告诉张岩："许多事情是你自己必须解决的，不能依靠别人的帮助。要知道，很多事情你今天不想面对，明天还是一样需要你去直接面对。"

就是在这样的教育下，张岩才拥有了做事不拖泥带水的性格，现在的他已经是学校的大队长了。

父母在男孩面前必须态度明确、行事果断，以此来潜移默化地影响男孩。如果男孩有了优柔寡断的倾向或习惯，就要帮他立刻改正，不要让它在男孩身上生根发芽，否则会破坏男孩将来的各种进取机会。

方法二：帮男孩摆脱依赖心理，让男孩自己行事

遇事能够借鉴他人意见，借助他人智慧做出正确决策，无疑是值得提倡的方法。但是缺乏主见的男孩不是这样，他们遇事总是去问别人该怎么办，完全等着别人拿主意，这是男孩的依赖心理在作怪。

李爽是一个非常没有主见的男孩，做什么事情都是优柔寡断。有时候，做一个决定，他要征求很多人的意见。即使这样，他也可能决定不了。

有一次，妈妈让李爽报一个特长班，让他在钢琴班和书画班中任选一个。李爽犹

豫了好久，也不知道选哪一个好，他觉得两个都挺好的，但是又没有特别多的空余时间，只能报一个。于是，他问妈妈："您觉得我该选择哪一个呢？"妈妈说："你自己决定吧！"但是李爽犹豫了好久，还是没有做出选择。

一直到两个特长班都开课一周了，李爽还在犹豫！李爽的妈妈气得直摇头："我的儿子做事这么犹豫不决，将来能走向社会吗？"

看！依赖心强的人往往会错失良机。此时，父母一定要想办法帮助男孩拿掉这个心中的"拐杖"，男孩的自主意识才能成长起来。当男孩遇事犹豫不决，向父母征求意见时，父母不要马上给出答案，而是要引导和鼓励他拿出自己的意见。哪怕男孩说出的意见没有多少价值，也要先予以鼓励，然后再帮其完善。这样一来，男孩果敢的性格就会逐渐形成。

方法三：鼓励男孩当机立断，勿求"万全之策"

有些男孩遇事优柔寡断，主要的原因就是总怕自己考虑得不够周全。这点本无可非议，但是，万事不可能十全十美，周全与否是相对的。如果考虑得过于缜密，会使很多机遇白白在眼前溜走。家长要让男孩懂得，凡事能有七八成的把握，就应该下定决心，这对于培养男孩的果断性格会大有益处。

教育专家给男孩父母的教子方案

在男孩的一生中，总会遇到各种各样的事情需要自己做出选择，对此，"知心姐姐"卢勤认为孩子应该做好三方面的选择：

1. 朋友的选择。应选择一些跟自己互补或不同的人做朋友。
2. 对象的选择。应以尊重和奉献精神为原则选择未来的伴侣。
3. 工作的选择。父母应该把选择工作的权利还给孩子，让他们自由选择，自由发展。

第32招 教男孩做事有安排
——计划能力

"妈,我的袜子呢?赶快帮我找找,我上学要迟到了!""老爸,嘿嘿,这个月零花钱提前'消灭'了,能不能再资助点儿?""死定了,昨天老师布置的作业还没写完呢。"每当儿子这样"无助"的时候,你是不是都有一种无力感:"这孩子怎么这么不会安排自己的生活呢?"

其实,要解决这些问题并不难,最好的办法就是教会男孩做事有安排,培养和提高他的计划能力,让他学会对自己所做的事情有时间规划,然后有准备、有措施、有安排、有步骤地去解决问题。

巍巍因为学习成绩不好,时常被同学看不起,而他为了引起大家的注意,经常做一些恶作剧,最后就连老师都不喜欢他了。巍巍觉得在学校的生活简直是度日如年,所以为了减轻自己的痛苦,他想辍学。当他把自己的这一想法告诉自己妈妈时,妈妈有些吃惊,但马上帮儿子分析了目前的形势,并且帮助儿子制订了学习计划,还对他说:"巍巍,妈妈不要求你每次都考100分,不过希望你按照制订的学习计划来执行,每天进步一点点就够了。"

一段时间后,巍巍在妈妈和学习计划的引领下,不但在学习上有了很大的进步,而且与朋友相处也更融洽了。

由此可见,学会做计划对一个孩子是多么重要,不但能让他养成良好的做事习惯,而且能极大地提高他做事成功的效率。

所以,父母应该运用正确的方法引导自己的儿子学会安排和制订行事计划,以便帮助孩子更快速、更有条理地解决问题、规划生活,让他的生活少一些麻烦和弯路,多一些成功和顺畅。

方法一：培养小小男子汉的时间观念

计划执行力是建立在良好的时间观念上的，一个没有时间观念的男孩，做起事情来很容易磨蹭、拖延，无法顺畅、完整地把一件事情做好，所以父母要做的第一件事情就是让你的儿子建立较强的时间观念，让他知道做事时应怎样去根据实际情况制订计划、实施计划。

伟伟是一个时间观念很差的小男孩，每天放学后就出去玩，而且一玩就是大半天，吃完晚饭，他就坐在沙发上看电视。妈妈让他去写作业，他就搪塞着说："我看完这一集就去，这一集动画片马上就完了。"结果一看就是一个多小时，等他去写作业的时候，已经晚上9点多了。但是，等到写完作业，他还不马上洗漱，而是再翻翻漫画书、听听歌。终于等到他躺下睡觉的时候，时钟已经指向了晚上11：30。第二天早晨，妈妈又要像往常那样喊他很多遍，而伟伟睡眼惺忪地起来后，连早饭都来不及吃，就要往学校赶。

一段时间下来，伟伟不但因为上课注意力不集中，导致学习成绩下降，而且因为老是迟到而被老师批评，他的情绪也变得很低落。幸好，妈妈及时发现了这个情况，告诉儿子要有时间观念，并且为他制定了严格的作息时间。从那之后，伟伟按着作息表生活，时间观念强了很多，上课注意力也集中了。

方法二：告诉男孩做事之前必须有计划

洋洋从上幼儿园开始就是一个有"健忘症"的小男孩，做起事来毛毛糙糙、丢三落四。一次偶然的机会，他的爸爸看到了这样一个故事：

一天，一位德国孩子对他的爸爸说："爸爸，我周末想去游乐场。"爸爸看着儿子，没说答应还是拒绝，而是问孩子："孩子，这一切你都计划好了吗？你打算和谁一起去？去什么地方？怎样去？"假如儿子说："爸爸，我还没有计划好。"这时，爸爸就会说："儿子，还没有计划好的事情就不要说。如果你真的要去，那请你计划好。"

洋洋爸爸从这个育子故事中得到了很大的启发，从此之后，他开始着重培养儿子制订计划和执行计划的能力，如他答应儿子周末去动物园，但是儿子要做好计划——什么时间出发、哪些家庭成员参加、需要带些什么、什么时间回家……经过爸爸一段时间的训练，小洋洋做事变得越来越有计划性，而且在爸爸的提议下买了一个笔记本，专门列他的计划，以便更清晰地知道自己下一步该做什么、怎么做。

一般来说，小男孩做起事情来不像小女孩那样细心，他们一般是想到什么就做什么，很少会为此去做计划。因此，对待那些爱忘事、粗心、马虎的男孩，最好的方法就是让他们学会做事之前必须做好计划，而且如果男孩对父母的这种"做事前要有计划"的提议表示反对或者不屑，父母一定要坚持自己的意见，并且要不断地提醒他，让他通过亲身体验自己行为的后果，真正体会做计划的重要性。

方法三：做好男孩执行计划的"监督员"

作为父母，你是不是总遇到这样的情况：刚刚还在你的建议下写作业的儿子，竟然趁你不注意，偷偷溜进客厅，打开电视，有滋有味地看起了动画片；或者昨天还答应你要节省零花钱，结果今天就把零花钱全花光了。

父母在养育男孩的过程中难免会遇到这样的情况，因为小男孩的自制力本来就很差，他们很容易"三分钟热度"，因此要想让他们能够耐心、仔细地按照先前制订的计划执行，父母就必须做好他的"监督员"。

那怎样才能做好儿子计划执行力的"监督员"呢？首先，父母不能心慈手软，一定要坚持自己的原则；其次，父母不能被儿子"可怜的理由"蒙蔽；最后，父母要对男孩的某些侥幸心理给予彻底消灭，让他知道只有按计划执行，才能把事情做好，否则永远不会成功。

教育专家给男孩父母的教子方案

英国著名的教育专家伊丽莎白·哈特利·布鲁尔认为："所有的孩子只有在做好准备之后，才学得最快最好。"可见，计划能力对一个孩子的学业、生活起到多么重要的作用。对此，伊丽莎白·哈特利·布鲁尔还给出了自己的建议：

1. 父母不要强迫男孩参加他并不喜欢而且也很难取得成功的课外活动。

2. 父母不要一直督促着男孩什么事情都往前赶，不要"逼"他太紧，否则他可能会打退堂鼓。

3. 父母鼓励男孩采用适合他的正确的学习方法，教会他如何学习、如何展示自己的学习成果，让他自己选择学习方式，以达到父母的期望。

第33招 扩展男孩的好奇心
——创新能力

创新能力是人类最重要和最有价值的一种能力。可以确定地说：对一个男孩来讲，他将来有多大成就，关键在于他的创新能力如何。

眼下，教育界对学生的创新能力的培养越来越重视，这是十分可喜的。然而从另外一个角度来讲，这是远远不够的。因为根据相关的教育研究，创新能力的培养应该是从家庭教育开始的。为什么这么说呢？这是因为父母是孩子的第一任老师，而且父母与孩子相处的时间最长，一起接触的生活面最广。如果父母能抓住一切机遇培养孩子的创新能力，相信定会收获巨大的惊喜。所以作为父母，绝对不能忽视对孩子创新能力的培养。

如果父母忽视了对孩子创新能力的培养，那将会是莫大的遗憾！我们来看这样一个小故事：

有一天，一个小男孩在课堂上听老师讲到"蚯蚓有很强的再生能力，即使被断成两截也可以活下去，并可能分别再生长出完整的蚯蚓"。

小男孩对此非常好奇，同时也有一点疑惑："蚯蚓真的有这么强的自生能力吗？我一定要亲眼看个明白。"

于是，小男孩回到家后，立刻挖来一条蚯蚓，并把它截为两段，放在窗台上养起来。

然而，小男孩的母亲发现后非常生气，她狠狠地打了小男孩一个巴掌，并把蚯蚓扔出窗外，嘴里还生气地责备说："不好好学习，就知道玩！你看你玩得多恶心！"

此后，这位因好奇心而"惹祸"的小男孩无论做大事小事，都变得唯唯诺诺、谨小慎微了。

相关的教育专家在听到这个故事后，曾经沉重地说："这位母亲完全没有想到，她这一巴掌造成什么样的后果。这一巴掌很可能就打掉了一个科学家。"其实，正如这位教育专家所说的一样，如果许多父母都像例子中的这个母亲一样，那么，有多少好的"苗子"都会毁在我们的手掌下呢！

所以，作为男孩的父母，一定要从这个母亲身上吸取教训！那么，父母应该怎样培养男孩的创新能力呢？

方法一：保护好男孩的好奇心，鼓励男孩大胆探索

好奇心是孩子的天性（男孩的好奇心更强），也是迸发创新能力的前提。正是因为好奇，孩子才有了求职探索的欲望，这种欲望就是孩子最宝贵的创造性心理之一。

宪宁今年7岁。像所有的小男孩一样，宪宁也是一个好奇心非常重的小男孩。爸爸妈妈带他出去玩的时候，他对见到的一切都充满了好奇，遇到什么都问个不停："天上怎么会有红云彩？""为什么有的花是红的、有的是黄的？""太阳为什么掉不下来？"

很多父母要是摊上这么个孩子，肯定早就不耐烦了。然而宪宁的父母从来没有觉得烦！不管宪宁有什么问题，他们都会不厌其烦地回答，也不管宪宁能不能听懂。他们觉得这样做是有好处的。事实也正是如此，宪宁今年虽然只有7岁，但是他已经懂得了很多东西。在幼儿园里，很多别的孩子回答不了的问题，宪宁都能回答。宪宁被其他小朋友称为"小老师"，还经常受到老师的表扬。宪宁也为此非常自豪，别看他还小，但学习的积极性越来越高，还立志要做一名科学家呢。

宪宁父母的教育方式无疑是非常对的。作为父母，对于男孩的好奇心，一经发现，就要注意保护，以点燃男孩创新思维的火花，使它成为男孩进取的动力。

方法二：经常带男孩接触新鲜事物，激发男孩的好奇心

知识是一切能力的基础，没有知识，对外面的世界一点儿也不了解、不熟悉，即使智商很高，也是不会有创新能力的。所以，父母要根据男孩的年龄大小和生活环境，经常利用节假日带男孩去接触新鲜事物。

张贤家庭条件虽然不好，但是他非常听话，学习成绩非常优秀，一直都是班里的前几名。很多人都羡慕张贤的父母能培养出这么优秀的孩子，都纷纷到张贤家里去"取经"："你们家张贤怎么这么优秀啊？你们是怎么培养的？是不是有什么秘诀？"

每当这时，张贤的爸爸总会很骄傲地说："养孩子哪有什么秘诀？如果说真的有

拓展男孩的好奇心——创新能力

作为父母,应该注意保护而不要扼杀男孩的好奇心。

男孩认识的事物越多,想象的空间就越宽广,就越有可能触发新的灵感。

什么方法的话，那是因为我保护好了张贤的好奇心。张贤从小好奇心就很强，对什么事情都刨根问底。我觉得好奇心重的孩子，学习兴趣肯定也高。他越是好奇，我就越是要让他接触新鲜事物，带他去认识一些新奇的事情。其实在这个过程中，张贤能学到很多知识。知识面广了，他学习成绩就好了！"

其实，正如张贤的父母所讲的那样。认识的事物越多，想象的空间就越宽广，就越有可能触发新的灵感，产生新的想法，这对孩子的学习和发展是非常有好处的。那种只想把男孩关在家里，只想让男孩写字、画画、背诗的方法，只会把男孩培养成书呆子，绝不可能使孩子成为有创新能力的人。

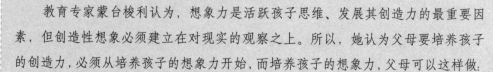

教育专家蒙台梭利认为，想象力是活跃孩子思维、发展其创造力的最重要因素，但创造性想象必须建立在对现实的观察之上。所以，她认为父母要培养孩子的创造力，必须从培养孩子的想象力开始，而培养孩子的想象力，父母可以这样做：

1. 培养孩子的想象力先从培养孩子的观察力开始。

2. 对于孩子某些自发的富有创造性的行为，父母一定要小心呵护，绝不要阻止他们自发的创造活动。

3. 父母需要配合孩子想象力的成长，随着孩子年龄的增长，要把孩子的想象力转移到对伟大的艺术作品的阅读和创造上来。

第四章 能力决定男孩的命运，培养最全"能"的男子汉

第34招 引导男孩独立成长
——自立能力

现在的家庭，基本上都是独生子女，很多父母天天围着孩子转，捧在手里怕摔了，含在嘴里怕化了，宁愿自己辛苦，也不忍孩子动手，父母事事包办。然而，辛辛苦苦的父母却没有想到，自己美好的愿望换来的却是孩子"衣来伸手、饭来张口"的坏习惯，更有甚者，孩子变得越来越自私，事事只考虑自己，不懂得体谅父母的辛苦。这样看来，父母岂不是自讨苦吃？

其实，说得难听一点，这更是孩子的悲哀。你看孩子多么可怜啊，因为父母的溺爱，他们从小就失去了独立接触生活的机会，在这个过程中，他们本该拥有的与实际年龄相应的生活自理能力也没有形成。如果这个孩子是个男孩的话，那更是悲哀。因为男孩将来所面临的社会压力更大，如果他从小就没有养成自主、自立的生活能力，那他将来怎么面对激烈的社会竞争呢？

苏立伟一直是在爸爸妈妈的细心呵护下长大的。平时不管做什么事情，爸爸妈妈会把一切都给苏立伟准备得停停当当的。但是随着年龄的增大，苏立伟对这一点越来越反感，他觉得自己必须独立才行。

苏立伟决定先从上学这件事情开始，独立起来。以前苏立伟上学，总是爷爷接送他上下学，但是现在他马上就要升小学5年级了，从家到学校的路他已经很熟悉，他想自己一个人去上学，而不想再让爷爷去送。

新学期开始的第一天，苏立伟把自己的想法告诉大家："我不想让爷爷送我上学。我自己能上学。我都这么大了，爷爷还送我上学，万一被同学们看到，肯定会笑话我的。"

但是苏立伟的想法却得到了家里人的一致反对："学校这么远，你这么小，怎么能一个人上学？路上车那么多，出点意外怎么办？没有大人跟着怎么能行呢？还是让爷爷送你上学吧！"胳膊拧不过大腿。苏立伟只得"束手就擒"，最后还是在爷爷的"保

护"下上学。

看完这个故事，我们不得不为苏立伟家长的行为感到遗憾。在我们身边，这样的家长不在少数。这类家长做事总是小心谨慎、提心吊胆，从不给孩子独立的机会，长此下去，男孩怎么能够成为高素质的人才呢？

从 21 世纪人才的竞争来看，社会对人才的素质要求越来越高，一个优秀的男孩，除了具备良好的身体素质和智力水平外，还必须具备很强的自理、自立能力，很强的动脑、动手能力。作为父母，还在犹豫什么呢？培养男孩的独立自理能力，迫在眉睫，否则，男孩可能真的就被我们的"溺爱"毁了！

方法一：注意培养男孩的独立意识

父母要让男孩知道,生活、学习不能完全依靠父母和教师,要慢慢地学会生存、生活、学习和劳动，自己的事要自己做，遇到问题和困难要尽量自己想办法解决。

陈亮是家里的独生子，家里人对他十分娇惯。他从小就过着"衣来伸手、饭来张口"的生活，任何事情都是家里人帮他完成。

上学后，陈亮在学校里的表现也不尽如人意。例如有一次，他上课迟到了。当他走进教室的时候，别的同学正在听老师讲课，他走到自己的位置上，却发现自己的位置上没有凳子，于是他就站在那儿等着，也不主动和老师说自己没凳子，自己也不去寻找凳子。老师问他："你的凳子就在旁边呢，你怎么不去把它搬过来？"陈亮说："我搬不动，在家里，我从来没搬过这么大的东西。"

像这样的事情，还有很多，陈亮在学校一遇到麻烦，总是想让老师或同学帮自己解决，自己从来没有想过要亲自动手解决一些问题。

很明显，陈亮是一个严重缺乏独立意识的男孩。自小娇生惯养的他已经养成了一种依赖的心理习惯和思维定式——有麻烦肯定有人帮自己解决，何必自己动手呢！如果所有的男孩都有这样的想法，那我们的男孩今后如何适应社会呢？因此，父母一定要注意培养男孩的独立意识。另外，还要培养男孩的自我教育能力，在学习生活中，要让男孩学会自我观察、自我体验、自我监督、自我批评、自我评价和自我控制。

方法二：给男孩提供独立锻炼的机会

4岁的小新是独生子，平日一些力所能及的事都喊爸爸妈妈或者爷爷奶奶帮忙，生活中什么事都不会自理。这天晚上睡觉时，小新又说："妈妈，我不会脱衣服，帮我脱衣服！"这是每天都会重复的事情。但是这天晚上妈妈在给小新脱衣服的时候，突然想：孩子虽小，虽然说要加强生活上的照顾，但每天这样的"照顾"会有什么后果呢？

于是，第二天，小新的妈妈便把穿脱衣服的方法编成了一首生动的儿歌，如穿衣服："抓领子，盖房子，小老鼠，出洞子，左钻钻，右钻钻，吱哟吱哟上房子。"后来，小新成了一只机灵的小老鼠，左钻钻，右钻钻，学穿衣服的兴趣很高，不久就学会了穿衣服和脱衣服。再后来，每到穿衣服和脱衣服的时候，小新不需要妈妈的帮助了。即使有时候妈妈想帮助小新穿衣服和脱衣服，小新也不需要了："我自己来吧！小新长大了，我自己会穿衣服！妈妈你看我穿得好吗？"

自理能力是人生存和发展必需的能力之一，需要通过后天培养才能获得。随着年龄的增长，男孩的内心会产生发挥自身作用的渴望。聪明的父母应该鼓励男孩大胆尝试，即使男孩做得不好，也不要责备。套用陶行知的话"做父母的最好只有一只手"，父母的责任是帮助男孩学会生活、学会自立，大胆放手让男孩尝试，才能帮男孩迈出走向自立的第一步。

方法三：让男孩学会自己的事自己做

我国教育家陈鹤琴先生说："凡是孩子自己能做的事，让他自己去做。"其实，这不仅对培养孩子的独立性、自理能力很重要，同时也有助于培养孩子的责任感，使孩子能对自己的生活、行为负责。当然，更重要的是，培养孩子从小就有"自己的事情自己做"的独立意识，是对孩子进行生存教育的基本前提。因为只有在孩子心中树立了独立自主的精神，一切发展才有实现的可能。男孩的家长一定不能忽视这一点。

方法四：男孩能独立做事情后，父母要热情鼓励

对于男孩来说，赞扬与鼓励尤为重要。当男孩成功地完成了一件事情，不管这在

大人看来多么简单，都是他勇敢尝试的结果，父母应该及时表扬；即使男孩做得不够完美，父母也不能苛求。例如，刚学会穿鞋的男孩不会在乎自己是否颠倒了左右脚，他们高兴的是"我终于学会了"，若父母及时给予鼓励，祝贺男孩"学会了"，男孩下次就会做得更好。父母的肯定，将给男孩的尝试带来很大乐趣，有助于逐步引导男孩学会自理。

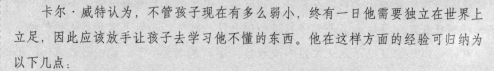

教育专家给男孩父母的教子方案

卡尔·威特认为，不管孩子现在有多么弱小，终有一日他需要独立在世界上立足，因此应该放手让孩子去学习他不懂的东西。他在这样方面的经验可归纳为以下几点：

1. 父母要绝对相信孩子的能力，最重要的是给孩子幼小的心灵建立自信。
2. 鼓励孩子自己收拾房间，即使他的"动作"很糟糕，父母也要夸奖一番。
3. 培养孩子敢于犯错误、敢于失败的行为。

第35招 教男孩不断挑战自我
——竞争能力

一位商界名人说过这样一句话:"唯一能持久的竞争优势是胜过竞争对手的学习能力。"这句话用在教育男孩身上同样适用,即一个男孩要想获得持久的竞争能力,就要不断超越自我。父母也要清楚一点:教会男孩战胜自己比战胜他的对手更为重要。

很多父母也许都听过"鲶鱼效应"的故事:

喜欢吃沙丁鱼的挪威人,一直在千方百计地想办法把活的沙丁鱼从茫茫大海中带回到市场上,但是渔民们发现,每次捕获的大量活的沙丁鱼都会在中途因窒息而死亡。只有一条渔船总能让大部分沙丁鱼活着回到渔港,人们不知道其中的原因,因为这艘渔船的船长一直严守着秘密。直到有一天这位船长去世,谜底才揭开。原来聪明的船长在装满沙丁鱼的鱼槽里放进了一条以沙丁鱼为主要食物的鲶鱼。鲶鱼进入陌生的环境后,便开始四处游动,而害怕生命受到危害的沙丁鱼就变得很紧张,左冲右突,加速游动。这样一来,沙丁鱼吸收了氧气,自然就不会死,也能活蹦乱跳地回到渔港。

沙丁鱼为什么在有天敌的情况下,反而能存活得更久呢?很显然,当它的生命有危险时,它的神经和动作都会变得异常敏感,于是为了活命,它不能安于现状,必须想办法突围,就这样在一次又一次的奋力挣扎中,它获得了活命的机会。

同样,父母在育儿的过程中,也可以恰当地运用"鲶鱼效应"的原理,打个比方来说,你就是渔夫,而你的儿子是沙丁鱼,为了让他变得更加出色和有能力,你必须放进去一条"鲶鱼",让他在"鲶鱼"的激励下,变得充满生命的激情和活力,进而变成一个有上进心、好胜心、自信心的男子汉。

当然,这里的"鲶鱼"并不是真的要你为孩子树立一个对手或者敌人,而是教会他怎样一步一步地去挑战自己,怎样这一次做得比上一次更好,怎样在优胜劣汰、错综复杂的社会中具有更强的竞争能力。

方法一：帮助你的小男子汉找到竞争的优势

小坤总觉得自己是一个"一无是处"的男孩，例如：学习上，他觉得自己无论怎样努力都赶不上别的同学，课堂上也不敢回答老师的问题，总是担心自己回答不上来或者回答错误被同学嘲笑，下课也不大和同学一起玩，如果有同学邀请他加入他们的游戏，他就会说："这个游戏我不会玩，你们玩吧！"然后就一个人回到座位上坐着。

爸爸觉得儿子的这种"糟糕"状况如果再不改善，那么他很有可能会变成一个胆小怕事、裹足不前、一事无成的人。于是，爸爸开始在一点一滴的生活中去鼓励和肯定自己的儿子，让儿子首先学会相信自己的能力。在爸爸正确的引导和鼓励下，小坤变得越来越有自信，而且在爸爸"一次考试进步3分"的要求下，学习成绩也越来越好了。

父母教给儿子人生的第一课，就应该是让他相信自己，相信世界上任何的事情他都能凭借自己的努力去完成，而做到这一点，父母就要在现实生活中仔细观察男孩身上的优势和"闪光点"，然后对此表示出肯定和支持。

世界上没有"一无是处"的孩子，哪怕是孩子身上最微小的那个"优点"，经过父母的悉心调教和正确引导，都有可能成为改变男孩人生的奇迹。

方法二：正确引导男孩向竞争对手学习

有人说，对手就是一面镜子，能照出自己的不足，更能完善自己。因此，父母应该正确引导男孩向自己的竞争对手学习。

今年刚读初一的张刚下决心要将自己的学习成绩提升到班里前三名。爸爸问他："刚刚，现在班里前三名都是你的竞争对手，但要想赶上或者超过对手，就必须'知己知彼'，所以你首先必须了解你的竞争对手，然后虚心向他们学习。你知道你们班前三名都是谁吗？"张刚说："我知道。"接着，说出了前三名同学的姓名。爸爸又问："第三名同学与你相比有哪些优点？"张刚说："他学习很刻苦，而且喜爱学习，主动性很强。课堂上总是勇于举手发言，而且虚心好问。"爸爸又问："第二名同学和你相比有哪些优点？"张刚说："她上课注意听讲，而且能够对所学的知识融会贯通，举一反三。"爸爸又问："第一名同学与你相比有哪些优点？"张刚说："他基础知识很强，而且很有时间观念，很有毅力，遇到难题，不解出来不罢休，喜欢钻研，而且他知识广博，喜欢看课外读物。"于是爸爸说："刚刚，现在你知道应该怎么做了吧？记住，了解对手，心里才能有底；学人之长，才能胜利有望。"张刚顿时恍然大悟，信心十足地说："爸爸，我明白了。下次考试你看吧，我一定会追上他们的！"爸爸也信心十足地看着儿子说："好儿子，我相信你能成功。"

于是，在爸爸的启发和帮助下，张刚看到了竞争对手的优势，并且找出了自己存在的差距，学习的时候准确地知道自己的不足并勇于改正，比他们学得更努力、更刻苦。最终，他在期末考试时名列前茅。

由此可知，父母应该引导男孩对自己的竞争对手不要怀着敌对的心态，而应视为学习的动力、目标以及榜样，然后不断完善自己、挑战自己，多学习对方身上的优点，这样才能在竞争的舞台上获得属于自己的胜利。

教育专家给男孩父母的教子方案

"知心姐姐"卢勤认为要想让孩子形成良好的竞争心理，首先就要妥善处理危害性最大的嫉妒心理。她的建议如下：

1. 父母要让孩子明白竞争是把成绩建立在自己努力的基础上。
2. 父母切忌助长孩子告状、打小报告、背后说人坏话等恶习。
3. 引导孩子正确对待自己的成绩和别人的成绩。

第36招 培养男孩的领袖气质
——领导能力

美国著名的体育运动心理中心主席安德逊教授认为：领导人不是天生的。他和那些运动员、学生、军校学员和公司经理一起工作相处过，于是他确信领导人是造就出来的。而男孩因为体内睾丸素的作用，天生就具有领导欲，假如父母能够好好地开发和培养男孩的领导能力，那么相信当社会变革、国际交流等诸多挑战与机遇降临到男孩的面前时，无论他是否处在领导者的职位，他都能凭借自身良好的能力巧妙地应对。

一群在山里野餐的小男孩迷路了，在潮湿与饥饿中度过了恐怖的一夜之后，他们无望地失声痛哭："大人们永远也找不到我们，"一个小男孩绝望地哭泣着说，"我们会死在这儿。"然而，10岁的汤姆站了出来："我不想死！"他坚定地说，"我爸爸说过，只要顺着小溪走，小溪会把你带到一条稍大点的小河，最终你一定会遇到一个小市镇。我就打算沿着小溪走，如果愿意，你们可以跟着我走。"

结果，孩子们在汤姆的带领下，胜利地穿出了森林，最后他们的欢呼声迎来了救护人。

人们或许认为，像汤姆这样的男孩是天生的"领袖者"，而其他人注定是随从。但事实上，就像安德逊教授认为的那样，领导者不是天生的，而是后天造就的，即一个男孩能不能成为"伟大的领袖"，取决于他的父母能不能正确引导和培养他。

一天，儿子看了西班牙斗牛表演，兴致盎然地对爸爸说："长大了我要做个斗牛士。"爸爸却对此不屑一顾："你难道不知道这有多危险，很容易丢掉性命的。"这个儿子有任何不切实际的想法，都被他爸爸打入冷宫。长此以往，儿子开始变得毫无主见，行为也愈发地懒散和被动了。

领袖人物一般都有个特质，那就是自己先勾勒出一幅宏伟的蓝图，并激励大家和他共同去完成，而这个"蓝图"其实就是他的梦想。所以，当你的孩子信誓旦旦地表

培养男孩的领袖气质——领导能力

父母不要"一棒打死"男孩那些不切实际的梦想。

父母应给予鼓励和肯定,应一步步锻炼和培养他的领导能力,说不准某一天男孩的梦想就成了现实。

示他要成为国家主席、警察局局长、航天英雄时，你千万不要因为它不切实际，就"一棒打死"，你要先鼓励和肯定他的种种"奇思异想"，然后一步步锻炼和培养他的领导能力，说不准某一天这个梦想就成了现实。

那么有哪些方法可以帮助迷茫的父母培养男孩的领导能力呢？

方法一：给男孩积极的肯定，并引导他积极地思考

男孩内心深处都有当"头"的欲望，所以培养他的领导能力的第一步，就是给他积极的肯定，不断增强他的自信心，并引导他积极地思考，进而培养他处理事情的能力。

一天，林林和小朋友踢足球输了，原以为一直在旁观战的爸爸会说："唉，你太笨了。"万没想到，爸爸边替他擦汗边夸奖他："儿子，你带球过人的技术真棒，奔跑很积极，如果再加强射门练习，会踢得更好。"接下来，爸爸让小林把这次比赛中自己表现的优缺点写下来，找出自己的不足。林林通过仔细地回顾比赛，发现自己在射门的时候表现得比较弱，于是爸爸就针对他这一弱点，对他进行了射门训练。现在，林林不仅是足球队的前锋，还是小区里的"孩子王"，一呼百应。

父母积极的肯定，就像一剂"强心针"，打在男孩的身上，瞬间就给他注入了很多的力量和信心。例如儿子考砸了，你没有批评他，而是鼓励他说："这次考的成绩虽然不好，但是你的英语成绩非常棒。以后只要在语文上多下些功夫，我相信你一定能进前三名。"说不定正是你的这句话，儿子开始发奋努力，真的考进了前三名。

父母在鼓励和肯定男孩的同时，更要教会他如何思考问题，运用哪些办法解决问题，这样才能一点一点地把男孩体内的领导潜力激发出来。

方法二：要经常鼓励男孩多多表现自己

如果有一天你的儿子跑到你的面前说："我要参加班里的班长竞选！"这时，你会怎么做呢？当然，首先就是要肯定儿子的这种进取意识，然后让他多在班上发言，积极回答老师的问题，并且鼓励他和同学处好关系，在班里树立威信等。

一位妈妈这样介绍她的育儿心得：

儿子班上刚上任的班主任正在班里选班长，在班里当"官"一直是儿子的梦想，

于是我就鼓励他:"儿子,上课老师提问你要多思考,主动举手回答问题,给老师留下一个好印象,这对你的竞选很有帮助。"

一个星期后,儿子竟然兴奋地告诉我,老师选他当班长了。我虽然笑着恭喜儿子,但是心里一直在犯嘀咕,这新来的老师怎么这么快就选出班长了呢?后来这位老师家访的时候我才知道是怎么回事。

原来,老师告诉大家,每天在上课前早自习时间背《唐诗三百首》,上课老师抽查,谁背诵得好,老师让他领诵。当"官"心切的儿子信以为真,回家后认真地背诵。第二天,老师真的检查,结果只有儿子一个人背下来了。

这位新老师对我说:"本来想考察一段时间再定班长人选,一看这孩子这么出色,就让他做班长了。"

当上了班长,这对儿子是一个极大的激励。从此他办事、学习变得更加积极、主动,每天带领同学背诵课文,课外时间还带大家搞一些文艺活动和公益活动,事事都走到了同学的前面,结果在学期末就被评为"市三好学生"。

方法三:给男孩实践的机会

我们都知道"实践是检验真理的唯一标准",其实,实践也是培养男孩领导能力的最佳舞台。

因此,父母应该多给自己的小男子汉一些实践机会,让他在自己所擅长的领域统领他人,帮助他树立自信心,提升他人际交往的能力,久而久之,他的领导能力自然会加强。

父母可以让男孩参加运动队、课外活动小组和其他社区组织活动,相信在这些实践活动中男孩会获得待人处世的经验,并且慢慢地知道如何才能更好地成为一个领导者。

教育专家给男孩父母的教子方案

信心和技能是培养男孩领导能力必不可少的两个重要因素，那么，如何让男孩拥有更多的自信和技能呢？英国的教育专家伊丽莎白·哈特利·布鲁尔给出的建议是：为男孩提供自我检验的机会。她的具体建议可归纳为以下几点：

1. 让男孩参加一些假日活动和课后俱乐部，以便使其多接触些新技能。

2. 平时可让男孩帮你干活——做饭、洗车、打扫卫生、家庭理财、照顾他人。

3. 让男孩在父母那里实验他的想法和意见，父母要尊重男孩的这些想法和意见，切忌和男孩争吵。

第37招 让男孩与他人和谐相处
——交际能力

交际能力在人类的生活过程中起着重要的作用。卡耐基曾说过:"一个成功的管理者,专业知识所起的作用是15%,而交际能力却占85%。"放眼现实世界,我们确实可以感受到:成功的管理者或企业家无不和突出的交际能力连在一起。美国哈佛大学教授霍华德·加德纳把人的智力定义成八种,其中之一是人际沟通智能,他把交际能力提升到了与数学逻辑能力、语言智能等同等重要的地位,而不单纯地把交际能力视为一种非智力因素。由此可见,交际能力在一个人的一生中扮演着多么重要的角色!

然而,在现实生活中,有不少男孩不善交际,不会交际,甚至害怕交际,有的到了成年,还视交际如险滩。

一位男孩家长这样描述自己的苦衷:

我儿子平常在家时行为举止正常,只是一见陌生人就胆怯退缩,不敢说话,躲在一边。在班里,他从来不主动与同学说话,也不与同学玩。上课时,他也不敢举手发言;老师叫他回答问题时,他说话的声音像蚊子一样;下课时,他从不出教室,一个人缩在角落里不敢动。有一次,儿子因一些原因受到了老师的批评,这本来是很平常的事,但他却因此不想再上学了,学习成绩也在不断下降。我真不知该如何才好。作为一个男孩,如果这样发展下去,我真为他的将来担心!

在我们的身边,这样的男孩不占少数。究其原因,主要是父母忽视了对男孩交际能力的培养,致使男孩不懂如何去接纳他人,形成社交心理障碍。

其实,交际能力并不是天生的技能,它和后天的锻炼是分不开的。在男孩很小的时候,父母就要重视对这种能力的培养,让男孩从小就拥有良好的人缘,学会与人和谐相处。那么,我们该如何培养男孩的交际能力呢?

方法一：培养男孩的交际兴趣，增强他与别人交往的自信心

父母要经常鼓励男孩主动与别的孩子打招呼，一起玩游戏，一起分享玩耍的快乐。如果男孩怯生，父母可以想办法先缓解他的紧张感，让他身心放松，慢慢地由不熟悉到熟悉。作为男孩的家长，我们还要学会经常给男孩这样的一个暗示：只要你主动、友好地与别人相处，别人就会喜欢和你做朋友。这样有助于增强男孩与别人交往的自信心。

方法二：为男孩提供更多的交往机会

父母可以适当地带男孩进入自己的社交圈，带男孩适当地参加一些成人聚会，这对培养男孩的交际能力也是非常有好处的。

王波夫妇从来不让自己的儿子王东回避自己举行的家庭聚会。无论是自己家的聚会还是去朋友家的聚会，他们都尽量让儿子参与进来。例如，每次在家里聚会，他们都让儿子到门口去迎接客人，并告诉儿子来客的身份和称呼。时间长了，王东学会不少礼仪，客人进门之后，他还会主动给客人让座、倒水，等等，俨然一副小主人的模样，一点都不怕生。

此外，王波夫妇还经常带着王东出席一些外面的聚会。在赴会之前，他们都会告诉孩子这是什么类型的宴会，告诉他在宴会上该怎么说话。

在王波夫妇的教导下，王东的思维方式得到了锻炼，变得非常有礼貌，人见人爱、人见人夸。王波夫妇对此非常有成就感。

如果所有的父母都能像王波夫妇这样对待孩子，就可以让男孩得到更多的交往机会，体验到交往的乐趣，从而渐渐提升与人交往的能力。

方法三：放手让男孩自己去交朋友

在对待男孩的交友问题上，很多父母总乐意让孩子找爱好、志趣乃至性别相同的孩子交朋友，甚至于代替孩子来选择他的朋友。实际上，这样做的局限性和危害性都非常大，会在无形中限制孩子的活动空间，不利于孩子形成健全的人格。

5岁的晓春是个性格温顺内向的孩子，可在幼儿园里却总是交不到朋友，爸爸妈妈

为此伤透了脑筋。他们不知道,其实造成晓春性格孤僻的原因,正是因为他们忽视了对孩子进行早期社交能力的培养。原来,晓春从小到大,家里人很少带他出去玩,一怕孩子沾染上细菌,二怕孩子被陌生人拐跑。

这样做的结果就是晓春见到陌生人常吓得哇哇大哭。晓春3岁时,家里请了个小保姆带他。保姆人很老实,不太爱说话。爸爸妈妈平时工作也挺忙,很少和孩子在一起,家里更是很少有外人来做客。慢慢地,晓春就学会了自己待在家里玩,很少出去了。上了幼儿园后,晓春对周围的环境极不适应,总是一个人坐在角落里发呆,不爱参加集体游戏,而小朋友们也觉得他是个"怪人",不愿与他亲近。

孩子长大以后要走上社会,需要与各种各样的人打交道,如果在孩子阶段就限制他们的交友空间,那么孩子从小就学不会与各种不同的人相处。当他们遇到与自己兴趣不同的人,不自觉地就会产生排斥心理,也不知道怎样处理与他们的关系。

因此,望子成龙的父母,请放开你的手,让男孩自己去交朋友吧,天才的成长离不开交际能力的培养。

教育专家给男孩父母的教子方案

如何帮助男孩建立良好的人际关系?"知心姐姐"卢勤总结出了三个"秘诀":

1. 热忱——教会男孩对他人捧出真诚的心。
2. 沟通——教会男孩学会真心欣赏他人、多发现他人的长处。
3. 自信——培养男孩的自信心,让他相信自己能行。

第38招 培养男孩的团队意识
——合作能力

一位教育家曾经说过:"21世纪的成功者是全面发展的人、富有开拓精神的人、善于与他人合作的人。"这位教育家把合作能力当作成功者必不可少的一种素质,这是非常正确的。随着社会的发展,社会分工越来越细,人与人之间的合作也越来越多。现在无论是企业还是其他机构,都讲究团体作战,很少有单枪匹马战斗的了。所以,我们若想让男孩更好地适应这个社会的发展,在男孩小时候就应该培养他们的合作能力。但是现在的孩子普遍缺乏合作能力,他们大多数都是独生子女,平时被爸爸妈妈娇惯着,自我意识非常强烈,所以在和同学朋友相处时,事事都以自我为中心,根本不会考虑到团体以及他人。

场景一:杨杰今年5岁,是一个"不合群"的孩子。在幼儿园,每次老师让大家团体活动的时候,他都要第一个玩那些他喜欢的玩具。如果没有抢到手,他就会哭闹,甚至还会和别的孩子打架。有一次,他和另一个小男孩都想玩毛毛熊,但是谁也不让谁,最后毛毛熊都被他们撕抢坏了。因为"不合群",杨杰在幼儿园基本上没有朋友,大家谁也不愿意和他一起玩。

场景二:手工课上,幼儿园老师把孩子们分成三组,看哪一组最先把手工做好,但是每一组只有一个小剪刀。为了争抢小剪刀,某一小组的两个男生打了起来,谁也不肯让谁,最后他们这一组在规定的时间内没有把手工做好。

上面这些事例都是生活中经常出现的,这对孩子的消极影响非常的大。一个社会学家曾经说过:"一个人如果缺乏团结合作的精神,那么他不仅在事业上很难有建树,甚至连适应社会都很困难。"这句话是非常有道理的,善于合作的人人际关系比较好,在遇到困难时也会比别人多几条路。而那些不善于合作的人,在顺境中也常常断送自己的前程。所以,父母应该在孩子小时候就培养他的合作能力,让他们学会在团体中发展壮大自己。现在的孩子缺乏合作精神,最大的原因就是家长平时对孩子比较娇惯,养成了他们强烈的自我意识。所以，我们若想培养他们的合作能力，就要让他们学会分享、体谅以及宽容。这样，他们才能学会接受别人，而不是总把自己放在第一位。

方法一：让男孩学会分享

要培养男孩的合作能力，首先就要让孩子学会分享。这样，他在团体中才不会斤斤计较自己的得失，并且能够和他人友好地相处。但是现在大多数孩子都是独生子女，大人把好吃的、好玩的都留给他一个人，这就在无形之中强化了他的独享意识，慢慢地，他会成为一个不懂得分享的人。所以，父母要对他进行正确的引导，让他从小学会分享。

一位父亲曾经这样谈自己的教子经验：

我儿子是一个"合群"的孩子，大家都非常喜欢他。每当有了好吃的，他都会带给其他的小朋友尝一尝；有了好玩的玩具，他也愿意和大家一起玩。正因为懂得和大家分享，我儿子的朋友特别多，人缘儿也特别好。在儿子小时候，我就教育他要懂得分享。吃饭的时候，我让他学着给爷爷奶奶夹菜；有了好吃的，我鼓励他拿出来和朋友一起分享；坐公交车的时候，我教育他把座位让给老爷爷、老奶奶。正是生活中这些小事，让儿子成为一个懂得分享、关心他人的好孩子。

方法二：让男孩多参加一些团体活动

男孩生性好动，父母可以鼓励男孩多参加一些团体活动，如踢足球、打篮球、辩论赛，等等。通过这些团体活动，既可以培养男孩广泛的兴趣，还可以让他认识到团结合作的力量，从而让自己更好地融入团体之中。此外，父母也应该告诉儿子团结合作的重要性，使他知道一个人的力量是有限的，集体的力量才是无限的。等他认识到了团结合作的重要意义，就愿意把自己融入集体中了。

方法三：教给男孩一些合作的方法

孩子的年龄小，不懂得如何合作，需要父母对他们进行指导和帮助。例如几个孩子在一起搭积木时，父母可以让他们一起商量，确定分工；孩子遇到矛盾的时候，父母可以让他们发表自己的想法，然后选出大家都比较满意的一个；孩子争抢玩具时，父母可以让他们轮流玩或者一起玩。通过这样的方式，孩子能够学到合作的方式，从而也愿意去和其他人合作。

方法四：让男孩学会体谅他人

在合作的过程中，难免会产生摩擦，所以让男孩学会体谅他人也非常重要。当男孩学会了体谅别人，他才能处理好各种矛盾，从而更好地融入集体之中。

一位父亲曾经这样讲自己的教子经验：

我儿子今年8岁，是一个自我意识非常强的小男孩。在和别人交往时，他总是以自我为中心，一点也不懂得体谅别人。有一次，他气呼呼地对我说："我好不容易盼来一节体育课，但是体育老师生病了，让我们改为自习课了。体育老师真是太可恨了。"我对儿子说："爸爸知道你非常喜欢上体育课，但是每个人都有生病的时候。你想一想，上个月你感冒咳嗽的时候是不是很难受，如果你是体育老师，你还能给学生上课吗？"儿子想了想说："生病是挺难受的，我再也不埋怨体育老师不能给我们上课了。"以后，我经常告诉他要换位思考，不能光想着自己，慢慢地，儿子也学会了体谅他人。

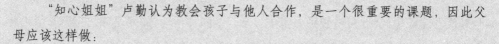

教育专家给男孩父母的教子方案

"知心姐姐"卢勤认为教会孩子与他人合作，是一个很重要的课题，因此父母应该这样做：

1. 如果孩子在父母面前讲别的孩子的"坏话"或"告状"，做父母的一定要对此表现出"无兴趣"，并引导孩子去发现别人的优点。

2. 做父母的一定不要在孩子面前讲老师的"坏话"，如果孩子在父母面前讲老师的"不是"，父母要站在老师的角度做孩子的工作，让孩子学会与成年人进行合作。

3. 父母必须用爱教育孩子，和孩子商量办事，让孩子学会与父母友好合作。

第五章

8种美德教育，为男孩幸福人生奠定基础

关键词：爱心、移情训练、乐于助人、定规矩、谦虚、骄傲、宽容、教育观念、责任、参与、负责、孝顺长辈、长幼有别、行为习惯、诚信、榜样、合理需求、诚实、悲情教育、感恩。

　　一颗善良的心是父母送给男孩最好的礼物，更是他一生幸福的起点。当然，除了善良，你还应该从更多的方面对男孩进行美德教育。

　　为他播下一颗"爱心"的种子，他会体验什么是真正的爱；

　　让他不断浇灌"宽容"之花，他会懂得怎样做最快乐。

　　一种美德就是一株稀有的花苞，在爱的培育下，它会开放得更加香气迷人，更加吸引他人的注意和赞赏。

第39招 为男孩播下爱心的种子

"爱"这个字一直是人类永恒的话题，一个有爱的男孩会更加珍惜生命、珍惜一切美好的事物。但如今随着独生子女日益增多和人与人之间情感的日益淡薄，很多父母发现自己的儿子变得自私、霸道起来，只懂得自己享受生活，不懂得同情怜悯别人，甚至越来越像个"冷血动物"。

男孩为什么会变得没有"爱心"呢？是他们天性就如此吗？当然不是，一位儿童心理学家曾通过研究表明：同情和善良是孩子的天性。比如：一岁之前的婴儿，他就对别人的情感有反应，如果旁边有孩子的哭声，他也会跟着一起哭；两三岁的孩子，如果看到别的小朋友哭泣，他就会拿自己喜欢的东西去安慰别人；当孩子到了五六岁，他开始有了认知反应能力，此时他知道应该怎样去安慰哭泣的伙伴……这些都是孩子爱心的表现，这足以证明，有爱心是孩子的天性。

那为什么有时男孩的这种天性会慢慢消失或者隐藏呢？这个问题的关键在于男孩的父母，假如父母在了解男孩的这种天性后，能够正确地引导和培养，那么他就会渐渐成为一个"爱心传播者"，反之，他可能会成为一个"无爱"的冷漠之人。

当代著名的社会生物学家威尔逊，曾偶然发现这样一个有趣的现象：

一只雌性的成年斑鸠在看到食肉动物靠近它的孩子时，便会假装受伤，然后一瘸一拐地逃出穴窝，就好像它的翅膀折断了似的。这时，那些食肉动物就会放弃攻击小斑鸠转而攻击成年斑鸠，希望能够快速捕食这只"受伤"的猎物。而一旦这只成年斑鸠把敌人引到一个远离穴窝的地方时，它就会马上振翅飞走，自然成功逃脱了对方的捕食。

当然，成年斑鸠并不是每一次都能逃脱对方的追击，有时它也会付出生命的代价，但是它用这种富有爱心的举动来保护幼儿，使它们能够活到成年，繁殖后代。而小斑鸠在耳濡目染父母的这种做法后，也会仿效。

中国人常说舐犊情深，父母关爱孩子，孩子长大后关爱自己的孩子，可见爱心也是一种后天强化的行为，只要你为孩子做好榜样，他就会模仿你。那么父母应该通过哪些方法有意识地对自己的儿子进行爱心教育呢？

方法一：给你的小男子汉做好关心他人的榜样

人们常说："榜样的力量是无穷的。"因此，要想男孩富有爱心，父母必须从自身做起，言传身教，让男孩从一出生就开始做有爱心的人。

有这样一对夫妇，他们深深懂得父母的言行在孩子成长过程中所起的重要作用。所以，他们总是以身作则，并以此去引导自己的儿子。首先他们非常孝顺长辈，例如在家里，总是给长辈倒茶、盛饭、嘘寒问暖；逢年过节记得给长辈买东西、送礼物，而他们在做这些的时候，总是会让自己的儿子知道，而且很多时候他们也会询问自己的儿子应该给长辈们买什么样的礼物，让孩子参与到给长辈"关爱"的过程中来。每逢单位组织旅游或搞活动，如果准许带家属，这对夫妇总是带上儿子和双方的父母，让儿子与祖父母、外祖父母一起们开阔眼界。更为重要的是，这可以让儿子从中体会到自己的爸爸妈妈对爷爷奶奶、外公外婆的关心。在关爱孩子方面，他们总是体贴、温和地和自己的孩子对话，还常常与儿子进行情感的交流和沟通，并及时给予孩子适当的鼓励、表扬和肯定，让儿子能直接感受到父母对自己的爱。为了给儿子创造一个温馨、爱意浓浓的家庭环境，这对夫妻从来不在儿子的面前争吵，而是互相关心、爱护，吃饭的时候，总是微笑着给对方夹菜；每次出差，在给儿子买礼物的同时，总不忘给对方也买一份；而且在吃东西的时候，他们总会提醒自己的儿子记得给爸爸妈妈留一份。生活中，他们还注意使用爱的语言，比如"别着急，我来帮你！""老婆，你今天太累了，这些事情我来做吧。""谢谢你为我所做的一切！"等等。这样，男孩在父母的引导下，渐渐也学会了怎样去爱别人。

方法二：培养男孩的爱心从移情训练开始

所谓移情训练，就是设身处地地站在他人的位置上，从对方的角度去体验他的情感，主要的训练方式包括：故事、情景表演及日常交谈等。而培养男孩的移情能力，其中最重要的作用就是让他学会体察他人的情绪，理解他人的情感，进而分享他人的情绪情感并表现出进一步的关爱行为。因此，父母要培养一个有爱心的男孩，可从训练他的移情能力开始。

8岁的贝贝从小就非常有爱心，妈妈从他一两岁的时候就锻炼他的移情能力，经常鼓励他去帮助他人，例如看到其他小朋友哭，妈妈就会对他说："贝贝，你看那个小妹妹摔疼了，她一定很伤心，你用自己的玩具哄哄她。"

有一天，贝贝跟妈妈一起上街去买东西。在过马路的时候，贝贝看见一位行动不便的老奶奶，他看了看妈妈，妈妈正用鼓励的眼光望着贝贝。于是，贝贝主动走上前去，扶着老奶奶过了马路。走到马路对面后，老奶奶十分感谢贝贝，夸他是个有爱心的好孩子。这时，走在后面的妈妈对贝贝说："贝贝，你注意了没有？旁边的阿姨都微笑地看着你，后边的叔叔向你投来赞许的目光呢！"贝贝朝旁边一看，果然，好多叔叔阿姨都微笑地看着他。小贝贝高兴地回答道："老奶奶过马路时会很困难，我们每个人都应该帮助老奶奶过马路，是吧，妈妈？"

妈妈微笑地点点头。

可见，从小的移情训练已经使贝贝对他人有一种同情心了，而同情心正是爱心的来源。

教育专家给男孩父母的教子方案

卡尔·威特在培养儿子的善行上下了很大的功夫，他独特的育子经验是：

1. 为儿子做"行为录"，即将孩子做的好事记在本子上面做永久的纪念，这对孩子继续做好事是一种极大的激励手段。

2. 培养孩子的善行，父母要以身作则，做一个充满爱心和同情心的爸爸（妈妈）。

3. 时常带孩子去看望那些遇到困难的人，如一些遇到天灾人祸的人，不管自己的身份、经济状况如何，都要怀着一颗真诚的心慰问受灾者，同时在这个过程中，父母要不失时机地表扬孩子的这种善行。

第五章 8种美德教育，为男孩幸福人生奠定基础

第40招 让男孩明白，帮助他人是一种美德

英国著名的作家莎士比亚说过这样一句话："慈悲不是出于勉强，它像甘露一样从天上降到尘世；它不但给幸福于受施的人，也同样给幸福于施与的人。"所以，为了让男孩成为幸福的接受者和施与者，必须让他"乐于助人"，让他养成帮助他人的良好品德。

下面我们先来看两个家庭教育儿子的不同表现：

场景一：一天，年轻的妈妈带着自己的小儿子正在人行道上走着，突然一个七八岁的小乞丐引起了小男孩的注意。看到小乞丐正向自己走来，小男孩居然捂起鼻子闪开了。对于儿子的行为，他的妈妈始终没说一句话，并且还厌恶地看了看这个小乞丐，然后牵着儿子快步离开了。

场景二：一天，一个小男孩粗暴地将一位上门乞食的流浪者驱赶出了自己的家门，爸爸妈妈看到他的这种恶劣行为，特意为此召开了家庭会议。父母非常严肃、耐心地教育的儿子："对于流浪者来说，尽管穿着邋遢，然而他们同样享有人的尊严。"父母的教育使这个小男孩明白一个道理：崇拜强者可能是人之常情，而同情弱者更是美好情感的一种体现。后来，这个小男孩主动建议邀请那位受自己侮辱的流浪者来家中做客，父母则毫无保留地支持他。

同样是两个不懂事的男孩子，同样是为人父母，也面对同样的事情，第一个家庭选择了对弱者的厌恶和漠视，而第二个家庭选择了教育自己的孩子要学会同情弱者，并且真诚地对弱者给予帮助。第一个男孩长大后也许会更加的自私和冷漠，他可能永远无法体会帮助他人所展现的美好与快乐，而第二个男孩，他在父母的教育下变得对弱者充满同情，如果以后再遇到类似的事情，他肯定会用自己的善良和真诚去帮助他人。

所以，作为父母，应该多多向第二个家庭的父母学习，教会孩子用一颗善良、同情的心去对待别人。那么，有哪些好办法可以帮助父母培养孩子乐于助人的品质呢？

方法一：给男孩提供关心别人的机会

一位母亲曾在日记中这样深情地写下自己的育儿经验：

我的儿子今年9岁，因为家里就他一个孩子，所以大家都很宠爱他，也正因为这样，这孩子养成了霸道、任性的品性。上了小学后，儿子的交际圈变广了，也多了很多的玩伴，但是这些小朋友总是和他玩不了一天就"散伙"。一开始我没在意，可后来通过观察我发现，其他小朋友之所以不爱和儿子一起玩，主要是他太任性、太霸道，还常常欺负同学。如果大人批评两句，他就坐在地上撒泼、大哭，怎么哄都不行。我担心长此下去，他会变得更加自私和冷漠，对他以后的生活产生不良影响。因此，我决定要好好改改儿子的这个毛病，让他变成一个乐于助人的善良小伙子。

于是，在暑假，我参加了一个妈妈团组织的城市与农村孩子的"手拉手"活动，让儿子把自己不用的书本、衣服等都整理好，以便到时候给那些买不起课外读物的孩子。令我没想到的是，仅仅七天的活动，儿子就像变了一个人似的，他像个小老师一样给那些贫困地区的孩子讲解童话故事、科学知识，还帮助一个年幼的小妹妹干家务。

回到家的时候，他对我说："妈妈，下次再带我去吧。我会学更多的知识去讲给我的好朋友听，而且从今天起我要攒钱！"

"攒钱做什么？"我疑惑地问。

"小花妹妹想要一个书包，我要凭借自己的努力给她买一个书包寄过去。"儿子信誓旦旦地说。

听到这里，我感动极了。儿子的话就像温暖的春风，让我看到那善良的种子在不断地发芽、生长。

小男孩的转变令人感到十分欣喜，由此可见，父母完全可以通过一些实际爱心活动，让男孩体会帮助他人的快感和成就感。例如：周末的时候，让儿子帮助妈妈做家务，并给予孩子适当的表扬或奖励；让孩子参加一些适合他年龄段的公益活动；让他照顾那些比他年龄小的伙伴；等等。

方法二：多给男孩讲述那些充满爱的故事

爱是一种神奇的魔力，更是一种产生奇迹的力量。每个孩子天生都具备这种魔力和力量，

让男孩明白，帮助他人是一种美德

父母如果经常嘲笑、漠视弱者，那么男孩长大后也会变得自私和冷漠。

教男孩学会同情弱者，他长大后才懂得用善良和真诚去帮助他人。

但也很有可能被不恰当的教育磨灭掉。因此，父母必须采用正确的方法培养男孩乐于助人的美德，而给男孩讲述历史上或者现实生活中那些鲜活的乐于助人的例子，则更易让男孩产生共鸣，也更易让他学习和效仿。

秦星虽然是一名初一的学生，但他"乐于助人"的美名已经在学校和周边传扬开了。在学校，他经常主动帮助那些有困难的同学，而且时常带领大家去做一些公益、环保活动，年年被评为"三好生"；在家里，他是一个不让父母操心的男孩，而且每天都会帮助妈妈干家务；在外边，只要是看到别人有困难，他都尽自己的力量去帮助他人，有一年，他还被评为市里的"三好学生"。大家都说他是天生的热心肠、好孩子，但秦星却把这一切归功于父母的教育，他说："从我很小的时候，爸爸妈妈就给我讲那些乐于助人、关爱他人的故事，还给我买了很多有意思的故事书，慢慢地我学会了怎样去爱别人，同情和帮助别人。"另外，他还说父母经常带他参加一些公益活动，让他了解到这个世界上还有很多需要帮助的人，而且他通过努力是可以帮助那些人解决困难的。更何况在帮助他人的过程中，他也体验到了前所未有的成就感和愉悦感。

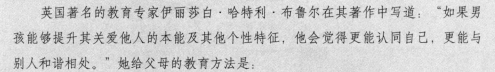

教育专家给男孩父母的教子方案

英国著名的教育专家伊丽莎白·哈特利·布鲁尔在其著作中写道："如果男孩能够提升其关爱他人的本能及其他个性特征，他会觉得更能认同自己，更能与别人和谐相处。"她给父母的教育方法是：

1. 允许男孩感受并表达对玩具、婴幼儿、动物及弟弟妹妹的慈爱之心。

2. 父母要教会男孩如何照料他人。

3. 父母切忌以自己认为的"男孩总归是男孩，没有女孩那么细心温柔"为理由，容忍男孩说出伤害他人的言语或者做出伤害他人的行为。

第五章 8种美德教育，为男孩幸福人生奠定基础

第41招 学会谦虚，男孩就会不断进步

谦虚不仅是一种美德，它带给人的好处也是非常多的：谦虚的人有自知之明，不因为别人的夸奖就骄傲自大；谦虚的人能够接受别人的批评，从来不自以为是、妄自尊大；谦虚的人虚心好学，能够分清自己的优点和缺点。

有一位学者，因为自己声名斐然，所以自视甚高，谁也看不起。有一次他去拜访一位高僧，并且喋喋不休、咄咄逼人地谈论自己的高论，一句话也不让别人说。高僧一面倾听，一面给这位学者斟茶水。本来茶杯已经斟满了，但是高僧还是往里面倒水，结果茶水溢了出来。

学者看到后，赶快说："茶杯已经满了，茶水都溢出来了。"

高僧笑了笑，非常慈爱地说："噢，当茶杯装满水时，就再也装不进去了。"

这位学者非常聪慧，他听出了高僧的弦外之音，非常羞愧地低下头，并且从此改正了自己骄傲自满的态度。

上面的故事是一篇哲理寓言，它告诉我们这样一个道理：当一个人过于骄傲的时候，就停止了前进的步伐，因为他就像故事中那个茶杯一样，已经装满了茶水。而一个谦虚的人常常是"虚怀若谷"，因为他的胸怀就像山谷一样宽广，所以随时随地都会容纳、接受和学习他人的优点和长处。所以古人很早就说过："谦受益，满招损。"

另外，在人际交往方面，那些谦虚的人也更受欢迎。我们都愿意和那些和蔼、谦逊、尊重他人的人合作；而那些骄傲自满、妄自尊大的人会让其他人觉得自己没受到尊重，所以也不愿意和他们交往。

和女孩相比，男孩更喜欢竞争，求胜欲望也更强烈，所以男孩一般没有女孩谦虚。尤其是在某些方面有特长的男孩，平时总是被大家夸奖，更容易"飘飘然"起来，滋生骄傲自满的情绪。

王恺今年12岁，上小学六年级。王恺的作文写得非常出色，几乎每篇都被老师当作范文来读。老师也经常在班上说："王恺的作文简直比初中生写得还要好，你们要向他学习。"因为常常受到老师的表扬，这让王恺非常得意，有时候同学向他请教如何写作文，他会非常不屑地说："连作文都写不好，真是太笨了。"以前他非常爱看作文书，到后来他感觉作文书上的文章也不如他写得好，就渐渐不看了。慢慢地，他的作文不像以前有灵性了，也没有以前写得好了。

从上面这个事例可以看出，骄傲自满会阻碍孩子的进步，是他前进道路上的大敌。所以，父母从小就要培养男孩谦虚的品质，让男孩成为一个谦虚的人。

培养男孩谦虚的品德，对他的成长非常重要。父母从小就要注重培养，并且给男孩树立一个良好的榜样，在潜移默化中影响他。这样，男孩才能成为一个谦虚上进的人，一生都会因此而受益。

方法一：让男孩全面认识自己

在上面我们讲过，很多男孩产生骄傲自满的情绪是因为他们感觉自己在某方面强过别人。所以，父母应该让孩子全面地认识自己，让他们既看到自己的优点，也看到自己的缺点。此外，父母还要让孩子明白"天外有天、人外有人"的道理，而不是让他们局限在一个小团体里面洋洋自得。当孩子能够正确衡量和看待自己的时候，他们就不会产生骄傲自满的情绪了。

方法二：让男孩认识到骄傲的危害

徐元的学习成绩非常好，每次考试都排在班里前三名。最近一次考试，他更是考了全班第一名。这让徐元非常得意，看到亲戚朋友就炫耀自己的成绩，也不努力学习了。等到了期中考试，他的学习成绩一下子倒退了十几名。爸爸对他说："儿子，你知道这次为什么没考好吗？是因为你骄傲了。以前你总是踏踏实实地学习，而最近你老是炫耀自己的成绩，以博得夸奖。所以，你这次考试会下滑这么多名。"爸爸顿了顿接着说："以后你一定要谦虚，这样才能不断地获得进步。"徐元点了点头说："爸爸，我以后再也不向大家炫耀自己的成绩了。"

骄傲自满是一种很难控制的情绪，对我们成人来说尚且如此，对于孩子来说更是一件难事。所以，父母要让儿子充分认识到骄傲的危害，这样，他们才会控制自己的情绪，不让骄傲自满在自己心中滋生。

方法三：让男孩正确看待批评

批评能够让一个人认识到自己的缺点和不足，从而利于自己的成长和进步。但是很多人容不得别人的批评，不仅不接受，还对批评者进行"还击"。这样的人，很难成为一个谦虚的人，也不能在别人的批评中更加全面地认识自己。

所以，父母应该让儿子正确看待别人的批评，如果别人的批评是正确的，就应该谦虚地接受，并且对批评者表示自己的谢意。这样，孩子慢慢会成为一个谦虚谨慎的人，并且能够全面认识自己。

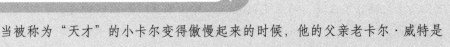

教育专家给男孩父母的教子方案

当被称为"天才"的小卡尔变得傲慢起来的时候，他的父亲老卡尔·威特是这样教育他的：

1. 让孩子因为自己的"傲慢"态度吃一些苦头。
2. 等到孩子为自己的"傲慢"付出代价后，适时地给他说明白事情的实质——"傲慢""自大"是在为自己的将来设置障碍。
3. 引导孩子扔掉自己的傲慢，以友好的方式对待他人。

妈妈这样说，男孩才肯听；妈妈这样做，男孩更出色

第42招 让男孩在宽容中快乐成长

在中国有这样一句名言："比大地更宽广的是蓝天，比蓝天更宽广的是男人的胸怀。"相对于那些斤斤计较、小家子气的人，胸襟宽广的男人更有大将风度，也更具有人格魅力。

张廷玉是清朝著名的大臣。他的老家在安徽桐城，和一位姓叶的侍郎毗邻而居。后来两家都要建造房屋，为争地皮，两家发生了激烈的争执。张老夫人给张廷玉写了一封书信，让他出面进行干预。张廷玉看到书信后，写了一首诗劝导老夫人："千里家书只为墙，再让三尺又何妨？万里长城今犹在，不见当年秦始皇。"张老夫人见书明理，马上把墙让了三尺，叶家见此情景，非常惭愧，也立刻把墙让了三尺，并且和张家重修旧好。

因为张叶两家都后让三尺，就形成了六尺宽的街巷，成了桐城有名的"六尺巷"。张廷玉也因为自己宽广的胸襟得到了大家的赞誉，数百年来仍然得到人们的赞扬。

大概我们每位父母都希望自己的儿子能够成为一个胸襟宽广的人，那么怎样才能让他们拥有宽广的胸怀呢？答案其实很简单，那就是让男孩学会宽容和理解，等他们学会了宽容和理解别人，他们就不会再为一些鸡毛蒜皮的小事情而斤斤计较，更不会因为别人的一时冒犯而睚眦必报了。

但是因为父母的过分娇惯，现在很多小男孩自我意识非常强烈，他们不愿意吃一点亏，也不愿意受一点委屈，一点也不懂得宽容别人。

场景一：同桌忘了带语文课本，想和晓旭合看一本，晓旭说："上次我向你借橡皮你没有借给我，我才不和你合看呢。"

场景二：两个男生揪打在了一起，老师问他们为什么打架，其中一个说："他把水泼到了我身上。"第二个孩子说："是你先把水泼到我身上的。"第一个男孩说："我

当时正在做值日，又不是故意的。"第二个男孩说："我爸爸告诉过我，做什么也不能吃亏，你把水泼到了我的身上，我自然也要往你身上泼，要不然我就吃亏了。"

英国著名剧作家莎士比亚曾经说过："宽容就像天上的细雨滋润着大地。它赐福于宽容的人，也赐福于被宽容的人。"的确是这样，一个懂得宽容的人在宽容别人的同时，也会得到他人的理解和尊敬，甚至和敌人也能成为朋友。这样的人，无论是在学习还是在工作上，大家都愿意和他合作，从而让他更容易取得成绩和进步。相反，那些小肚鸡肠的人，他在计较别人的同时，也会树立更多的敌对者，从而也遭到别人的计较，人际关系也受到很大的影响。

一个人的宽容之心不是天生的，和父母的后天培养有着直接的关系。所以，父母从小就要让儿子学会宽容，从而让他们拥有一个比蓝天还要宽广的胸襟。

方法一：家长要摆正教育观念

有些家长怕儿子吃亏，就经常告诉他："别人要是打你，你就打他，他打你一下，你就打他两下。"还有些父母甚至把自己的孩子欺负其他的小朋友当作"能"的表现。因为有了父母的错误引导，孩子自然不懂得宽容别人，甚至还会变得记仇、睚眦必报。在教育孩子方面，父母一定要摆正教育观念，应该明白，我们的目标是把孩子培养成一个宽容、谦逊、有礼貌、有修养的人，而不是在培养"小霸王"。所以，我们应该让孩子学会宽容，而不是让他们变得小气、斤斤计较。

另外，值得注意的是，父母应该为男孩树立一个良好的榜样，在为人处事上宽容理解别人。这样，男孩才会在潜移默化中学会宽容和理解；反之，则是给男孩树立一个不好的榜样，男孩也很难成为一个宽容大度的人。

方法二：给男孩上一堂"宽容课"

孩子年龄小，在情绪方面也不能很好地控制自己，所以很难去宽容别人。作为父母，应该在恰当的时候给他们上一堂"宽容课"，让他们明白宽容的重要性，并且学着去宽容别人。

一位妈妈曾经这样谈教子经验：

在儿子的班上，有一个叫李扬的男生，他仗着自己力气大，常常欺负其他的同学，我儿子也被他欺负过。有一天下起了大雨，儿子没有带雨伞，我便开车去接他。那天李扬也没有带雨伞，看着窗外哗哗的大雨，非常发愁。我对李扬说："外面雨下得太大了，让阿姨开车送你回家吧。"当时儿子特别不愿意，不住地给我使眼神。我装作没看见，让李扬上了车，把他送回了家。当时李扬非常感动，一个劲儿地邀请我和儿子到他家坐坐。回到家后，我对儿子说："李扬欺负同学是不对，不过不要因为他有缺点就讨厌他，而是应该多和他友好地交往，并且帮助他改正缺点。"事后，李扬再也没有欺负过我儿子，还主动和我儿子交上了朋友，而儿子在这件事中也认识到了宽容的重要意义。

方法三：让男孩学会换位思考

要想让男孩学会宽容别人，就要让他们懂得换位思考。这样，他们才会设身处地地为别人着想，从而去宽容和理解他人。

一位父亲谈到了这样的教子经验：

我儿子今年9岁，是个喜欢看书的小男孩。有一次我给他买了一本《淘气包马小跳》，他把书带到了学校，一下课马上翻看起来。不巧，他同桌不小心把水杯弄翻了，那本书上溅到了不少水。当时我儿子心疼坏了，不仅让同桌赔他一本新书，还把这事告诉了老师，使得他同桌被老师批评了一顿。

当儿子跟我诉说这件事的时候，我对他说："爸爸知道你非常心疼那本书，但是谁都有不小心犯错的时候，如果你喝水时不小心把同桌的书弄脏了，你的同桌不仅让你赔书，还把这件事告诉老师，让老师批评你，你会舒服吗？"儿子想了想说："我可能会很难受的。"我接着说："所以，我们应该站在别人的角度想一想，要学着理解和宽容别人。"这件事给儿子留下了很深刻的印象，慢慢地，儿子学会了换位思考，也懂得了宽容和理解他人。

教育专家给男孩父母的教子方案

美国著名的儿童心理学家海姆·G·吉诺特说:"宽容就是接受孩子气的一种态度。"他认为宽容的关键在于:

1. 接受孩子拥有宪法规定的各种权利,允许他有各种各样的情绪和愿望。
2. 告诉孩子他无须对自己的感觉负责,但要对自己的行为负责。
3. 接受孩子所有的感觉,带给他信心,但不要过分纵容。

第43招 告诉男孩责任的意义

责任感是一种高尚的情操，也是一个人安身立命的基础。无论是在家庭还是在社会团体中，大家都喜欢那些责任心强、敢于承担的人。如果一个人没有责任意识，就不能委以重任，也不会受到大家的欢迎。

对于男孩来说，培养他们的责任心更为重要。他们长大后，不仅要参加工作，还要负起家庭的重担，如果缺乏责任心，就无法担当起自己的职责，无论是事业还是家庭，都会受到很大的消极影响。

但是现在很多小男孩都缺乏责任意识，当他们做一件事的时候，他们并不是全身心地投入，稍微一遇到困难就选择放弃，根本不去考虑后果。还有些小男孩从小就喜欢找借口，当他们被批评的时候，只会一味地找别人的原因，而不从自己身上找原因，有些男孩为了逃避自己的责任，甚至会把自己的过错"转嫁"到他人身上。

和女孩相比，男孩应该更敢于承担、敢于迎接挑战，但是为什么这么多的小男孩变得责任意识淡薄呢？这和家长的教育方式有很大关系。现在很多孩子都是独生子女，家长非常娇惯，"要星星不给月亮"，这就让一些孩子变得自我意识非常强烈。而一个人要对某事负责任，必然会有所付出，甚至还要在某些方面放弃自己的利益。但是一个自我意识非常强烈的人必然不愿意放弃自己的利益，所以变得责任意识非常淡薄。

缺乏责任意识对男孩的发展是非常不利的，一位妈妈曾经表示了自己的担忧：

我儿子今年7岁，是一个责任意识非常淡薄的孩子。有时候家里的笤帚倒在地上，他从来不肯扶起来，宁可从旁边绕着走。学校安排了值日表，他是周三的值日生，但是他从来不肯早点起床，提前一会儿去学校。有时候我催他说："今天该你值日，你再不早点去，人家就把值日做完了。"他振振有词地说："做值日又不是我一个人的事，再说其他人也有迟到的时候。"我现在对儿子非常担心，他以后要开创自己的事业，还要照顾自己的家庭，如果责任意识非常淡薄的话，他又如何去面对这些呢？

这位妈妈的担心不是多余的。一个人责任心的匮乏会让大家丧失对他的信任，他的事业和前途都会受到影响。所以，家长要从小培养儿子的责任感，让他成为一个有责任心、勇于承担责任的人。

有些家长认为孩子年龄小，没有能力承担太多的责任，等他们长大了，能力强了，自然就会对自己、对他人负责了。这种"树大自然直"的想法是不对的，任何一种好习惯、好品德都不是天然生成的，都是需要培养的。所以，家长在孩子很小的时候，就应该培养他们的责任感，让他们对自己的行为负责。

方法一：让男孩明白责任心的重要性

男孩年龄小，对"责任"两个字没有太多的概念，所以家长要让他们认识到责任心的重要性，并且给他们做出一个好榜样，通过言传身教的方式培养他们的责任意识。

一位妈妈曾经谈到这样的教子经验：

我儿子上小学五年级。因为他的数学成绩比较好，老师让他和一名成绩不太好的学生结成"互助组"，让儿子经常给他补补课。儿子在开始的时候还挺负责，每天都给那名学生讲解习题。但是时间一长，儿子就不耐烦了，不仅扔下那名学生不管了，还向我抱怨说："他实在太笨了，我都给他讲了两三遍，他还记不住。"我对儿子说："老师让你帮助他，是老师非常信任你，你想一想，如果你扔下那个同学不管了，老师还会信任你吗？你看上个月爸爸获得了公司的'先进标兵'，为什么爸爸会获奖呢？这是因为爸爸有责任心，公司下达的任务无论多难多重都努力完成，你也应该向爸爸学习。"儿子想了想，点了点头说："妈妈，我懂了，明天我就接着给他补课。"

方法二：让男孩为自己的行为负责

培养男孩的责任感，就要让他对自己的行为负责，尤其是为自己犯下的过错负责。男孩只有学会了对自己的行为负责，才能逐步地发展为对家庭、对他人、对集体、对社会负责。

一位父亲谈到了这样的教子经验：

上周，我的儿子向朋友借了一个变形金刚来玩。那个变形金刚本来就快坏了，我儿子玩的时候又非常用力，很快就让它缺胳膊断腿，成了一堆废塑料。我对儿子说："你把朋友的玩具玩坏了，爸爸给你钱，你再给朋友买个新的吧。"儿子买来了一个新的变形金刚，但是我发现他一直自己玩，好几天也没有给朋友送过去。我问儿子："你怎么不把玩具给朋友送过去呢？"儿子说："他那个变形金刚早就坏了，又不全是我一个人玩坏的。"我听出了儿子的意思，他是不想把新玩具给朋友。我对儿子说："虽然那个变形金刚已经快坏了，但是它毕竟是你玩坏的，你就应该给朋友买个新的。你想一下，如果你把朋友的玩具玩坏了就算了，朋友还愿意和你一起玩吗？他还会把玩具借给你吗？"儿子想了一会，虽然仍有些不愿意，但还是拿着那个新玩具去朋友家了。

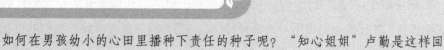

如何在男孩幼小的心田里播种下责任的种子呢？"知心姐姐"卢勤是这样回答的：

1. 让孩子自己决定自己的事情，父母不要"包办"。
2. 在家里给予孩子参与劳动的机会和岗位。
3. 对孩子所做的事情，父母要及时给予认同，赞赏孩子的努力。

教育男孩学会孝敬老人

常言道:"百行孝为先。"孝是一个人为人处世的根本,更是一切道德的根源。一个没有孝心的男孩,即便他长大后成为出色的人,也不会得到人们真心的称赞和肯定。因此父母从小就要教育男孩孝敬长辈。

但是实际家庭生活中却普遍存在着这样一种现象:有男孩的妈妈只爱自己的父母,不爱丈夫的父母。

所以我们经常会听到有些男孩的妈妈在婆婆的面前不叫"妈妈",反而在背后当着孩子的面称孩子的奶奶为"老东西"。试想一下,你的孩子听到你侮辱长辈的话,他长大后又怎么不会模仿呢?父母都不孝顺自己的长辈,孩子又怎么会孝敬自己的爸爸妈妈和其他长辈呢!

有一位妈妈谈起自己的育儿经验是这样讲述的:

我的儿子在外地上高中,就在高考前夕,最疼他的姥爷去世了。爱人说,儿子离家比较远,又马上临近高考,就不要让他回来吧。但是我毅然决定让儿子回来参加他姥爷的发丧、火化、吊唁、追悼会、下葬等活动。我让儿子自始至终陪伴着我,他一次又一次地看到我哭得肝肠寸断、死去活来的情景,自己也一次又一次地潸然泪下,泣不成声,我能感觉出来,他的内心一定受到了巨大的震撼。他感受到了人失去亲人时是怎样的肝肠寸断。也许有很多人认为我的这种做法欠妥当,但是我觉得这种亲情体验比他高考多考十分八分要重要得多。

这位妈妈说得一点儿都不错。我们教育孩子的最终目的,就是希望他成为一个身心健康的人,但假如他只有高智商,却没有一颗关爱长辈的孝心,最终他也不会成为一个受朋友、受他人推崇的堂堂正正的男人。

那么,有哪些方法可以帮助父母教育自己的男孩学会孝敬老人呢?

方法一：父母给男孩做好孝顺的榜样

有这样一个富有深意的故事：

以前有位老人，跟他的儿子、儿媳和孙子住在一起。随着岁月的流逝，老人变得越来越老，连路都走不动了，最后变得耳聋眼花，双膝还经常不停地发抖。年迈多病的身体致使老人根本无法照料自己，所以每当他坐在餐桌前吃饭的时候，手里的汤匙总是颤颤悠悠，还常常会把菜汤洒在桌布或地上，弄得很脏，因此儿子和媳妇都嫌弃他。

有一次，吃饭的时候，老人又把汤洒了一地，碗也摔碎了。这时，儿媳妇勃然大怒，指着老人的鼻子就骂："你这个老东西怎么吃的饭！天天把菜汤洒一地，还把碗都给摔碎了！整天就知道给我添乱。你难道没看到我每天有多忙吗？真想把我累死呀！"于是，从这天之后，他们不许老人上桌吃饭了。每到吃饭时，他们就把老人赶到厨房的角落里，给他一只瓦盆，瓦盆里只有一点点饭菜。老人每顿饭都吃不饱，还得经常挨骂。老人伤心极了，常常一个人在厨房的角落偷偷流泪。

又有一天，老人的手颤抖得连那只瓦盆都端不稳了，瓦盆掉到地上打碎了。儿媳妇没完没了地训斥他，老人一声不吭，只是不住地叹气。于是夫妻俩商量："这个老东西，什么都能摔碎，长此下去，咱得花多少钱给他买碗买盆呀！不如想想办法，给他找一个摔不碎的，对了，用木碗他就摔不烂了。"商量完之后，儿子就找来一块木头，开始动手做木碗。一会儿工夫，木碗就做好了。儿媳妇正想把碎木片清除出去，老人的小孙子跑了过来，开始一点点把地上的碎木片拾在一起。老人的儿子不解地看着自己的儿子说："你这是干什么？要这些没用的碎木片做什么用？"小孙子说："我要把这些碎木片做成一只木碗，留着它，等我长大了，就把它拿出来给爸爸妈妈吃饭用。"听到这里，儿子和媳妇相互对视了一会儿，先是一脸苦笑，最后竟哭了起来。他们终于明白了：自己的所作所为，儿子都是看在眼里、记在心上的。

从这之后，他们再也不嫌弃老人，而是渐渐对老人好了起来。

父母的言行就是男孩模仿的一面镜子，镜子里反映出的品行是善良、友爱、孝行，男孩就会模仿父母的善良、友爱、孝行，反之亦是如此。因此，父母要教育孩子孝敬老人，就要从自身做起，做一个孝敬长辈的好儿子、好儿媳或好女儿、好女婿。

方法二：父母要为男孩建立合理的长幼有别的家庭关系

所谓"合理的长幼有别"，与平时我们所说的"封建家长制"和"一言堂"是有区别的，这里的"合理"建立在平等、民主、尊重的基础上，让孩子明白自己与父母、爷爷奶奶、姥姥姥爷的关系，知道谁是长者、谁是家庭生活的主事人，而不是自己颠倒主次，成为霸道、任性的"小皇帝"。

杨飞今年刚刚6岁，在家是一个十足的"小皇帝"，爸爸妈妈和爷爷奶奶要是一件事惹得他不高兴，他就会任性地大哭大闹。有一次，淘气的杨飞把房间弄得到处都是玩具、衣服、鞋子，生气的妈妈批评了她两句，他就坐在地上大哭起来。后来，妈妈为了哄他，就把他抱起来，谁知杨飞竟然一巴掌打在妈妈脸上，而且还不依不饶地继续哭闹。

或许很多父母也遇到过类似的情况，甚至认为被儿子打两三下也没有关系，以为孩子还小，什么都不懂。岂不知这就是对孩子的一种过度纵容，让他无法真正了解在这个家里谁才是真正的"老大"，到最后家人的纵容和溺爱会让他变得自私、霸道、冷漠，自然也谈不上去关心他人、孝敬长辈。

方法三：从小事入手培养男孩孝敬长辈的行为习惯

教育男孩孝敬长辈，父母应该根据自己孩子的年龄、能力等做出合理分配、具体指导和耐心训练，并加以热情鼓励。例如节假日带孩子到爷爷奶奶、姥姥姥爷家里，让孩子有时间和老人相处在一起，增进双方的感情；平时父母要经常告诉儿子，爷爷奶奶、姥姥姥爷把爸爸妈妈抚养成人多不容易；让儿子给长辈表演唱歌跳舞等小节目，一方面表达节日的祝福，一方面增加喜庆的气氛，等等。

生活中看来很小的事情，比如让男孩给自己的爷爷奶奶拿东西吃，或者扶着爷爷奶奶上下楼梯，或者记住爷爷奶奶的名字，这些都会在孩子的心里撒下爱的种子，然后一步步地激发出爱的力量，让他们学会怎样孝敬长辈、关爱年长者。

教育专家给男孩父母的教子方案

古语曰:"老吾老以及人之老。"因此,培养男孩孝敬老人是父母必须要完成的一项教育任务。而对于这一点,美国著名的教育专家威廉·贝纳德给出了这样的建议:

1. 为孩子营造一个宽松和谐的家庭氛围。
2. 父母不但要以身作则孝敬老人,更要持之以恒地坚持下去。
3. 父母不但要教育孩子孝敬自己的祖父祖母、外祖父外祖母,也要让他学会关爱其他的老人。

第五章 8种美德教育，为男孩幸福人生奠定基础

从小培养男孩诚信的美德

儿子一直想买一辆玩具车，但是我和老公没有答应他。有一天，儿子对我说："妈妈，我们班的男生都买了那种玩具车，如果你们再不给我买，他们就看不起我了。"我听得出来，儿子是在说谎，因为不可能班里的每个男生都对那种玩具车感兴趣。我对儿子说："是这样吗？那我去问问小强（我们邻居的孩子，和儿子同班），是不是每个男生都买了那种玩具车。"他一听我这么说，马上改口，否定自己刚说的话。我拍了拍儿子的肩膀说："妈妈知道你非常想买那种玩具车，但是你应该说真话，而不是骗妈妈。"儿子听了，惭愧地点了点头。

这是一位妈妈在网络上写下的"教子日记"，对于生活中的一件小事，她没有放过，而是用它很好地给儿子上了一堂关于诚信的课。

诚实守信是中华民族的传统美德。孔子曾经说过："言而无信，不知其可也。"这是在告诉我们，如果一个人没有诚信，就不会取得大家的信任，也就没有人愿意和他交往、合作。随着社会的发展，社会对诚信的重视程度越来越高，诚信不仅成了一个人的名片、一个人的信誉，甚至已经成了一个人的"第二张脸"，如果一个人缺乏诚信，很难在这个社会中立足，更不用说发展了。

对于男孩来说，父母更要注重培养他们诚实守信的品质，因为自古以来"诚实守信"就是评价男性的重要标准。在古代，人们用"君子一言，驷马难追"来形容大丈夫的诚实守信。到了现代，因为人际交往的日趋频繁，诚实守信更成了男性获得他人信任以及良好人际关系的必备条件。所以，父母要重视孩子诚信的培养，把他们培养成为一个诚实守信的人。

培养孩子诚实守信的品质，首先要做的就是告诉他们不要撒谎。如果一个孩子在小时候就谎话连篇，他长大后很难成为一个诚实的人。所以当父母发现孩子说谎的时候，一定要重视起来，给予他们正确的指导和帮助。

方法一：父母为男孩树立一个良好的榜样

"身教胜于言教"，在培养孩子的诚信方面，父母不要总是讲一些大道理，而是要以身作则，给孩子树立一个良好的榜样。通过这样的方法，更能在潜移默化中影响孩子，让他们在不知不觉中养成诚实守信的好品质。

但是在生活中，很多父母显然没有做到这一点：

妈妈答应下班回来给儿子买一个玩具，但是因为时间匆忙，妈妈忘记了。妈妈不肯承认自己的错误，而是对儿子说："儿子，你要买的那种手枪已经卖光了，等妈妈明天再给你买吧。"

上面的生活场景是经常发生的。父母以为孩子小，自己的言行不会影响到他们。其实，孩子的模仿能力非常强，如果他们看到成年人可以说谎，他们也会学着说谎，并且不再看重自己的承诺。所以，父母如果想把孩子培养成一个诚实的人，首先要做的就是自己要诚实守信，为孩子树立一个良好的榜样。

方法二：尽量满足男孩的合理需求

很多时候孩子说谎话，都是被"逼"出来的。例如某位父母对孩子要求非常高，如果孩子成绩考得不好，就会打骂孩子。在这种情况下，当孩子没考出好成绩时，只能把卷子藏起来不让父母知道，甚至自己用红笔去涂改分数。再比如一个孩子非常想买某个玩具，但是父母怎么也不同意。他为了买到这个玩具，也只能去说谎。所以，父母应该尽量满足儿子的合理要求，并且给他一个相对宽松的环境。这样，他们就不会为了逃避责罚或者得到某个东西而说谎了。

方法三：对男孩进行诚实品质的教育

要想让孩子成为一个诚实守信的人，父母就要让他们认识到诚实的重要性，并且告诉他们说谎的危害。在对孩子进行诚实品质教育的时候，父母可以采用举事例、讲故事的方式，这样比较生动活泼，孩子也容易接受。另外，父母还要对社会上那种"诚实吃亏"的错误论调进行批判，让孩子不要受到这些错误思想的影响。

从小培养男孩诚信的美德

很多时候男孩说谎是被"逼"出来的,因为他知道父母不会答应自己的要求。

应尽量满足男孩的合理要求,这样他就不会为了得到某个东西而说谎了。

当孩子出现说谎的情况时，父母一定要严肃对待，不能让孩子把说谎当成习惯。在对待孩子说谎的问题上，父母不要打骂孩子，而要采取批评教育的方式。这样，才能从根源上让孩子改掉说谎的坏毛病。

教育专家给男孩父母的教子方案

诚信是男孩建立社会关系必不可少的重要品质，那如何让男孩遵守自己的诺言呢？我国著名的教育专家孙云晓给出了自己的建议，简单归纳起来就是：

1. 诚信需要从小培养，让孩子做到说话要算话，告诉他说了是要负责任的。
2. 日常生活中，大人要以身作则，成为孩子良好品行的榜样。
3. 告诉孩子要通过奋斗而不是通过谎言或虚假的表现，去获得自己想要的东西。

悲情教育
——让男孩拥有感恩之心

人们常说:"生活需要一颗感恩的心来创造,一颗感恩的心需要生活来滋养。"而家庭是一个男孩最早接受教育的地方,孩子从父母那里得到的不仅是生命,还有怎样去爱身边的人,怎样去爱这个世界。

但是在男孩"展翅高飞"前,父母除了教会他如何更好地生存外,更要教会他如何带着一颗真诚、善良的心去对待他人。

一天,儿子和妈妈坐在客厅看电视,电视里正在播放解放军在地震现场救援的动人场面。画面上一位刚刚失去儿子的母亲正在失声痛哭,看电视的妈妈也被感染,眼泪忍不住落了下来。儿子不解地看着流泪的妈妈问:"妈妈,你为什么哭啊?"妈妈轻擦着眼泪,动情地对儿子说:"妈妈是因为刚才电视里的妈妈失去孩子而感到伤心。"儿子又问:"那个妈妈为什么会失去孩子呀?"妈妈说:"因为地震让那个妈妈失去了家,失去了孩子。如果妈妈失去你,也会那样伤心的。""妈妈,我不会让你伤心的。我们帮助那个妈妈找到家,找到孩子好不好?"此时,妈妈完全被儿子的一颗善心所感动。于是,她关上电视,带着儿子去给地震灾区的人们捐款了。

这位妈妈正是在用"悲情"来教会儿子珍惜感情。心理健康专家曾表示:悲情可以促使孩子成长发展,如果人为抑制这种情绪,就会令其丧失成长的机会。其实,父母通过对孩子的悲情教育,可以帮助孩子不断完善自我,让他学会与人沟通,学会理解和帮助别人。因此,父母应通过一些悲情教育方法教会男孩什么是"爱",如何体会"爱",以及怎样学会去"爱"。

那么,父母如何对男孩进行"悲情教育"呢?

方法一：时常带男孩参加慈善捐助会

有这样一个故事：

一天，在"贵族学校"上学的小男孩回到家对正在做饭的妈妈说："妈妈，我们学校让大家向灾区捐款。"妈妈听后从钱包里拿出5元钱给了儿子。但是小男孩觉得自己没有很好地完成老师布置的任务，因为大家捐的不是50元，就是100元。自己只捐5元钱，他觉得很丢脸，所以从那之后他一直闷闷不乐。

妈妈看出了儿子的心思，对他说："儿子，或许你的同学家境都非常好，但我们帮助别人必须量力而行，而且帮助别人，不一定是要在学校捐款，我们能做的还有很多。"从那之后，妈妈就经常带着儿子参加一些慈善捐助会，有时是在路边为没钱治病的小妹妹捐上5元钱，有时是为灾区人民奉献自己一份爱心。小男孩每次跟着妈妈去捐款的时候，都会被捐款的人群所感染，他看到有的小朋友比他年龄还小，捐的钱也不多，但是他们都感到非常的自信和快乐。

一段时间后，小男孩不再闷闷不乐，在学校也是抬头挺胸地走路，因为他知道捐款不是为了在同学面前显摆自己的富有，而是为了能为那些真正需要帮助的人奉献自己的爱心。

所以说，父母可以经常带自己的儿子去参加一些慈善捐助会，当然捐款的款数要在你的经济承受范围之内，其实让孩子捐1元还是100元并不重要，最重要的是让孩子体验到当一个人深陷困难的时候，有那么多的人会去帮助他，而且不要任何回报，这才是最重要的。

方法二：让男孩观看一些有关感恩的影片、电视节目

当今社会，存在"感恩心理缺失"的孩子并不在少数。他们总是对别人要求很多，但却从不知道去回馈别人。父母要想改变孩子的这种"糟糕"心理，平时可以有意地让孩子观看一些关于感恩主题的电视节目和影片，以便让他们在深受感动的同时反省自己。

有一位母亲就是这样做的：

一直以来，我对儿子都爱护有加。但前一段时间发生的事情，让我感到十分心酸。

有一天，我生病发烧躺在床上休息，儿子放学回来后，不但不关心我一下，反而对我抱怨说："你病了，谁给我做饭啊？真是的，你要是提前告诉我，我就可以去奶奶家吃饭了！"听到这里我伤心地哭了。

当然，我不能把造成这种现状的所有原因都归结在儿子身上，有很大一部分原因都在我们做父母的身上。于是，为了让儿子学会"爱"人，周末我拉着他去电影院看了一场电影，名字叫《妈妈再爱我一次》。刚开始，儿子有些烦躁，但是慢慢地电影吸引了他，到最后他哭了，虽然他倔强地没让我看到他的眼泪，但是我知道儿子被感动了。而且从那之后，儿子对我的态度好了很多，偶尔也会关心我。从那以后每个月我都会带着儿子去看一场关于"爱"的电影。现在，儿子不但学会了关心我们，也学会了怎样更友好地对待别人。

教育专家给男孩父母的教子方案

现在的孩子大多只知一味索取爱，而不知奉献爱。所以如何让他们学会感恩显得尤其重要，"高考战神"王金战给父母的建议是：

1. 父母要让孩子懂得爱、学会爱，但前提是父母不能"溺爱"孩子，更不能向孩子索取"爱"的回报。

2. 在孩子需要时给予帮助，而不是事事为其包办。

3. 让孩子心理、情感、思想随着身体一起成长，并在他情绪低沉时，给他最恰当的点拨和安慰。

第六章

培养良好"小"习惯,成就男孩"大"未来

关键词:习惯、细心、马虎、浪费、勤俭、邋遢、讲卫生、规则、坚持、认真、善始善终、原则问题、挑食、饮食、运动、就餐氛围、虚心好问、找错误、权威、质疑、磨蹭、做事利落、生活日程表、口头禅、礼貌、任性、控制情绪、知错就改、自私、分享。

习惯造就性格,性格决定命运。看似不起眼的"小"习惯,实则决定男孩的"大"命运。知道这一点还不够,你还应该知道:

细心,可以让男孩发现更多的成功机会;

懂礼貌,可以让男孩得到更多的赞赏和朋友;

知错就改,可以让男孩学会承担责任。

第47招 不当"马大哈"
——培养男孩细心的好习惯

以下是一个妈妈的博客：

我儿子挺聪明，可就是平时做事太马虎了。明明平时学习不错，可一到考试的时候就特别粗心，错了很多不该错的题。比如把"6"写成"0"。在平时，他也总是丢三落四的。不是上学时忘带书本，就是下课后忘记写作业。唉，孩子这么小，总是马虎怎么行呢？

与细心的女孩相比，男孩要显得马虎得多。千万不要觉得这是个小问题，如果不帮助男孩改掉这个习惯，将来会造成很严重的后果。

父母首先要找到男孩做事马虎的原因。一般来说，主要有以下几点：

第一，态度原因。很多男孩的马虎现象是由于其学习态度不端正造成的。这些男孩在做作业、答题时常常敷衍了事，马马虎虎凑合着做完就溜之大吉了。

第二，性格原因。如果男孩是急脾气，做任何事都心急火燎，难免出现错误。

第三，习惯原因。这类男孩从小做事就马虎，久而久之，马虎已成为他的习惯。

马虎不仅会影响到男孩的学习成绩，而且有碍他发展成才。未来社会是科技社会，科技是容不得半点儿马虎的，因此，父母必须帮助男孩改掉马虎的坏习惯，养成严肃认真的好习惯。

针对男孩马虎的不同情况，父母要分别采取不同措施。例如，对待学习态度不端正的男孩，应主要解决他的态度问题，使他认识到马虎的危害，从而端正自己的态度；对待个性急躁的男孩，则要通过训练改变其急躁的性格；对待习惯不好的男孩，应校正其不良习惯，培养严肃认真的好习惯。

概括来说，约束男孩的马虎行为主要有以下三条黄金策略：

方法一：告诉孩子马虎的危害

有些男孩认为马虎一点儿也没关系，虽然考试答错了，可不代表我不会。父母要及时纠正他的这种思想，平时可以多给他讲一些与马虎相关的小故事，让男孩清楚地认识到马虎的危害。例如：

在宋朝，有一个画家总是马马虎虎。有一次，他准备画一只老虎，刚画完一个虎头时，就有人来找他作画，说："请给我画一匹马。"于是，画家就在虎头下画了一个马的身子。那个人看了，问画家："您画的到底是马还是老虎啊？"这位画家说："管他呢，马马虎虎吧！"从此，"马虎"这个词就这么出现了。那位请他画马的人看到后，非常生气地走了。可画家却毫不在意，反而把这张画挂在自己家的墙上。

他的大儿子看到了，问："您画的是什么？"画家回答说："老虎。"二儿子看见了，问："您画的是什么？"他却随口说："是马。"他的两个儿子没有见过真的老虎和马，于是都信以为真，并将画上的动物的模样牢牢地记在了脑子里。

有一天，他的大儿子到城外打猎，遇见一匹好马，他却误以为是老虎，于是一箭就把马给射死了，画家只好给马的主人赔偿损失；他的二儿子在野外碰上了老虎，却以为是马，所以要上去骑它，结果被老虎活活咬死了。画家为此痛心极了，悔恨自己办事不认真、太马虎，便把那幅虎头马身子的画烧毁了。他还写了一首诗以作警示："马虎图，马虎图，似马又似虎。大儿仿图射死了马，二儿仿图喂了虎。草堂焚毁马虎图，奉劝诸君莫学吾。"

这个故事虽然是传说，却有一定的寓意。父母可以在茶余饭后，互相聊天时，"不经意"间把这个故事讲给男孩听，这比单纯地训斥男孩更有教育意义。关于马虎的故事有很多，父母还可以找一些类似的故事教育孩子。男孩都很喜欢听故事，形象、生动的故事可以使他们在故事中不知不觉地就受到教育。

方法二：教男孩编一本错题集，了解易出错的地方

男孩马虎，经常出错，如果他对错误不认真分析，则很难吸取教训。为了引起男孩对错题足够的重视，父母可以帮助他编一本错题集。

错题集具体的制作方法如下：让男孩把自己在作业、练习、考试中答错的题，都

原封不动地抄在一个本子上，"记录在案"。然后，让他认真地检查自己究竟错在了什么地方，是因为不会做，还是因为马虎，无论是哪种原因，都要在错题下面标清原因，最后写出正确答案。

男孩最烦的就是改错，他们宁愿再做几道新题，也不愿改一道错题。父母可以利用男孩的这一心理，告诉他犯了错误就会很麻烦，如果你怕麻烦，以后就要认真、仔细，争取做到不马虎、不犯错。

下面是一位父亲的教子经验：

我的儿子是"粗心大王"，平时答题时常常审题错误、漏做题。孩子的粗心让成绩大打折扣，非常可惜。为了减少这方面的失误，我让儿子编了一本错题集，把自己答错的题目全抄到这个本子上，了解自己易出错的地方，及时总结并在今后加以注意。

现在，我的儿子已经很少马虎了，用他的话来说，就是："每当我在答题前，脑中总会晃过错题集里我常出现的毛病，它们基本上都是由于我的马虎造成的，错得很可惜，所以，我不能再因为马虎而丢分了。"

父母每隔一个阶段，就可以让男孩做个统计，统计因马虎而错的题占所有错题的比例是多少。接着，再加以说服和诱导，可以使男孩充分认识到马虎的危害。

错题集不仅是一个杜绝马虎的"警钟"，还是一本很好的复习材料，让男孩在考试前翻一下，可以弥补他学习上的薄弱环节。

方法三：让男孩先玩再做作业，纠正作业粗心问题

最近美国兴起了一种"好好玩耍、好好读书"的教育模式，即让孩子自主拟订游戏与读书的计划。据报道，美国孩子拟订的计划，几乎都是"先玩再做作业"，结果孩子做作业时的粗心现象大有改观。

以下是一位母亲的讲述：

我发现，儿子的粗心问题总是发生在我强迫他做作业时，那个时段电视里正在播放动画片，他很不情愿地去做作业，最终错误百出。

于是，我和儿子达成了一个协议：我允许他看他喜欢的动画片，但他在学习功课时一定要保证质量。结果，我发现，当天儿子的作业一个错误都没有。后来，我允许儿子采用"先玩再学习"的模式，效果很好，他的马虎情况几乎没有了。

各位父母不妨借用这种"先乐后苦"的方法,让男孩先看完动画片、打完球,然后再复习功课,那时,他心定了,学习质量也有保证了。最重要的是,男孩会养成规律的生活习惯,改掉马虎的毛病。

教育专家给男孩父母的教子方案

家里有个"马大哈",不但会让父母操更多心,更会影响男孩的学习生活。父母要想改掉男孩的这种坏习惯,可以依照著名教育专家孙云晓提出的培养孩子良好习惯的五个步骤去尝试:

1. 提高认识,或者说,引导孩子对养成细心习惯产生兴趣。
2. 明确行为规范,让孩子对养成细心习惯的具体标准清清楚楚。
3. 坚持不懈地训练,让孩子由被动到主动再到自动,养成细心的好习惯。
4. 及时评估和奖惩,让孩子在成功的体验中养成良好习惯。
5. 形成良好的环境和风气,让家庭生活和学校环境乃至社会风气成为孩子养成良好习惯的支持力量。

第48招 勤俭节约是一种美德
——教男孩养成勤俭的好习惯

场景一：李丁已经11岁了，但是在家里不干任何家务，就是他的屋子都是由妈妈来帮他打扫。每到周末，他都把四五件脏衣服堆到妈妈面前："妈妈，帮我把衣服洗一下。"然后，他就去找同学玩了。前些天，家里要来客人，妈妈一个人忙不过来，让李丁帮忙摆桌子、刷碗、择菜。李丁干了5分钟就抱怨说："妈妈，太累了，我要去写作业了，要不然就写不完了。"其实，他是偷偷去玩耍了。

场景二：张锐是个特爱臭美的小男孩，每次看到漂亮衣服都吵着闹着让妈妈买给自己。有一次，他看中了一件蓝色上衣。但是妈妈对他说："你身上的运动衣才穿了十几天，怎么又要买新的啊？"他有些不屑地说："现在什么年代了，谁还把衣服穿烂了再买新的！"

场景三：在凯凯上四年级的时候，爸爸把他的学籍转到了一所私立小学，班里的同学家境都比较富裕。也许就是从这个时候开始，凯凯对名牌产生了兴趣，穿的衣服、鞋子都要是"耐克""阿迪达斯""李宁"等品牌服饰。有时候，妈妈不给他买，他就会振振有词地对妈妈说："别的同学都穿名牌，我不穿怎么去见同学，太没面子了！"

上面这几个事例都是在生活中经常发生的。现在的孩子生活在富足的年代，没有经历过苦日子，不知道勤俭节约的重要性。而一些父母对男孩也是十分娇惯，既不让他干任何家务，男孩要买什么东西，也是千方百计地去满足。在这些父母的心目中，这样做是在爱孩子，殊不知，这不是爱，而是害。

古人曾经说过："勤能补拙，省能补贫。""俭，德之共也；侈，恶之大也。""历览前贤国与家，成由勤俭破由奢。"……勤俭节约是中华民族的传统美德，它不仅关系到一个人的家庭幸福，还关系到一个人的品德修养。一个勤俭的人，可以通过自己的勤奋节俭克己持家，逐渐走向小康生活；而一个懒惰、奢侈的人，不仅不能过上幸福的生活，甚至还会品德败坏。

可是现如今很多男孩一般不懂得勤俭节约，平时他们被父母娇惯坏了，只知道花钱，而不知道赚钱的不易。所以，要想培养他们勤俭的美德，父母应该舍得让儿子劳动，并且让他们知道赚钱要经过辛苦的努力，这样，就能让他们认识到勤俭节约的重要性了。

方法一：别让男孩形成虚荣、奢侈的坏毛病

父母是孩子学习的榜样。懒散成性、骄奢淫逸的父母，要培养出一个勤俭朴实的孩子，那几乎是不可能的。值得我们注意的是，现在很多父母习惯于和他人做比较，不仅比吃比穿，还比谁的住房大，谁的轿车更高级。

其中一些生活较为富足的父母更是把这些当作炫耀的资本。其实，这样做是不对的，这会让孩子把很大的精力放在吃饭、穿衣上，并且去和同学、朋友比较，从而养成虚荣、奢侈的坏毛病。所以，父母一定要厉行勤俭，给儿子树立一个良好的榜样。

方法二：让勤俭的意识在男孩心中"扎根"

一位妈妈曾经这样谈自己的育儿经验：

我7岁的儿子没有经历过苦日子，也不知道勤俭节约的重要性。他在家里很少做家务，在花钱方面更是大手大脚。虽然我们的家境还算可以，但是我决心改变这种情况，因为我认为懒惰、奢侈是一种非常不好的习惯，可能会贻害一个人的一生。在以后的日子里，我给儿子讲了很多古人勤俭节约的故事，让他知道勤俭节约是一种美德。

在生活中，我也经常有意识地称赞那些勤俭节约的行为，批评那些懒惰、奢侈的行为。慢慢地，儿子意识到了懒惰、奢侈的坏处，不仅人变得勤快多了，在花钱方面也不再大手大脚了。

方法三：用生活中的小事来培养男孩勤俭节约的好习惯

培养男孩勤俭节约的好习惯，可以让男孩从节省一张纸、节约一度电，帮父母扫

扫地、擦擦桌子开始。这些事情虽小,但是时间长了,孩子就会慢慢养成习惯,从而养成勤俭节约的好品质。值得我们注意的是,现在很多父母舍不得让儿子干活,更不忍心在花钱方面限制儿子,认为让儿子受些苦、受些累便是对不住他们。其实,这样想是不对的,现在让孩子受些苦、受些累,总比他们长大后受苦受累要好。所以,应该让儿子勤做家务,在花钱方面也不要过分娇惯他们。

教育专家给男孩父母的教子方案

家里有个"懒小孩",父母怎么办呢?教育专家王金战老师给出的解决办法是:

1. 父母不要凡事包办,培养孩子的独立自理能力。

2. 父母要坚持原则,不刻意避免孩子犯错,让孩子学会在错误中成长,通过真实体验结果感受懒惰、浪费、缺乏责任心给自己带来的麻烦。

3. 父母要以身作则,通过榜样的力量教孩子学会感恩,影响他,形成良好的习惯。

第六章 培养良好"小"习惯，成就男孩"大"未来

第49招 远离邋遢
——培养男孩讲卫生的好习惯

下面这些场景是不是经常出现在你教育男孩的过程中：

场景一：玩了一身臭汗的儿子一回到家就把衣服乱扔在地上，然后一屁股坐在沙发上，很"潇洒"地打开电视机，悠然自得地欣赏起了电视节目，而不管你怎样催促他去整理衣服或者让他去洗个澡再看电视，他都选择敷衍你。

场景二：妈妈刚刚辛辛苦苦把儿子的房间整理干净，等他回来没一会儿，他的房间又变成了"猪窝"，而且还为自己找了一个"漂亮"的理由："妈，我东西放的时候自己都记着，你这一整理全乱了。"

日常生活中无论男孩为自己的邋遢找怎样的"漂亮借口"，父母都要让他深切明白：干净整洁的男孩才更有魅力。

但是，大多数男孩认为自己的"邋遢"和女孩的"邋遢"不一样，认为把自己的房间弄成"猪窝"、把臭袜子塞在床底下、一星期不洗澡等都是一种男子气、男人味的体现。如果你的儿子是这样认为的，那你一定要马上告诉他"你错了"，因为男子气、男人味不是指男孩邋里邋遢、身上有异味，而是一种精神气质和品位，而这一切首先就需要男孩有一个好的精神面貌，这里面当然包含个人卫生。

所以，男孩一定要养成讲卫生的好习惯，给他人留一个好的印象，提升自己的外在气质，更何况讲卫生的孩子不易生病，更加健康。

那么父母要采取哪些方法帮助男孩拥有一个干净整洁的仪表和养成讲卫生的好习惯呢？

方法一：给你的"邋遢小子"订立一个规则

一位聪明的妈妈是这样和自己的"邋遢小子"过招的：

我们家的子均是名副其实的"邋遢小子"，为了改正这小子不讲卫生的坏习惯，我就为他制定了规则，例如，不洗手不准碰吃的东西，每天要自己整理好房间，虽然不要求他叠的被子能够让"苍蝇在上面劈叉"，但一定要叠得整齐、规整，不过有时这小家伙也故意让我"为难"。

有一天，他又为自己的不讲卫生找理由："妈妈，我的手受伤了，我今天不想洗手。"

"均均，我们之前不是定好规则了吗，不洗手就……"

"妈妈，可我真的不想洗手，就这一次，这一次。"

看了儿子祈求的眼神，我假装没听到，然后继续做自己的事情，没有理他，而丈夫也在我的眼神示意下，对儿子"不理不睬"，于是吃饭的时候，那小子扭扭捏捏地凑到饭桌前，但是我们没有给他餐具，也没有给他盛饭。

纵使小家伙的眼里蓄满泪水，我们也无动于衷，最后还是儿子妥协了，说："爸爸妈妈我去洗手，然后我们一起吃饭吧。"这时，我和丈夫都露出了赞许的目光，然后儿子乖乖地去洗手了。

很多时候男孩"出尔反尔"并不是他们有意地违反之前制定的规则，而是因为他们自身生理特点的原因，讨厌被长时间束缚，更渴望自由，这时父母就要变得强势一些，让孩子严格按照你制定的卫生规则执行，否则就会助长孩子"耍赖"不讲卫生的坏毛病。

方法二：请一个爱干净的"小公主"来帮忙

男孩最爱"面子"，如果你在他的老师、朋友或者客人面前说他是一个邋遢、不讲卫生的男孩，他的心一定会受到伤害，因为没有任何一个男孩喜欢被别人看作"邋遢大王"。所以针对男孩的这一特点，不妨找一个爱干净的小女孩给他上一堂"课"。

张竣很不爱干净，每次回到家都把衣服乱扔，也不知道把有"异味"的球鞋放在阳台上，更别说去洗衣服了，结果妈妈每次都要花费很长的时间帮他整理房间、书包，而且因为他的臭球鞋，整个客厅都有难闻的味道。

每天晚上，妈妈让他洗完澡再去睡觉，但他总是找各种理由推托。气愤的妈妈不知道想过多少办法"逼"儿子变干净，但是张竣就是不听话。后来，妈妈转念一想，儿子自尊心很强，很要面子，于是就想了一个巧妙的办法，就是请隔壁与张竣同班的月月来家里做客，而且还请月月去儿子的房间参观。

远离邋遢——培养男孩讲卫生的好习惯

大吵大嚷并不能让男孩懂得讲卫生的意义,他反而会因此厌倦与父母在一起。

要让男孩明白,干净整洁的生活才舒适、健康。

可想而知，爱干净的月月有意无意地表现出对张竣房间的"叹为观止"，这让张竣感觉很难为情，后来妈妈就趁机让月月邀请自己的儿子去参观她的房间。张竣从月月家回来之后，就像变了一个人一样，把自己和自己的房间都收拾得十分整洁。

方法三：让男孩多听听医生的"话"

男孩大多崇拜英雄，而且在他们的世界里，每到一个新领域，他们最关心的就是谁是"头"。而在医学领域，医生就是他们心中的"头"，是这个领域的权威人物，自然医生说的话，他们会更容易相信，也更容易遵从。

所以，生活中我们常听到有些父母这样对自己的儿子说："医生说了，饭前不洗手，肚子里就会长虫子，所以你要听医生的话，知道吗？"

但孩子的坏习惯不是一朝一夕就能改掉的，因此，对待不讲卫生的男孩，父母还需要更多的耐心。

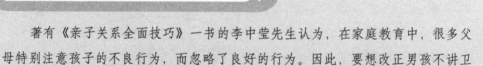

教育专家给男孩父母的教子方案

著有《亲子关系全面技巧》一书的李中莹先生认为，在家庭教育中，很多父母特别注意孩子的不良行为，而忽略了良好的行为。因此，要想改正男孩不讲卫生的坏习惯，父母可以按照李中莹先生训练孩子良好行为的步骤尝试一下：

1. 写下你希望的孩子良好行为的目标，如穿戴整洁等，但一定要用正面语言写。
2. 列出一张嘉许方式的表单。
3. 列出父母可以迁就、放任的孩子的一些不良行为。
4. 定出父母会如何迁就或放任孩子的这些不良行为。

第六章 培养良好"小"习惯，成就男孩"大"未来

第50招 拒绝虎头蛇尾
——教男孩做事有始有终

美国著名心理学家威廉·詹姆士有这样一句经典名言："播下一个动作，你将收获一种习惯；播下一种习惯，你将收获一种性格；播下一种性格，你将收获一种命运。"可见，如果一个男孩在年轻时就形成良好的学习和生活习惯，那么他就具有了一生的财富。

坚持不懈就是男孩所有良好习惯中对他人生产生重大意义的一个关键"环节"，无论他养成哪种习惯，都要有一种坚持不懈的精神，才能最后取得显著效果。因此，父母要教会男孩做事有始有终，让他凡事多坚持一下。

有一个男孩在日记中这样写道：

一天，爸爸给我设了一个挑战，让我捏住冰块15分钟。一开始我想，不就是捏冰块吗，这简直就是小菜一碟，于是非常爽快地答应了爸爸。

但是当我真正尝试的时候才发现，事情远没有我想得那样简单，不过老爸答应我，完成这项任务，就会奖励我一套《犬夜叉》的漫画书，所以为了我最爱的漫画书，我一定要坚持下去。

第一分钟，冰凉的感觉还让我挺舒服的；第二分钟，我的手指感觉到深深的凉意；第三分钟，这种凉意浸透到我的心上，让我忍不住打了个战；第四分钟，我的手竟然有些颤抖，感觉刺骨的凉……当我努力坚持到第15分钟的时候，我觉得不只是我的手指，就连我的全身都有一种凉透的感觉，但是我非常高兴，因为我终于坚持到了最后，凭借我自己的能力得到了我想要的漫画书。

这时，我兴奋地对爸爸说："爸爸，我赢了，你输了，可不要太伤心啊！"爸爸赶紧握着我有些微肿的手指，赞赏地说："傻小子，爸爸怎么会伤心，高兴还来不及呢！你有这么强的意志力，真是不错！"

上述事例中的父亲很显然是在锻炼自己儿子的意志力和耐力,虽然他知道自己的这种方式对儿子来说可能有些残酷,但同时他也深知这种方式可以让孩子快速走向成功。不过,培养孩子坚持不懈的习惯还有其他更为有效的方法。

方法一:引导男孩做事要坚持与认真

杜铭要搬新家了,他存了一大罐子硬币,爸爸妈妈和他商量,让他将这些硬币拿到银行兑换成纸币。杜铭想到能换成一张面额极大的钞票,就欣然应允了。

不过,摆在他面前的有这样一个问题,就是要将硬币数出来。可是这么多的硬币一个人数实在是太难了,而且肯定要花费很多的时间。于是爸爸妈妈建议将硬币分成三份,爸爸、妈妈和杜铭每人各负责数一份。

杜铭负责的那堆最小,但十几分钟后他还是数累了。这不,开始东张西望的他,竟然把刚刚数了多少给忘了。结果,他不得不重新数。杜铭偷偷地看看爸爸妈妈,发现他们两个人干得可认真了,一枚硬币、一枚硬币地数,一边还在纸上记着数字。杜铭不想记,他嫌这样太麻烦。

半个小时后,当爸爸妈妈都数完时,杜铭才数了一点点。此时,爸爸妈妈指出杜铭慢的原因:"儿子,你干活时总是开小差,不认真。"杜铭认识到了自己的问题,最后,他终于将他的那一堆硬币数出来了,三个人的硬币加在一起,总共是225.8元。

相信通过这件事情,爸爸妈妈是想让杜铭明白这样一个道理:做事要坚持与认真,两者缺一不可。

很多时候当男孩独自面对难题时,他们总想去求助自己的父母或者旁人,或者表现出精力不集中、拖延、消极等待的态度。一旦男孩出现这种情况,父母一定要让孩子明白这样一个道理:认真,也就意味着节省更多的时间和劳动。让男孩学会对自己的事情负责,不要拖延,甚至可以采取一些适当的惩罚措施,"赶"着孩子坚持完成事情。

要培养孩子做事坚持不懈的好习惯,是一项长期而艰巨的任务。所以,在这个艰难过程中,父母切忌一时心软就对孩子让步。你要知道,有了第一次就会有第二次,长此以往,"坚持不懈"就会变成一句空话。

方法二：让男孩明确努力的目标，做到善始善终

父母在教育男孩的问题上，一定要让他明确自己努力的目标，然后从小处着手，本着对每一件小事认真、负责的态度，坚持完成他的目标，唯有这样，才能有取胜的机会。

著名画家朱军山先生从小深受母亲的影响，对艺术抱有浓厚的兴趣，而且做任何事都会努力、坚持。当时，朱军山的母亲经常在家中刺绣，他就在一旁饶有兴致地观看，渐渐地对图案、绘画萌发了兴趣。

虽然他对画画产生了浓厚的兴趣，但是当时家里的经济条件负担不起朱军山的学费，于是他想了一个绝妙的主意，用树枝做笔，用大地做纸，再把眼前的风光当临摹的风景。画画的时候他精力非常集中，而且极其认真。地上的画也许和纸上的画差异很大，但朱军山认为只有先在地上练好，以后学别的画才会容易些。就这样，他每天在大自然中上他的"画画课"，认真地画好每一幅"画"。他坚信，只要自己认真画，总有练好的那一天。最终，坚持不懈的朱军山成为享誉海内外的著名画家。

方法三：提高男孩做事的自信心，但原则问题上绝不让步

一个人能够坚持完成一件事情，凭借的不只是自身的毅力，还有源源不断的自信心。自信心是男孩坚持不懈的最大"助推力"，因此父母首先要帮助自己的儿子学会克服困难，提高他完成某项任务的信心。例如当你把某件事交给你的儿子去做的时候，一定要把任务交代具体，并提醒他在完成任务的过程中有可能会遇到哪些困难，然后在他有思想准备的前提下再教给他一些解决问题的方法，使他做到心中有数，以增强男孩完成任务的信心和勇气。

教育专家给男孩父母的教子方案

男孩热情多但不稳定,似乎天生注定他们无法把事情进行到底,因此,锻炼他们的耐心和毅力就显得尤为重要。英国著名教育专家伊丽莎白·哈特利·布鲁尔给父母提供的这方面的教育方法是:

1. 当男孩遇到困难一筹莫展时,父母不要轻视他,也不要告诉他答案,而是正确引导他,让他自己寻找答案,并获得信心。

2. 一旦男孩显现出兴趣减弱的征兆,父母就要赶紧向他表明自己的兴趣,让孩子给你讲述自己取得的成果或者遇到的问题。

3. 帮助男孩确定目标,并协助他制订科学有效的计划,让他按照计划朝着目标前进。

不挑食
——培养男孩健康饮食的好习惯

爸爸说鑫鑫是"属猫"的,因为他吃饭实在是太少了。鑫鑫现在已经14岁了,但是每次只吃半碗饭,远远比同龄的男孩子吃的少得多。每次吃饭,爸爸妈妈都会劝他:"多吃一点儿,多吃一点儿。"鑫鑫也想多吃一点儿,但是才吃几口,就感觉饱饱的,无论如何也吃不下了。

由于饭吃得少,鑫鑫长得瘦瘦的,身体也非常不好,经常是小病不断。

一日三餐对孩子的生长发育、健康成长有着至关重要的作用。但是有些男孩总是挑食,不好好吃饭,他们像鑫鑫一样,长得像瘦弱的豆芽菜一样,让人看上去十分担心。也因此他们的健康状况非常不好,常常是小病不断,不是咳嗽就是发烧,成了医院里的常客。所以,父母要改变这种现状,让他们爱上食物,健健康康地成长。

其实,男孩不爱吃饭也是有一定原因的,总结起来大概有以下几点:

喜欢吃零食。有些男孩在吃饭前总是吃一大堆的零食,结果等到了吃饭时间已经饱了。

不爱运动。有些男孩不喜欢运动,一坐就是大半天,结果影响了食物的消化,等到吃饭的时候完全没有胃口。

父母做的饭菜不可口。有些父母做的饭菜不对男孩的胃口,或者厨艺方面有些不足,从而使男孩不爱吃饭。

吃了太多的甜食和生冷食物。碳酸饮料、冰激凌、冰棍等会影响孩子的食欲,而且很多冷饮不仅热量高,而且伤害肠胃,从而使食欲下降。

身体发生病变。有一些疾病也会使食欲下降,例如肠胃疾病、上火、体内缺锌等。如果男孩长时间食欲不振,父母应该及时带男孩到医院检查一下。

除了上面几点外,男孩不爱吃饭还有其他的原因。父母在生活中应该注意观察,找出其中的原因,然后再对症下药。下面几个方法可以让男孩产生食欲,不再厌食。

父母可以挑选适合自己的方法，让男孩胃口大开。

方法一：不强迫男孩吃饭

浩浩今年3岁，正是长身体的时候。妈妈为了让他健康成长，每顿饭都做得非常丰盛。每次吃饭，妈妈会给儿子盛一大碗，并且接二连三地给儿子夹菜，强迫他全部吃完。此外，为了让儿子多吃饭，爸爸妈妈用尽了各种招数，有时候夸他听话，有时候承诺给他买东西，有时候爸爸妈妈轮流喂他……但是妈妈的"良苦用心"并没有起到作用，浩浩常常把吃饭当作吃药一样，一小碗饭吃一个小时才能吃完。

美国著名心理学家杰明·斯巴克曾经说过："为什么有那么多孩子吃不下东西？主要原因是喜欢催逼孩子吃饭的父母也不少。"确实是这样，现在的父母为了让孩子健康成长，除了规定孩子每天吃什么外，还规定孩子每餐吃多少，如果孩子无法"完成任务"，父母就不肯罢休，不断要求孩子把饭吃完。吃是人的一种天性，应该顺其自然才对，父母这样的做法大大损害了孩子的食欲，使之对吃饭失去了兴趣。所以，父母不要强迫孩子进食，更不能用买玩具、口头表扬这样的方法哄他们吃饭。应该把吃饭的"主动权"还给孩子，他们喜欢吃什么，每餐想吃多少，都由他们自己决定，这样，孩子厌食的现象就会慢慢消失。

方法二：营造快乐的就餐氛围

有些父母平时非常忙，没有时间和儿子沟通、交流，便把吃饭的时间当作交流时间。其实这样做也是可以的，但是有些父母聊着聊着便开始数落儿子的不是，或者给儿子上起了政治课，从而让儿子更加反感，连饭也不想吃了。父母在和儿子就餐时应该营造一种快乐的氛围（如和儿子轻松地聊聊天、谈谈心，甚至给儿子讲一两个小笑话），让儿子轻松愉快地就餐。儿子的心情好了，饭自然也就吃得多了。

方法三：让你的男孩多运动

张勇是一个不爱运动的小男孩。因为平时不爱动，他每次吃饭也吃得非常少。为了让他多吃饭，爸爸常常带他去打球、游泳、玩捉迷藏的游戏……张勇的运动量大了，饭也吃得多了些。

和安静的小女孩不同，小男孩天生就藏着"运动因子"，而且在男性睾丸素的作用下，他的运动神经比较发达，只要父母想办法增加他的运动量或让他爱上运动，他的食欲会因运动的刺激而增加，但运动一定要适量，父母要掌握好男孩运动的"度"，这样才能达到锻炼身体和增加食欲的双重目的。

方法四：让男孩养成规律的饮食习惯

父母应该把一日三餐安排在一个相对固定的时间，不能每一天都不相同。此外，父母在做饭前可以询问一下儿子，尽量把一日三餐准备得丰富、可口些。如果儿子特别喜欢吃零食，应该逐步限制儿子吃零食的数量，让他养成规律的饮食习惯。在饮食方面，如果儿子的胃口一直不好，父母尽量不要让他吃生冷食物以及油炸食品。

教育专家给男孩父母的教子方案

美国著名儿科医生、心理学家本杰明·斯巴克曾给有厌食症状的孩子的父母总结了一套经验，可归纳为：

1. 父母在孩子吃饭的问题上要保持平和态度。
2. 如果孩子已经出现了厌食症状，父母要用耐心、恒心对待。
3. 不要在各种食物和营养间画等号，不能说这个有营养要多吃，那个没营养要少吃。
4. 让孩子自己吃饭，不要喂。
5. 不要和孩子在吃饭的问题上谈条件。

第52招 不懂就问
——培养男孩虚心好问的好习惯

两千年前,孔老夫子就说过:"三人行,必有我师焉。"可见就连被尊称为"大圣人"的孔先生也深知"敏而好学,不耻下问"对一个人的重要性。俗话说:"问是学之师,知之母。"因此,父母必须好好培养男孩虚心好问的好习惯,让他们学会不懂就问,更要引导他们学会思考问题、分析问题和解决问题。

有一次,一群中国中学生到国外参加一项国际奥林匹克竞赛,他们凭借出色的实力获得了非常喜人的战果,获得的金牌数量和奖牌数量名列各参赛国首位。

比赛结束后,主办单位请出了出题的专家、教授,让他们近距离地跟这些参赛的各国中学生见面,主要目的就是希望各国参赛选手都能向专家、教授提问题。

令人奇怪的是,除中国选手外,其他国家的选手都十分踊跃。有的国家的中学生拿出自己的题目让教授专家来解答;有的中学生指出,出题者在某题上的思路不对,而且没有任何现实意义,假如能够改造一下这道题目就好了;有的中学生咨询某方面问题的最新科研成果、发展方向……

至于获得这场竞赛金牌和奖牌最多的中国学生,都默不作声地待在一旁。当然并不是他们英语表达能力不强,相反他们每个人的英语实力都非常强,而且都有非常好的英语对话能力。但是因为中国中学生平时的注意力以及竞赛时的注意力全部集中在解答专家们的题目上,他们没有胆量、没有心思去想专家的题目还会存在什么问题,自然也就提不出问题,所以他们选择了自认为最好的方式——闭口。

类似的情况也时常出现在我们的育儿过程中,可能很多父母都有这种感觉:儿子怎么一遇到发言、提问的事情,就一个劲地往后躲呢?其实,造成男孩不爱发问的根源在父母那里,很多时候,爱发问的小男孩如果向大人提出的问题开始变多,而且问题变得五花八门、无奇不有,父母就会感到厌烦或者随意敷衍孩子的问题。

可想而知，时间长了，再爱提问题的孩子也会被父母"打击"得沉默寡言、不爱思考了。而当一个孩子不再对遇到的问题提出疑问时，他体内潜在的能力自然无法被激发出来，人生也就失去了更多的精彩和成功。

古语云："善问者如攻坚木，先其易者，后其节目。及其久也，相说以解。"大意是说善于提问的人，掌握了提问的技巧，经过一段时间后，问题就会自然而然地解决掉了。那么父母应该怎样把自己的儿子培养成一个虚心好问和拥有提问技巧的孩子呢？

方法一：让你的男子汉学会带着问号看世界

"是先有鸡还是先有蛋呢？"当儿子一脸迷惑地向你提出这种问题时，你是不是觉得头都大了：为什么这孩子就不能问点正常问题呢？父母千万不要为此感到头疼，相反应该为此感到欣喜。

因为一个主动提出问题的孩子，证明此刻他已经开始了对这个世界的探索，他想要知道更多、更有趣、更神秘的东西，那作为父母，你应该怎么做呢？最好的办法就是让你的儿子学会带着问号学习，凡事让他学会多问一个为什么。

你可以采取提问法、观察法、游戏法等引导儿子主动提出问题，举个例子来说：当你正在厨房做饭的时候，拿起一旁的铁锅问儿子："宝贝，你知道炒菜的锅为什么用铁锅吗？""妈妈，我不知道，为什么呀？""因为铁锅导热快，而且里面含有的一种铁元素对我们的身体也有好处。"相信通过你的科学引导，你的儿子一定会学到越来越多的知识。

方法二：鼓励孩子从电视、报纸、杂志等上面找错误

一天，10岁的树树正在客厅里玩耍，爸爸拿着一摞报纸走了进来，说："儿子，爸爸和你玩一个有趣的游戏好不好，谁要是赢了，就让对方奖励自己一件东西，好不好？"树树一听就来了兴致，因为他一直想要一套《哆啦A梦》，但是妈妈不给买，现在只要自己赢了爸爸，就可以让爸爸给自己买漫画了，于是满口答应了下来。

爸爸接着说："我手里有几期过期报纸，如果在规定的半个小时内，你比我从中

找出的错误更多，而且改正过来，就算你赢。"

树树不解地说："爸爸，报纸上也有错误吗？"

"当然，不光是报纸，电视、杂志上都会出现各种各样的错误，我们开始吧！"

于是，父子两人就开始紧张地在报纸上找起了错误。很快，30分钟过去了，树树一共找出了三处错误，并且准确地把它们改正了过来。但是事情并没有到此结束，爸爸鼓励儿子将这些错误写成一封信寄给了报社，后来那家报社不但给树树回了一封信，而且在报纸上专门开辟了一个"找错误"小版块，树树还成了特约小记者。这些对树树而言都是极大的激励，从那之后，他看书、学习不但变得更加认真，而且更爱发问了。

树树后来之所以变得爱提问题，这和他的爸爸让他从报纸、电视、杂志上面找错误是分不开的。其实，当孩子对信息传播渠道的内容产生怀疑的时候，他的心中就会产生这样的疑问："这上面怎么也会出现错误呢？"有了疑问，他就想要答案，而在改正错误的过程中孩子不但增强了学习的主动性，获取了知识，而且这一过程对他的能力也是一种肯定。

方法三：让男孩不要迷信权威，大胆质疑

李略18岁那年考进了一所著名大学的医科专业。他从小就是一个"十万个为什么"，遇到什么事情都喜欢比别人多问一个"为什么"，有一种"不问个水落石出决不罢休"的气概。

有一天上课，老师正在讲胚胎学。他讲道："母亲生男还是生女，是由父亲的强弱决定的，父亲身体强壮，母亲就生男孩；父亲身体衰弱，母亲就生女孩。"

老师话音刚落，李略就举手说道："老师，我有疑问。"

讲到兴头上的老师突然被打断，心里难免有些不高兴，因为李略像这样的情况在他的课堂上已经不止发生过一次了，所以这位老师说："你这个学生问题太多了，上课就应该认真听老师讲课，多记笔记，不要胡思乱想，动不动就这么多的问题，会影响其他同学听课的。"

"老师，我这不是胡思乱想，也不是老提问题。我有个邻居，男的身体非常强壮，可他的妻子一连生了4个女儿。这与老师您讲的正好相反，这该怎么解释？"李略没有被老师吓倒，继续发问。

老师搬出自己的理论根据，希望因此压服他："我是根据古希腊著名学者亚里士多德的观点讲的，不会错！"

李略继续说："难道亚里士多德讲的就是真理吗？也许他也是错的。科学一定要与事实符合，否则就不是真正的科学。"老师被问倒了，下不了台。

虽然男孩在新领域内最关心谁是"头"，而且崇拜他们心目中的英雄，但是你一定要告诉你的小男子汉：这个世界上没有十全十美的人，不要盲目迷信"权威"和"英雄"。如果有一天孩子的想法和"权威"产生了矛盾，切忌让你的孩子只是顺从所谓的"权威"，而否定他自己的观点。

教育专家给男孩父母的教子方案

生活中很多父母为了节省时间或者其他原因，总是针对孩子的问题马上给出答案，著有《亲子关系全面技巧》一书的李中莹先生认为，这种做法很不好，会对孩子产生很多负面影响，而且容易把孩子的"好问"变成对父母"答案"的依赖。所以他提出的建议是：

1. 父母最重要的教育方式不是告诉该怎样做，也不是撒手不管，而是应当和孩子交谈，鼓励和支持他去尝试。

2. 当孩子带着问题询问父母时，父母最恰当的回答方式应是"你说呢"，引导孩子自己解决问题。

3. 父母应该给孩子提供安心的环境，让他用自己本有的力量经过思考、尝试、修正，最终获得成功和肯定。

第53招 做事不磨蹭
——培养男孩做事利落的好习惯

随着生活节奏的加快，父母的时间也越来越不够用。他们不仅要忙于繁重的工作，还要花费很多时间和精力照顾孩子。尤其是每天早上，时间紧得好像在打仗，父母急得恨不得把自己一分为二，可偏偏身边的男孩做事磨磨蹭蹭，赖床、洗脸慢、吃饭慢……他们似乎怎么也急不起来，于是，冲突不可避免地爆发了。

李黎是个慢性子的男孩，别人1分钟就可以做完的事情，到他手中10分钟都不一定能完成。就拿穿袜子这件事来说吧，这么简单的事情，但要李黎去做，大概要10分钟才能做完。

一天，李黎起床后依旧像平时一样，慢慢悠悠地穿着袜子，妈妈在一旁看着心急，便催促说："儿子快点儿，上学要迟到了。""啊，知道了，马上好了。"李黎回答。但仍然在床上整理着袜子，丝毫没有加快动作的意思。李黎的妈妈看到后非常恼火，便再次厉声催促："快点儿穿！不快点儿，我揍你啦！"谁知道，李黎的脾气还挺好，依旧不紧不慢地说："啊，知道了，我马上穿完了。"李黎的妈妈真的有点儿绝望了——什么时候儿子才能改掉磨蹭这个坏毛病呢？

现实生活中，李黎妈妈的这种烦恼并不少见，父母常常有类似的疑问：为什么我儿子做什么事都磨磨蹭蹭？他到底怎么了？

男孩做事磨蹭，主要有以下几个原因：第一，在父母或老师的强迫下做事，自然没有做事的积极性，难免出现心不在焉、拖沓、散漫等状况；第二，无法集中注意力，当家庭环境过于嘈杂时，也会阻碍男孩做事的效率，所以男孩容易形成拖拉的习惯；第三，男孩的年龄还小，没有时间概念，也缺乏处理事情的能力。

无论哪种原因，父母都应该负首要责任。特别是在男孩8岁以前，尚未形成固定的生活习惯时，父母的一举一动都会对他们产生潜移默化的影响：一些父母对男孩要求比较严格，经常在其做事时指指点点，挫伤了孩子的积极性，从而影响到孩子下次做事时的速度；还有一些父母做事情很慢，男孩看在眼里，便会受到影响。

行为方式决定一个人的行为能力，如果男孩在幼年时便形成了磨磨蹭蹭的习惯，那将来补救起来就会非常困难。若改不掉这种习惯，还会在学习、生活、交际等方面产生一系列不良后果。作为磨蹭男孩的父母，应立即从点滴小事开始，教孩子提高办事效率。

方法一：排除无关诱因，让男孩专心做事

下面是一位男孩母亲成功育子的经历：

儿子上小学前，做事特别磨蹭，原因是他做事总无法集中注意力，容易被无关的事物所吸引。比如，他正在桌前画画，突然听到电视的声音，便会丢下画笔，跑去看电视；他正在吃饭，窗前有只小鸟飞过，他就会放下饭碗去看个究竟……总之，儿子做事总是将"战线"拉得很长，且大多都半途而废。针对他这种情况，我在他做事时，开始刻意保持家庭环境的安静，比如他画画时，我不再开电视；他吃饭时，我拉上窗帘……久而久之，他做事专心多了。上了小学，很少有磨蹭的情况发生。

针对注意力不集中的男孩，父母可以学习这位母亲的做法：当男孩正在做事时，尽量保持环境安静，竭力排除与当时事件无关的因素，使他能一门心思地扑在正在做的事情上。这样，既加快了速度，又保证了质量，长期坚持下去，就会改掉磨蹭的坏习惯。

方法二：制定"生活日程表"，培养男孩把握时间的能力

晓辉刚上小学，他的妈妈发现他做事特别慢。每天心不在焉，不知在想什么，尤其是在写作业时，一会儿抠抠鼻子，一会儿转转笔，别的孩子到晚上8点就能完成作业，可晓辉每天却要磨蹭到10点多。这可急坏了旁边陪读的妈妈，打也不是，骂也不是，有时恨不得自己抢下晓辉的作业本，替孩子写完算了。

上面这个小男孩非常没有时间观念，他不懂时间的意义、价值，才会做事磨蹭。对待这类孩子，父母为其制定一个生活日程表，贴在他的房间里，每天记录孩子起床、

穿衣、洗漱、吃饭等所用的时间，过一段时间后，再看看有没有进步。为了提高孩子的积极性，还可以给他一些奖励，让他为自己的进步而快乐，这样他就会主动加快自己做事的速度，从而加强时间观念。

方法三：引导男孩去竞争，以提高自身的灵敏度

下面是一位男孩父亲的教子经历：

我发现儿子自从上幼儿园时起，便有磨蹭的现象。为了帮他改掉这个坏毛病，我便有意启发他的竞争心理，让他经常和身边的小伙伴一起竞赛：比勇敢、比速度、比认真等。通过这些比赛，不仅锻炼了他的心智，还提高了他的灵敏度。现在，我的儿子已经适应了竞争中的节奏和习惯，很少有磨磨蹭蹭的情况。

男孩年龄还小，不曾接触过社会，所以他们自然感受不到生活中紧张的气息。可如果不改掉磨蹭的习惯，男孩将来立足社会时，是无法适应激烈的竞争的。这时，父母可以适当增加一些紧张气氛，从小训练孩子加入竞争中，并在竞争中逐步认识到自己的能力，从而改变孩子磨磨蹭蹭的现状。

教育专家给男孩父母的教子方案

在如何教育做事拖拖拉拉的孩子问题上，王金战老师是这样为父母提供建议的：

1. 排除客观原因，找到问题的症结所在，然后"对症下药"。

2. 如果孩子是因为没有兴趣而逃避，父母除了要激发孩子的兴趣外，还要建立孩子的责任感。

3. 如果是性格的原因，父母就要从生活中的点滴做起，逐渐培养起孩子生活的好习惯。

第54招 改掉"口头禅"
——培养男孩懂礼貌的好习惯

现在很多男孩动不动就将"白痴""笨蛋""要你管""神经病""傻瓜"等负面的口头禅挂在嘴边,而这些习惯一旦养成,就会极大地影响他的人际关系,会给他人留下不好的印象。因此,父母应多花些时间修正男孩的"口头禅",把他培养成一个懂礼貌的小绅士。

孙成是一个聪明伶俐的小男孩,学习成绩一直名列前茅,因此爸爸妈妈都很惯着他,家里什么事情都由着他,甚至他经常和爸爸妈妈顶嘴,爸爸妈妈也不舍得严厉地批评他,这也渐渐养成了他不懂礼貌的坏习惯。

有时候,孙成在小区里横冲直撞,不懂说"谢谢""对不起""你好",见到长辈也不知道打招呼,顽皮的他时常给别人起不礼貌的绰号,例如他管看门的大爷叫"臭老头",甚至恶作剧一样地在别人背后说难听的绰号。孙成的妈妈虽然觉得孩子没礼貌,但觉得孩子还小,而且这又不是什么大事,也就没有太放在心上。

直到有一天,妈妈带着孙成参加一个正式晚宴,被儿子弄得极为难堪的妈妈才知道问题的严重性。那天,大家都还没有入席,孙成就一屁股坐到主位上,大吃特吃起来,而且等所有人都入席之后,霸道的孙成把自己最爱的菜都挪到面前,还大声说:"坏人,不准吃我的菜,大坏蛋!"虽然大家都说:"孩子小,没关系,没关系。"但孙成的妈妈却能感觉到那些投射过来的一道道鄙夷的目光。

当男孩在他人面前表现出不礼貌的行为时,的确会让他的父母感到难堪和无地自容,但造成这一糟糕结果的根源却在于男孩的父母。

生活中有些父母只是一味地娇惯和纵容自己的儿子,即使孩子出现一些不礼貌的行为,也不及时制止;还有些夫妻在孩子面前谈话或争吵的时候,总是有意无意地带一些不良语言,如"这个笨蛋""他是神经病""滚——"……这些都会影响到男孩日后的行为。

男孩具有天生的模仿力，假如父母出言不逊，儿子自然满口脏话。因此，父母应该为男孩创造一个健康的语言环境，让他远离那些不良的语言，而学会怎样说"谢谢""对不起""请原谅"等这些礼貌用语。

除此之外，父母还可以采取以下办法帮助男孩成长为一个有礼貌的男孩：

方法一：父母为男孩行为举止树立良好的榜样

一天，8岁的黄鸣在接待家里的客人时没有运用礼貌用语，理智的妈妈没有当场在客人面前指责儿子，因为她知道此时任何的指责和批评都可能造成孩子的逆反和不服心理，而且父母的这种做法本身也是不礼貌的。但妈妈并没有忘记这件事情，等到客人离开之后，妈妈把黄鸣叫到自己身边，然后语气温和地对他说："鸣鸣，妈妈发现你对赵叔叔讲话时，没有运用礼貌用语，这是不对的。当叔叔送给你礼物的时候，你应该说'谢谢叔叔'，你说妈妈说得对不对？"黄鸣有所醒悟地说："哦，对不起，妈妈，我忘记了！下次我一定会注意的！"

黄鸣妈妈的这种事后提醒教育儿子的方式，不但在客人面前为孩子留住了面子，而且也让孩子明白自己犯了错误。另一位妈妈在处理相同的事情时，虽然做法不同，但也取到了良好的效果：

一天，妈妈发现5岁的儿子在接受他人的礼物时没有说礼貌用语，于是马上微笑着对孩子说："兵兵，你好像忘记说什么了？"5岁的兵兵迷茫地看着妈妈，显然他还没有意识到自己应该说什么，这时，妈妈对客人说："谢谢您送礼物给兵兵，我代兵兵谢谢您！"5岁的兵兵听了妈妈的话，这才意识到自己没有表示感谢，于是奶声奶气地说："兵兵也谢谢阿姨！"

两位妈妈都是提醒儿子讲礼貌，虽然提醒的时间和场合不同，但她们都没有当场批评指责自己的儿子，而是用礼貌的方法来提醒男孩，让他体会到了礼貌的好处。由此可见，父母良好的行为举止是对男孩最生动、最有效的教育。所以父母平时要注意提高自身修养，在生活中多用文明语言，不要在孩子面前讲脏话、粗话，为男孩树立一个讲文明的好形象。

方法二：培养男孩注重他的个人礼仪

法国伟大的启蒙思想家孟德斯鸠曾说："礼貌使有礼貌的人喜悦，也使那些受人以礼貌相待的人们喜悦。"因此，父母要把自己的男孩培养成一个有礼貌的孩子，首先就要注重孩子个人礼仪方面的引导和培养。

父母培养男孩的个人礼仪可以从下面几个方面去做：

第一，仪容仪表教育，使孩子保持仪容仪表的整洁，养成讲卫生的好习惯。

第二，培养男孩的行为举止，目标是"站如松，行如风，坐如钟，卧如弓"，使他养成正确的站姿、走姿、坐姿、卧姿。

第三，教育男孩与人交往时要自然，面带微笑，千万不要出现随便剔牙、挖鼻、掏耳、搔痒、抠脚等不良习惯动作。

第四，要求男孩使用文明礼貌用语，如"谢谢""您好""对不起""请""没关系""请原谅"等。

方法三：教育你的小男子汉尊重自己和尊重他人

现实生活中有很多男孩养成了以自我为中心的坏毛病，当然这并不是说这些孩子都是"自私鬼"，而是幼小的他们还不知道怎样去关注除了自己以外的其他人。

有一天，丰子恺先生在饭馆里请一位朋友吃饭，他把自己的孩子都带去了。刚吃完饭，其中一个孩子就对丰子恺先生提出要先回家。丰子恺先生马上悄悄地制止了这个孩子。等从饭馆回到家，丰子恺先生对孩子们说："我们家请客，你们也是主人。主人比客人先走，那是对客人的不敬。"孩子们听了父亲的话，都觉得十分有道理。于是，在以后的请客吃饭中，孩子们个个争当好客的主人。

由此可见，父母在日常生活中要教育男孩学会尊重他人，比如：在学校，对老师和同学要多用礼貌用语；在路上遇到熟人，要主动友好地打招呼；等等。同时，父母也要教育男孩谦虚谨慎，正确看待自己和他人的优缺点，不要贬低或侮辱他人，学会在尊重他人的同时也尊重自己。

教育专家给男孩父母的教子方案

教育专家卢勤老师说,如果你想让孩子成为一个高尚的、受欢迎的人,那么一定要先学会说"文明礼貌三句话":

1. 见面要说:"早上好!""您好!"
2. 道歉要说:"对不起!""请原谅!"
3. 致谢要说:"谢谢您!""给您添麻烦了!"

第55招 任性要不得
——培养男孩控制情绪的好习惯

皮皮今年10岁，是一个非常任性的小男孩。在家里，爸爸妈妈什么事都要依着他，要不然，他就会没完没了地吵闹下去。因为每天都长时间看电视，皮皮的眼睛有些近视，妈妈劝他多休息少看电视，他随口就说："我想看就看，你们不用管！"

前两天家里来了客人，妈妈做好饭后，让爸爸和客人先吃，把皮皮放到了后面。这下皮皮不高兴了，当着客人的面就摔了筷子，气得妈妈直跺脚："你这孩子太任性了，真是快把我气死了！"

从心理学角度来说，孩子的年纪小，心智发育不成熟，对很多事情都缺乏判断能力，所以多多少少都会有些任性。当男孩的要求得不到满足时，他会用哭闹、摔东西、在地上打滚等方式来表达自己的情绪和要求。

可以说，任性在某种程度上是男孩的普遍现象。但是如果放纵他的话，很可能对男孩的性格造成消极的影响，甚至会影响到他长大后事业的成功，因为一个任性的人很难和他人进行友好的合作和协商，往往把自己放在中心位置。

一般来说，男孩骄纵任性的性格主要与以下因素有关：

第一，父母过分的娇惯和迁就。在很多家庭中，父母都把孩子放在中心位置，在自己的儿子提出不合理要求时，父母也不忍心拒绝他，而是放任、迁就他。慢慢地，孩子就会形成了骄纵任性的心理以及行为定式。

第二，男孩对他人的模仿。当几个男孩在一起时，如果一个男孩出现了任性的表现并且达到了他的目的，其他男孩就会进行模仿。

第三，父母对男孩不尊重，粗暴地对待孩子。有些父母对男孩要求非常高，孩子无论怎么努力，都达不到父母的要求，慢慢地，男孩心中就会产生逆反心理，从而变得任性起来。还有些父母动不动就斥责男孩，男孩为了保全自己的面子，从而产生任性、对抗的行为。

世界上没有父母喜欢骄纵、任性的"小皇帝",但是当你已经有了一个任性的小男子汉时,应该采取哪些正确有效的方法帮助他纠正这种不好的习惯呢?

方法一:教育男孩分清是非,不去模仿他人

妈妈带5岁的儿子到超市买东西,看到一个小男孩因为爸爸没有答应他的要求,正趴在地上打滚。妈妈对儿子说:"好孩子不应该骄纵任性,你看这个小男孩又哭又闹,大家都在看他,多不好啊!"

很多时候,男孩的骄纵任性是和其他同伴学来的。当他看到同伴用哭闹的方式逼迫爸爸妈妈满足了自己的要求,他也会使用同样的方法。所以,我们应该让男孩分清是非,并对任性产生一种排斥的心理,这样,他就不会模仿自己的同伴。

方法二:父母不要过分迁就男孩

现在大多数的孩子都是独生子女,而且在人们心目中,小男孩是家里的"香火",是父母最为看重的家庭成员,所以很多时候父母会更喜欢儿子,也更会迁就和娇惯自己的"宝贝蛋",即使男孩提出一些不合理的要求也答应下来。正是这种无原则的迁就,让男孩形成了骄纵任性的心理以及行为定式。

在和男孩相处时,父母应该和他"约法三章":当男孩有了某种要求时,应该和父母讲道理,而不是用哭闹的方式逼父母就范。如果男孩不同意父母的意见,可以和父母进行讨论,也可以请其他家庭成员发表看法,但是不能发脾气、耍小性子。

方法三:教育男孩不能在他面前演"红白脸"

5岁的嘉佑看到同伴都在吃口香糖,也让爸爸买给自己。爸爸说:"口香糖不适合小孩子吃,爸爸不能给你买。"嘉佑一看爸爸拒绝了自己的要求,马上趴在地上打起滚来。看到儿子如此任性,爸爸也生气了:"你这孩子怎么这么任性,快点儿起来!"因为听到了嘉佑的哭声,爷爷奶奶赶忙赶了过来,非常心疼地扶起孙子,安慰嘉佑说:

任性要不得——培养男孩控制情绪的好习惯

父母不要迁就男孩的任性,也不要采用蛮横的态度和专制的手段。

用和气的态度与男孩协商,他会乖乖听你的话。

"我的宝贝孙子想买什么？爷爷奶奶给你买。"爷爷还有些生气地对爸爸说："你说你这么个大人了，跟孩子怄什么气，真是的。"

当孩子受到批评时，往往有人偏袒他们。有时候是爸爸批评、妈妈护着，有时候是爸爸妈妈批评、爷爷奶奶护着。久而久之，男孩感觉自己有了"靠山"，就会越来越任性。所以，大人在教育孩子方面，应该保持一致性，尤其是爷爷奶奶，在孩子的父母批评孩子时不能偏袒、干涉，即使遇到不同意见，也应该避开孩子去商量。

方法四：尊重男孩，让他们多和朋友交流

随着居住环境的进一步改善，现在很多孩子生活在高楼里面，没有机会和他人进行交流。这也在某种程度上让他们形成唯我独尊、骄纵任性的个性。所以，父母应该鼓励男孩多交朋友，学会如何与他人相处。

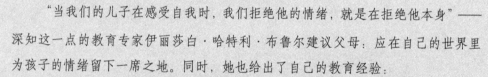

教育专家给男孩父母的教子方案

"当我们的儿子在感受自我时，我们拒绝他的情绪，就是在拒绝他本身"——深知这一点的教育专家伊丽莎白·哈特利·布鲁尔建议父母：应在自己的世界里为孩子的情绪留下一席之地。同时，她也给出了自己的教育经验：

1. 如果父母能接受男孩的情绪，那么，他也会试着接受、管控和欣赏自己的情绪。
2. 教会你的男孩提出自己的要求。
3. 告诉孩子可以有这样那样的情绪，但不能因此而伤害别人。

第56招 错了要承担
——培养男孩知错就改的好习惯

枫枫在房间里玩耍的时候，不小心撞翻了妈妈的香水。这对他来说已经不是第一次了。只听见"啪——"的一声，香水瓶掉到地上摔碎了。妈妈在厨房听到了声音，着急地问枫枫是不是砸碎东西了。枫枫马上回答说："没有！"

但等妈妈忙完厨房里的事，走到房间里，就看见了地上打碎的香水瓶。这时，枫枫还像个没事儿人一样在旁边玩着自己的玩具。妈妈很清楚，这一定又是儿子干的"好事"。于是就问枫枫："香水瓶是不是你打碎的？""不是的。"妈妈连着问了好几遍，枫枫都不承认。

这时妈妈缓和了一下口气，继续说："枫枫，妈妈不打你，你说是不是你打碎的？"枫枫还是不承认。妈妈心里的火气一下子就起来了，抓着儿子的手，大声说："你今天不说清楚，就别做其他事了。"枫枫一脸委屈地看着越来越生气的妈妈。

可僵持了很长时间，枫枫就是低着头不说话，妈妈也没有办法了，只得叹了一口气说："枫枫，以后再打碎东西，妈妈就不让你玩了！知道了吗？"在妈妈的严厉命令下，枫枫才不得不点点头，小声说了句"知道了"。

发生在枫枫身上的行为是不是也经常发生在你孩子的身上，而且大多数孩子在犯了错误之后都像枫枫那样不承认坏事是自己做的？其实，即便事实上是孩子犯了错，不承认、不改正，父母都不能气急败坏地先数落男孩一顿，更不能急着"上手就打"，否则你这种过激的行为，不但起不到教育男孩改正错误的目的，相反还会挫伤男孩的自尊心和自信心，甚至把他导向不正确的人生道路。

小男孩由于自身生理机能的发育和心理发展还不成熟，常常说错话、做错事，这些都是很正常的。一般来说，男孩做错事不承认或没改正的原因主要有以下几个方面：

第一，小男孩做错了事情，但他自己不知道那是错的。例如四五岁的小男孩，时常会把衣服穿反，或者顽皮、嬉戏的时候把新买的衣服划破了，或者因为好奇心把爸爸刚买给他的遥控车拆得七零八落……这些实际上都不能严格定义为"错事",因为小男孩探索、好奇、冒险心理很强烈,这时父母不可过多指责,而应该在不伤害男孩自尊心的前提下,给予他正确的指导,告诉他"为什么""怎么样""如何做"。

第二,男孩因个性强做错事拒绝认错。生活中有很多性格比较执拗、倔强、任性的小男孩,他们怕丢面子,所以做错事就来个打死不承认。应对这样的小男孩,父母一定要有足够的耐心和毅力,用温和、鼓励的语言去引导和启发男孩认识自己的错误。

第三,男孩做错事,怕受惩罚,不敢向父母认错。教育男孩时,总是有很多父母用呵斥、打骂等简单、粗暴的方式对待男孩,时常使男孩感到恐惧和无所适从,于是为了逃避惩罚,他们选择说谎,而且拒不承认自己做了错事。因此,父母必须改变自己这种不良的教育方式。

当父母清楚自己的男孩死不认错的原因后,下一步就应该找准方法"对症下药",培养男孩知错就改的好习惯。

方法一:给男孩做出"知错就改"的好榜样

一位爸爸在日志里写下了自己育儿过程中的变化:

我这个人比较大大咧咧,说话也不太注意,有时说话也带出骂人的话,时间长了,就习惯成自然了。但令我没想到的是,儿子竟然受我的影响,也总是口吐脏字。幸亏,有一次好友提醒我:"你儿子说脏话,都是你的'功劳',只是你习惯成自然,察觉不出来罢了。"此时,我才恍然大悟,于是回到家的时候,我很诚恳地对儿子说:"从这一刻起,我要改正自己讲脏话的坏毛病,你听见我再说脏话,就提醒一下。"于是,从那天之后,儿子非常认真地执行这项"任务"。有时在饭桌上,我突然顺口说出一个"他妈的",儿子马上用手捂我的嘴,并且说:"爸爸,这是脏话,快快收回去!"后来,谁都夸我儿子文明、懂事了,我想这和我"身体力行"的教育是分不开的,我真的很欣慰。

事实上,正如这位爸爸说的一样,如果不是他"知错就改"的实际行动影响了自己的儿子,那他的儿子可能还是一个满嘴脏话、不会改正自己错误的孩子。因此,作为父母不要一味去要求男孩"改正这、改正那",而是应该从自身做起,成为孩子学习的好榜样。

方法二：男孩犯错后父母要及时纠正

父母在处理男孩所犯错误时，不仅要注意男孩的口头道歉，更要关注他改正错误的行为。

小辉是个名副其实的"小霸王"，每次到外面玩时，不是推倒小妹妹，就是用脚踢哭比他大的小哥哥，爸爸妈妈总是不停地应付小辉闯的祸，可这个小家伙自己竟然连个"对不起"都不说。

有一天，爸爸带小辉到叔叔家做客，一开始小辉和妹妹玩"过家家"还挺乖，可两人玩着玩着，就为谁扮演警察而吵起来，小辉更是一把将妹妹推倒，妹妹哭着向小辉的爸爸告状："他欺负我！"

这时，爸爸拉过小辉要他向妹妹道歉，小辉把头一扬，就是不说话。眼看爸爸伸出手就要打自己了，小辉才不服气地拉着长声说："对不起，我错了，哼！"

看着儿子一副不知错的模样，小辉爸爸真是又急又气。

当男孩做错事时，父母应及时教育并纠正，让他知道错误不是不可挽救的，只要及时改正，就可以得到谅解。父母切忌在男孩做错事后，用批评、指责、冷嘲热讽去让自己的孩子难堪，这样的最终结果只会造成男孩的逆反心理，并为自己的错误找借口。当然，也不能在孩子犯错后，用纵容和溺爱去维护他，那样只会助涨他的"嚣张气焰"。

方法三：父母要以"宽容之心"接受男孩的道歉

父母正确引导男孩认错之后，下一步要做的就是以一颗"宽容之心"来接受男孩的道歉并及时给予适当的安抚。

首先，父母应抚平男孩内疚、不安的情绪，对他说："好儿子，你能主动承认错误，我很高兴。"然后再告诉他下次遇到同样的事情应该如何处理，并让他有机会表达自己的意见，再给予纠正。

这个世界上没有一个从不犯错的孩子，而且很多时候当他有了自己的认知能力和判断能力之后，在父母那里认为是"错的事"，在他的观念里可能是"对的事"。因此，你要给犯错的孩子一个解释自己那样做的原因，如果他讲的话有道理，那么支持他，反之，帮助他找到正确的方法，引导他朝着对的方向行进。

教育专家给男孩父母的教子方案

著名的心理学家李子勋认为父母处理孩子的破坏行为时间，最好做到两个原则：第一，要孩子自己承担责任；第二，要帮助孩子从错误中获益。所以，他给出的建议是：

1. 告诉孩子，父母都不喜欢说谎或做错事的孩子。
2. 当男孩犯错时，父母应多鼓励自己的孩子去承认错误，而不是隐瞒。
3. 假如孩子犯错后主动认错，父母要称赞他勇于认错的行为，教育他不要再犯错，而不是责怪或惩罚他。

不做"自私鬼"
——培养男孩与他人分享的好习惯

英国最为著名的剧作家萧伯纳说过这样一句话:"你有一个苹果,我有一个苹果,彼此交换,每个人只有一个苹果。你有一种思想,我有一种思想,彼此交换,每个人就有了两种思想。"可见,学会分享的人不但不会失去,反而会得到,而且是双倍的价值回报。

不过,现如今很多父母习惯于过度溺爱和娇惯自己的孩子,更是把"小皇帝"放在家庭的主导地位,全都是孩子说什么、做什么,父母二话不说地就去"执行"。这种教育方式,只会教养出一个自私自利的孩子,他们不会关心家人,不会关心朋友,更不会关心社会,试问这样一个极度以自我为中心的男孩又怎么会成为一个家庭的顶梁柱,成为一个社会的坚强力量呢?

因此,父母应培养男孩分享的好习惯,让他从与他人的分享中获得双倍的快乐和幸福感。下面这对夫妇是这样教自己的儿子学习分享的:

有一对中年得子的夫妇,对他们的儿子总是呵护备至。虽然他们的经济条件很一般,但他们总是倾尽自己所有的力量给儿子最好的生活。为了节省开支,爸爸总去批发市场买水果,这样可以因为便宜而多买一些。有一次,爸爸买了一箱儿子最爱吃的苹果。每次吃完饭,就让5岁的儿子帮忙从箱子里拿出苹果,分给爸爸妈妈和自己各一个。这一天,儿子从箱子里拿出了最后的一个苹果,他往箱子里翻了又翻,沮丧地对爸爸妈妈说:"没有了。"

这时,儿子拿着手中的苹果看了爸爸一眼,又看了妈妈一眼,意思很明显:家里就剩下一个苹果了,难道你们还要吃吗?爸爸妈妈对视了一眼,然后很坚决地告诉儿子说:"来,儿子,让我们把这个苹果分成三份。"然后爸爸拿来水果刀,把唯一的苹果分成了三份,之后爸爸妈妈毫不犹豫地享受自己的那份。但夫妇俩还是明显地看到爱吃苹果的儿子那眼中蓄满的委屈泪水,他心里在想:"为什么那么爱自己的爸爸妈妈,不愿意把唯一的苹果整个给他吃呢?"

上例中的这对夫妇之所以把唯一的苹果分成三份,就是要让他们的儿子明白:真正的分享,不是在自己有很多、有剩下的东西时,才分给别人,而是在自己也不多的时候,还愿意把自己心爱的东西分给别人。

实际生活中很少有小孩子会愿意主动去和别人分享自己最心爱、最需要的东西,因此作为男孩的父母,我们必须教会孩子什么才是真正意义上的分享。

方法一:用交换法让男孩学会分享

父母在教子过程中可能会发现这样一种现象:在公共场合或者在幼儿园的男孩,总希望自己能够独霸所有的东西。其实,男孩大多都有很强的独占欲,如果出现以上这种行为,父母一味批评孩子,只会产生副作用,而如果采用交换的方法让男孩学会与他人分享玩具等物品,一定会起到很好的教育效果。

有一位聪明的妈妈在博客中这样记录下了自己的育儿经验:

我有两个儿子:一个5岁,一个7岁。兄弟俩人一般情况下都能很好地相处,但也常常会为一件玩具而争吵。后来,我就买了一个小猴形状的定时器。每当两个小家伙一起玩的时候,我总是为他们设计相同的时间,有时是10分钟,有时是20分钟,但时间一到,其中一个必须放下自己正在玩的玩具,让另一个来玩。就这样,两个孩子都学会了在属于自己的时间里玩,而且他知道时间一到,自己就不应该再霸占着玩具,否则以后就没得玩。因为,我在之前给他们规定,只要其中一个孩子违反了规则,那么这个玩具的所有权就要归另一个孩子了。

无独有偶,另一位睿智的妈妈也采用了交换法,让儿子学会分享:

我只有一个儿子,我希望他能成为一个不自私、乐于与他人分享的男子汉。每次我给儿子买了他喜欢的玩具、动画片或者图书时,总会鼓励他带到学校去,并且让儿子与其他同学交换自己的玩具、动画片或者图书。平时,我总是这样对儿子说:"儿子,把你的东西借给别人,然后再向别人借你喜欢看或者喜欢玩的东西,这样我们花很少的钱就可以玩很多的玩具、看很多的动画片和图书。你说妈妈说得对不对?"儿子非常赞同我的说话,并且渐渐理解了分享的真正意义。现在,他已经是名初中生了,我给他买的玩具和图书等并不多，但他在与同学的相互交换中已经分享了很多的玩具和图书，而且这也无形中增加了他与同学的亲密友谊，交到了很多好朋友。

方法二：引导男孩站在他人的角度去思考问题

一天，妈妈带着5岁的儿子去公园玩，他们在凉亭休息的时候，妈妈拿出从家里带来的果汁给儿子喝。这时候，妈妈注意到旁边有一个小女孩正用渴望的眼神看着自己儿子手中的果汁，这位小女孩的妈妈可能暂时离开了。于是，妈妈对儿子说："宝贝，给这位小妹妹喝一瓶果汁好吗？"

儿子却摇着头说："不，我要自己喝！"

妈妈耐心地对儿子说："宝贝，要是妈妈有事不在你身边，而这位小妹妹在喝果汁，你想不想喝呢？"儿子毫不犹豫地点点头。

"这就对了，现在你拿一瓶果汁给这位小妹妹喝，等下次妈妈不在你身边的时候，这位小妹妹也会把好吃的东西分给你吃的。"

儿子看了看妈妈，又看了看小女孩，终于给了小女孩一瓶果汁。

孩子本就是这样，他们不愿意和别人分享自己的东西，但却希望能够分享他人的东西。这时，父母就要在充分了解小男孩的这种心理特征后，引导他站在他人的角度去思考问题，进而让他学会与他人分享自己的东西。

方法三：父母要学会分享男孩的东西

父母在教育男孩学会分享这一问题上，往往会忽视一点：父母也应学会分享。为什么会这样说呢？因为现在社会很多父母宁可自己吃苦受累，也不愿爱子受一点儿的委屈，只要是好吃的、好玩的、好用的，都往孩子面前堆。

虽然也有部分父母担心这样的爱护会让自己的孩子发展成不会关心别人的"冷血儿"，但一到行动上，却不与孩子分享。例如生活中常会发生这样的情景：儿子真心实意请父母一起吃东西，父母却坚决推辞说："乖儿子，你吃，你吃，妈妈不吃！""你这孩子真是的，让你吃你就吃，装什么啊？"于是，男孩与人分享的好意就被父母扼杀了。时间一久，男孩自然也就没有谦让与分享的习惯了。

因此，对于父母来说，最重要的还是要首先学会坦然地与自己的男孩分享，成为他最值得信赖的朋友，进而引导孩子把他分享的对象从父母转移到家中的长辈，再转到身边的朋友，转到更多人的身上。

教育专家给男孩父母的教子方案

我国著名心理学家李子勋认为，要想不让我们的孩子变得虚伪，父母就要学会重视孩子的物质需要和精神需要。他的观点简单来说可归纳如下：

1. 父母首先要帮助孩子珍视自己，觉得自己很重要，但也要珍视别人。

2. 父母要正确引导孩子帮助他人，一切尽力而为即可，即"有多大能力尽多大能力"。

3. 父母要教会孩子用一颗真诚的心去关心、帮助他人，而不是因为父母或者其他人的期待而虚伪地对待他人。

第七章

智商（IQ）、情商(EQ)、财商(FQ)、体商（BQ），男孩一个都不能少

关键词： 智商、兴趣、爱好、大自然、游戏、音乐、逆向思维、自信、情商、肯定、悲观、宣泄、不良情绪、财商、金钱、暗示法、合理消费、攀比心理、科学消费、投资、赚钱、运动。

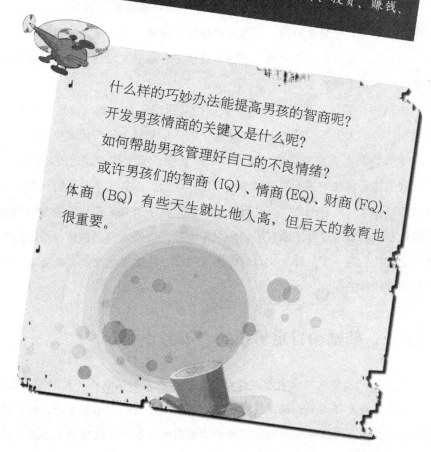

什么样的巧妙办法能提高男孩的智商呢？
开发男孩情商的关键又是什么呢？
如何帮助男孩管理好自己的不良情绪？
或许男孩们的智商(IQ)、情商(EQ)、财商(FQ)、体商（BQ）有些天生就比他人高，但后天的教育也很重要。

第58招 发展男孩的智商，先激发他的兴趣爱好

一位母亲曾在自己的网络日志中这样疑惑地写道：

为什么同一个家庭的两个男孩，环境一模一样，两人在许多方面的表现却完全不同呢？我的大儿子勤学好问，为人乖巧懂事，好像天生在学习方面就比较擅长，而二儿子似乎生下来就是和我作对的，不但不爱学习，还每天闯祸。难道"爱学习"的基因没有遗传给二儿子吗？

生活中，和这位母亲有着同样疑惑的父母并不在少数，而且大多数父母也都会把原因归结为"天生""遗传"，认为孩子的一切都是由先天因素决定的。

事实当然不完全是这样，也许有一部分孩子天生智商就比较高，但一个孩子的智商发展潜能是和他的后天教育紧密联系在一起的，而且一个孩子的兴趣爱好，是他智力发展的最强大"内在动力"，甚至决定着这个孩子未来事业的发展方向和前途。因此，父母应在实际教育过程中激发男孩的兴趣爱好，进而发掘出他体内潜藏的各种能力，使他踏上成功的第一步。那么父母应该采取哪些办法激发男孩的兴趣爱好，以便达到发展男孩智商的目的呢？

方法一：鼓励和肯定男孩的"不务正业"

一天，一位烦恼的母亲对心理医生说："我不知道最近一段时间怎么了，我10岁的儿子突然间变得不爱说话，情绪异常低落，学习成绩也不断下滑，对我们的态度也变得冷淡起来。"心理医生问她："你是不是在某些事情上没有满足你孩子的要求？"这位母亲摇摇头说："只要是孩子要求的，我们都满足他了。"但在接下来的聊天中，心理医生偶然得知这个小男孩很喜欢踢足球，但是被父亲以"学习为重"拒绝了。这下子心理医生知道了问题的症结所在,因此,他建议这位母亲赶快给儿子买一个足球,那么所有的问题就都会解决。这位母亲在将信将疑中按照心理医生的话去做了。

没想到,一段时间后,这位母亲又找到心理医生,高兴地说:"医生,真是太谢谢你了,自从儿子玩起了足球,他又变得和以前一样开朗了,而且学习成绩也提高了。"

看吧,这就是爱好对孩子产生的神奇魔力!所以,父母不要轻视男孩的爱好和兴趣,更不要把他学习之外的事情都称为"不务正业",要知道,很多时候正是他的那些"不务正业"把他带上了成功的道路。因此,某些时候在他的"不务正业"方面父母应该多给些鼓励和肯定。

方法二:带领男孩走进大自然,激发他的兴趣

男孩的学习兴趣是需要正确的引导才能被强烈激发出来的,而这个世界上没有比大自然更能激起孩子学习兴趣的东西了。流动的湖泊、展翅飞翔的大雁、天空突然出现的彩虹、石缝里躲藏的蚂蚁……这些组成五彩斑斓世界的每一种物体都有着属于自己的奥秘,而让孩子带着疑问走近它们,自然能够在引起兴趣的同时,又让他有了进一步探索的欲望,然后通过正确的引导和帮助让他获得知识。

力力是一个比较内向的小男孩,平时在学校也不爱和其他同学在一起玩,爸爸担心长此以往,这孩子有可能会得自闭症,于是,他想到一个慢慢改变儿子的好办法,那就是每天都带着儿子出去散步。

从那之后,爸爸就经常带儿子去附近的一所公园,然后一边和儿子散步,一边用惊喜的语气向儿子介绍身边的花草树木或者飞过的小鸟、地上的蚂蚁,甚至躺在台阶旁的一块石头。当然爸爸并非只是向儿子介绍这些大自然多彩的事物,他还趁机对儿子提出问题,然后鼓励儿子和他一起找到答案。一段时间下来之后,力力变得话多了起来,而且学习的积极性也提高了很多,周末的时候也愿意主动出去玩,不再像以前那样只躲在家里。后来,力力还参加了同学们组织的生物小组,成为一名出色的小组长。

方法三：在游戏中唤出男孩的兴趣

游戏的方式是唤起男孩兴趣的最好方法，因此父母在对男孩的教育中应多采取游戏的方式，只有"寓教于乐"，才会让男孩的兴趣坚持得更久，学到更多的知识。激发男孩兴趣的游戏有很多种，所以在选择游戏的种类和玩法时，父母应根据孩子的特点做出合适的对策。一般来说，游戏的种类包括：娱乐休闲游戏、智力游戏、语言游戏、文字游戏、动作协调游戏，等等。玩法可分为单人游戏、双人游戏和多人游戏。总之，教育男孩的过程中一定不能用填鸭式教育和压迫式教育，而应采取灵活多变、形式多样的教育方式，先激起男孩的兴趣，再加以正确引导和培养，相信在这样的教育下孩子一定会变得更加出色。

教育专家给男孩父母的教子方案

卡尔·威特一直主张"不能强迫施教"的教育法，他认为兴趣是促使孩子学习的最大动力，而用游戏的方式是激发孩子学习兴趣的最佳方法。对此，老卡尔的做法是这样的：

1. 小卡尔6个月时，老卡尔就在他房间四壁大约一米高的地方贴上写有文字和数字的白纸，主要是常见的一些名词和1～10的数字。

2. 因为幼儿的听觉比视觉发达，所以老卡尔决定对儿子从听觉入手教ABC，例如让孩子反复听一些字母儿歌。

3. 为了唤起小卡尔对识字的兴趣，老卡尔采取了一些小孩子无法识破的"小伎俩"，例如给孩子买一些儿童书、画册等，然后兴致勃勃地讲给孩子听，之后激励孩子"如果你能认字，这些书你都能明白"。

第59招　音乐是提升男孩智商的绝佳方法

美国加利福尼亚大学戈登教授曾做过这样一项研究，他将78名3～4岁智力相同的幼儿分成三组：一组学习和聆听莫扎特及贝多芬的音乐曲；一组学习电脑；另一组不接受训练。9个月之后，戈登教授对这三组孩子进行智力测试，让他们玩拼图游戏，结果发现学习和聆听音乐的孩子的得分平均提高了35%，而其他两组孩子则几乎没有提高。

由此可见，音乐具有一种提升孩子智商的神奇魔力，具体来说，音乐能够提高孩子的想象力、注意力、认知能力、记忆力、语言能力等各方面的智力潜能，而且有关专家认为：3岁前是孩子脑力发育的"黄金期"，也是人一生中可塑性最高的年龄段，在这一时期，音乐更是对孩子的智力发展起着至关重要的作用。因此，母亲应从怀孕时就开始对孩子进行音乐教育。

一天，乐乐拿着两只小瓶子在耳朵边轻轻地敲击着，瓶子发出的清脆响声使他兴奋地对妈妈说："妈妈，你听，这多像一只小鸟在树林里叽叽喳喳地叫呀！"妈妈点点头说："嗯，真的很像啊！那乐乐听听这是什么声音？"说完，妈妈就轻轻地在木桌上敲了两下。一旁的乐乐马上接口说："妈妈，这像啄木鸟给大树治病的声音。"妈妈高兴地表扬儿子说："乐乐说的没错，那这个呢？"妈妈用双脚轻轻地在地上走了两下，乐乐思考了一下说："好像下雨的声音。"

乐乐妈妈真是一位聪明的妈妈，她很好地利用声音来开发儿子的想象力。而在这个世界上，没有比音乐更能让人充满遐想的了。一首优美的旋律，会让人想象出无数的事物，它能让悲伤的人突然快乐起来，也能让快乐的人变得忧伤，这就说明音乐有时能够控制人的情绪转变，能够让人充满想象力。

那么父母应该怎么做才能巧妙地利用音乐来开发男孩的潜在能力呢？

方法一：在日常生活中培养男孩对音乐的兴趣

音乐不只是用乐器演奏的，大自然的一切都能"弹奏"出美妙的音符。因此，父母要想通过音乐开发男孩的潜能，就要从日常生活中的一点一滴去观察、发现和引导男孩与音乐之间的关系，让他爱上音乐，进而在音乐中培养他的想象力、记忆力、语言表达能力等。

光光爸爸在他还没出生的时候，就特别注意对他的音乐教育，妈妈在做胎教的时候，爸爸买了很多舒缓的钢琴曲，隔一段时间就在家里播放。等到光光出生后，爸爸把身边的一切物品都当成了儿子的音乐玩具，然后按照一定的节拍"表演"给儿子看。另外，光光爸爸还注意让儿子倾听大自然的各种声音：动物的叫声、落叶的声音、交通工具的声音等。久而久之，光光对音乐就有一种浓厚的兴趣，而且比同龄的孩子要聪明很多。

方法二：引导男孩跟着音乐节奏走

男孩的身体就是一个天然的节奏乐器，例如轻轻地拍拍手、跺跺脚，嘴巴一上一下地发出声音，甚至呼吸，等等。这些都可以"奏"出很多好听的节奏乐。不过这些动作不是男孩天生就会的，它还受到男孩动作能力的发展、大脑控制协调能力的提高等因素的制约。

因此，父母要想锻炼男孩的协调能力和运动能力，没有比跟着音乐节奏走更好的办法了。如果父母在男孩很小的时候，就能鼓励男孩通过自己的身体活动去发现他们自身的节奏，例如有规律地拍动双手、跳动双脚，自己可以随意地"编"出一些节奏，这既激发了男孩的创造力，又提高了他的动手能力，同时还锻炼了身体。

方法三：为男孩创造一个良好的音乐氛围

有一位父亲在谈到自己的教子经验时是这样讲述的：

我一直希望儿子长大后能够学习音乐，成为像郎朗那样的钢琴家。所以为了培养儿子这方面的音乐才能，我从他还在妈妈肚子里的时候就为他创造了一个良好的音乐家庭氛围。等到儿子出生后，我每天是这样做的：

音乐是提升男孩智商的绝佳方法

当男孩对音乐表现出兴趣时,你千万不要用漠视的口吻回应男孩。

父母要想通过音乐开发男孩的潜能,就要从日常生活中去引导男孩爱上音乐。

起床时，我会给儿子放班瑞德的《清晨》；吃饭时，也播放一些节奏舒缓的轻音乐；临睡前，播放一些安静的乐曲，比如《天空之城》；即使给儿子讲故事时，我也会选择一些和谐的乐曲做伴奏，用来营造气氛。

当一个男孩生活在良好的音乐环境中时，他的节奏感和对音乐的感知力都会得到提升。这位聪明的爸爸正是利用了这一点，为儿子创造了一个充满音乐的生活环境。或许不久的将来，他的孩子真的能成为像郎朗那样的天才音乐家！

教育专家给男孩父母的教子方案

意大利著名的教育家蒙台梭利在谈到"家庭中孩子的音乐潜能开发"这一方面时，给父母们提供的方法是：

1. 让孩子听着音乐做动作，使其学会辨别声音的高低。
2. 让孩子练习辨别不同乐器的声音。
3. 利用"敲打音阶瓶"游戏，让孩子学会辨别音调的高低。

突破常规思考
——逆向思维让男孩更聪明

所谓逆向思维,又称求异思维,它是对司空见惯的似乎已成定论的事物或观点反过来思考的一种思维方式,也就是人们常说的"反其道而思之",让思维向对立面的方向发展,从问题的反面深入地进行探索,树立新思想,创立新形象。

那么逆向思维对于孩子来说有什么优势呢?一般来说,有以下四种优势:

第一,在孩子的日常生活中,常规思维很难解决的问题,很多时候通过逆向思维却可能轻松破解。

第二,逆向思维会使孩子学会独辟蹊径,在别人没有注意到的地方有所发现,进而有所建树,从而"出奇制胜"。

第三,逆向思维还会使孩子在解决问题的多种方法中获得最佳方法和途径。

第四,在生活中孩子如果能自觉运用逆向思维,就会将复杂问题简单化,从而使办事效率和效果成倍提高。

所以,父母应该时刻注意培养男孩的逆向思维意识,让孩子变得更加聪明,去创造更多的人生奇迹。那么,父母应该如何做呢?

方法一:训练男孩逆向思维从游戏开始

"远远,妈妈和你玩一个游戏,好不好?"玩积木玩累了的儿子,一听妈妈要和自己玩新游戏,顿时来了兴致,马上说:"好呀,好呀,妈妈来玩!"

成功引起儿子的注意之后,妈妈接着说:"我当'将军',你当'士兵',只要我一发命令,你就照我的命令去做相反的事情,比如我说'向左转',你就'向右转',行不行?"

4岁的远远看起来并不想当士兵,他马上提出异议说:"不,我要当'将军',妈妈要听我的命令!"

妈妈没有马上拒绝儿子,而是继续语气温和地说:"儿子,这样吧!等到妈妈教会你怎么玩时,你再当'将军'好不好?"僵持了一会儿,最终儿子勉强答应了。于是"将军"与"士兵"的游戏开始了。

妈妈看着站在眼前的儿子,一声令下:"举左手!"远远真的举起了左手!

妈妈马上笑着说:"远远,游戏规则是做相反的动作,'左手'的反义词是什么?"

"是'右手'。"

"对了,你应该马上举起右手!"远远觉得这个游戏很有趣,激起了继续挑战的热情。

就这样,妈妈和儿子在欢声笑语中做着"将军"和"士兵"的游戏,而远远在整个游戏过程中不但精神全部集中,而且急速运转他的小脑袋,做对的次数越来越多。

这位聪明的妈妈和儿子玩的"将军"与"士兵"的反动作游戏,正是很有名的逆向思维游戏。假如她只是让儿子按照命令执行任务,那么只是锻炼了孩子思维的敏捷性和反应能力的快慢,但如果像上面这样按照相反的动作来做,就提高了游戏的难度,而且极大地锻炼了孩子的逆向思维能力。这样他在思考问题的时候,就会想到更多的可能性,创造出很多别人意想不到的成功。

方法二:教给男孩学会三大逆向思维法

逆向思维是一种非常宝贵的财富,具有原子弹爆炸般的威力。在这里,有三种逆向思维法提供给各位父母,希望各位父母能在育子过程中把它们都教给孩子。

第一,反转型逆向思维法,即从已知事物的相反方向进行思考,产生发明构思的途径。

第二,转换型逆向思维法,即在研究一个问题时,由于解决问题的手段受阻,而转换成另一种手段,或转换思考角度,以使问题顺利解决。

第三,缺点逆用思维法,即利用事物的缺点,将缺点变为可利用的东西,化被动为主动、化不利为有利的思维发明方法。

教育专家给男孩父母的教子方案

发展逆向思维,有利于孩子今后的学习和工作,并提高孩子对生活的适应能力。尤其对于孩子今后学习数学有特别的意义。那么,如何培养孩子的逆向思维能力呢?德国教育专家卡尔·威特认为,可以从以下几个方面入手:

1. 创设一个轻松、有趣、愉快的生活环境,让孩子经常处于积极活动的状态之中。

2. 多与孩子做一些思维游戏,让孩子在迅速反应中发展思维的逆向性和流畅性。

3. 培养孩子的逆向思维习惯,鼓励他们寻求答案的多样性,引导他们尝试从习惯思维相反的方向考虑问题。

第61招 为男孩建立自信
——开发情商的关键

自信是一种修为，也是一种能力，它能让一个人充满能量，去迎接任何挑战和困难。历史上那些有名的科学家、发明家、政治家、艺术家，每一个都是自信满满的。所以美国著名散文家、诗人爱默生曾经说过："自信是成功的第一秘诀。"

小泽征尔是日本著名的音乐指挥家。有一次，他参加了欧洲指挥大赛，并且闯进了决赛。在决赛时，他被安排在了最后。当轮到他表演时，评委交给了他一张乐谱，他马上就全神贯注地指挥起来。突然，他发现乐曲中出现了一点儿不和谐，在开始时，他以为是乐队演奏错了，就停下来重新演奏。但他仍觉得不自然，并且感觉乐谱出现了问题。当他把自己的想法说出来时，在场的作曲家和评委都声明乐谱没有问题，是他的感觉出了问题。面对数百名国际音乐界权威，小泽征尔也对自己的判断产生了动摇，但是他考虑再三，还是坚持了自己的判断："不，一定是乐谱错了。"他的话音刚落，评委席上的评委们都对他报以热烈的掌声，并且祝贺他夺得了冠军。

原来，这是评委们故意设计的一个"圈套"，以试探指挥家能否坚信自己的判断力。他们认为，只有具有自信心的人，才能成为一流的指挥家。

这是一个真实的故事，故事中的小泽征尔用自己的自信征服了各个评委，赢得了这次重要赛事的冠军。可以说，如果没有超强的自信心，他就不会赢得这场比赛，甚至很难成为世界一流的指挥家。

但是在现实生活中，很多男孩都表现出了自信心不足，有些孩子甚至还非常自卑，有些男孩连当众表演节目都不敢，这种情况父母应该足够重视。一个没有自信心的人，无论是在事业上还是在其他方面，都会遇到很大的阻力，很难取得成功。所以，父母要从小培养孩子的自信心，让他们信心满满地去面对人生的机遇和挑战。

培养男孩的自信心是一个长期的过程，父母应该注重细节，从小事着手，让孩子把自信心逐渐建立起来。

方法一：多肯定男孩，不要经常否定和指责他

一位美国心理学家到一所普通中学考察，一位班主任问他："先生，您能帮我挑出班里那些智力超常的学生吗？"

心理学家非常爽快地答应了，指着班里的一些学生说："你、你，还有你……"那些被点到的学生从此受到了老师的关怀以及同学的羡慕，逐渐树立起自信心，学习成绩逐步提高，成了班里的佼佼者。

一年后，这位心理学家再次造访这个学校，问那位老师："我点到的那些孩子学习情况怎么样？"老师说："实在是好极了，不过您是怎么判断出他们智力超常的，能不能把这个秘诀告诉我呢？"

心理学家微笑着说："我没有什么秘诀，我只是随便点点而已。"

这就是心理学上著名的"罗森塔尔效应"。它向我们揭示了这样一个道理：多对一个孩子进行肯定的评价，有助于提高他的自信心，从而使他取得更大的进步。

孩子的年龄小，他对自己的评价往往来源于周围的人对他的评价。如果周围的人给他的评价是肯定的，他就感觉自己能行，并且在生活中逐渐地建立起自信心来；如果周围的人给他的评价是否定的，他就会感觉自己一无是处，甚至产生自暴自弃的想法。所以，父母在生活中要多肯定和鼓励孩子，让他们对自己充满信心。

方法二：有意识地让男孩承担一些责任

孩子的年龄虽小，但是也有一颗上进的心，也愿意承担一些责任。但是很多父母认为男孩年龄小、能力弱，就事事亲力亲为，把孩子的很多事情都全盘包办了。这样做非常不好，一方面限制了孩子动手能力的发展；另一方面会给孩子一种消极的暗示——父母什么事也不让孩子做，他们会认为自己非常"无能"。

所以，父母在平时要有意识地让男孩承担一些责任，比如打扫房间、整理自己的床铺、制订节假日的活动计划等，这样会让孩子产生一种成就感，从而培养起他们的自信心。

方法三：发现男孩的专长或者特别之处

肖恒是一个很缺乏自信的男孩。他在班里成绩平平，其他方面也比不过别人，所以他常常感到自卑，认为自己不如别人。妈妈发现这一点后，就注重儿子特长的培养，给他报了一个篮球班。因为肖恒身体素质不错，又肯下苦功夫，所以取得了很大的进步，很快就成了校篮球队的主要成员。每次比赛的时候，都有不少学生为他呐喊助威。这让肖恒体验到了一种成就感，逐渐变得自信起来。

心理学家研究发现，那些有特长的孩子因为常常受到别人的夸奖，更容易建立起自信心。所以，父母应该善于发现孩子的特别之处，并且加以指导和培养，让它们成为孩子的特长。但是很多父母都"以分数论成败"，如果孩子的学习成绩不好，其他方面的特长就统统都被否定掉。这种做法是非常不对的，这样做不仅没有全面、客观地看待孩子，还容易让他们产生自卑心理。所以，父母应该发现并培养孩子的专长，多给他们积极、肯定的评价，从而让孩子在生活中逐渐建立起自信心。

教育专家给男孩父母的教子方案

李中莹先生在其《亲子关系全面技巧》一书中写道："是否有足够的自信、自爱与自尊，决定他人生有多少的成功和快乐、满足和幸福。"因此他给父母提供了一些帮助孩子建立自信、自爱和自尊的简单易行的技巧：

1. 父母可帮助孩子根据他的兴趣、能力和价值观，制定一些让孩子做事的、符合实际的目标，并且给予鼓励和支持，但不代替其做事。

2. 平时在家庭生活中多听取孩子的意见，允许孩子参与家庭计划的制订并做出决定，并且尊重对孩子的承诺。

3. 做错事时不姑息，要给予正确的引导。

第62招 给悲观男孩一把"EQ 钥匙"

随着年龄的增长,男孩高峰的行为变得越发古怪,这引起了高峰妈妈的注意:儿子常常把自己关在房间里;平时总是闷闷不乐的样子,很少说话;有时还会看见他面带愤怒地照镜子。高峰妈妈对此很担心,她很希望儿子讲出自己的烦恼,但高峰就是不愿对她敞开心扉。

一天,高峰妈妈在为孩子整理书包时,无意中发现了夹在课本中的一张纸条,纸条上布满了密密麻麻的油笔道,显然是孩子无聊时画的。油笔道后还隐隐约约地写着几个字。经过仔细辨认,妈妈认出了这几个字:为什么我的脸这么大!

妈妈看后心里一惊,原来儿子是因为这个伤心!高峰的脸从小就长得比较圆,记得有一次,妈妈带孩子出去玩,迎面走过来一个小女孩,她看了高峰后说了一句:"简直像个大脸猫!"还有一次,妈妈和儿子开玩笑说:"我儿子这张大胖脸,就像一张大圆饼一样!"没想到大家无心的话,高峰却牢牢地记在了心里。

生活中,父母通常只会关注男孩身体上的病痛,却常常忽视了男孩心理上出现的问题。大量的事实告诉人们,养育男孩绝不能单纯地只关注男孩身体上的健康,而是应该身心同管。心理与身体是相对应的,心理上的不适也会作用于身体。强烈的情绪波动和不良心态也会威胁男孩的身体健康,如果这种状况长期发展下去,很有可能引发男孩出现心理障碍。

那么,什么样的心理才算是健康的心理呢?一般来说,就是无论在什么情况下,你的男孩都能保持积极、乐观的心态。这样的心理会让男孩的思维变得敏捷、记忆力增强,让他对生活充满信心。反之,如果男孩经常处于悲观或闷闷不乐的状态中,学习成绩自然会受到影响,久而久之,就形成恶性循环,可能会让他对生活失去信心。

孔子说:"少成若天性。"若在人之初,将"快乐"组装进了大脑,人就会天性快乐。一般来说,心理健康的男孩很少会出现挫折感,即使遇到一些困难,他们也能很冷静地面对，并把困难变成他们前进的动力；而心理不健康的男孩则经常会自寻烦恼，遇到一点儿小事，就想到逃避。因此，对于那些心理不健康的男孩，父母一定要想方设法地引导，让男孩重新拥有健康的心理。

方法一：要让男孩学会接纳自己的缺陷

生活中，父母一定要让男孩知道，人必须坦然地接受自己。很多时候，一个人的很多条件是先天带来的，是不能被改变的。比如，容貌、家庭环境、生理缺陷等。如果孩子不能接受自己，那么，无疑会给他带来更多的不安和痛苦。

徐良生下来脸上就带有一块紫红色的胎记。在他小的时候，他经常因此被小朋友们笑话，每到这个时候，他就会哭着去找妈妈。而徐良的妈妈却总不耐烦地说："这些事情你不用管，只要你学习好，比什么都强。"随着徐良年龄的增长，他脸上的胎记也在不断地扩大。徐良越来越在意自己脸上的缺陷，经常因为自卑不愿意上学，即使上学，他也常常戴着帽子，把帽檐压得低低的，不想让人看到他脸上的胎记。徐良的妈妈看到儿子这样，不仅没有认识到问题的严重性，还批评徐良太爱美，不好好学习。饱受心理压力的徐良，再也无法忍受这样的日子，最后选择离家出走。

由这个案例我们不难看出，父母对孩子心理的忽视是导致悲剧发生的主要原因。在男孩徐良饱受委屈、质疑生活不公平时，他的母亲没有积极地开导他，没有引导男孩接受自己的不足，反而一次次摆出不耐烦的态度，让男孩产生自卑心理，最终选择了离家出走。各位男孩的父母一定要吸取这个事例的教训，关注自己的儿子，及时地发现男孩心理上的微小变化，并且积极地开导男孩，让他们正视自己的不足，欣然地接纳自己。只有这样，才能减轻男孩的心理压力，才能让男孩更健康地成长。

方法二：教男孩学会宣泄自己的不良情绪

在生活中，男孩难免会遇到外界的一些不良刺激，因为这些刺激得不到及时宣泄，而引发一些不良情绪，这些不良情绪若长期郁积在孩子的心里，很可能会威胁到孩子的身心健康。此时，就需要父母及时对孩子进行开导，并教育他们养成自我控制不良情绪的习惯，从而让男孩学会自主排除不良的情绪。

一天，阿杰从学校回来，一句话不说，就把自己关进房间里，爸爸看到后，就去找阿杰聊天。原来，阿杰白天在学校里与一个欺负女同学的男孩发生了口角，他们打了起来，结果老师却批评了他。

爸爸拍了拍儿子的肩膀说："如果换作是我，我也会很气愤的。不过，生活就是这样的，很多时候，我们必须学会面对那些不公平的事情，只要你觉得问心无愧就够了。其实，爸爸也常常会遇到这样的事情，你知道我是怎么做的吗？"

阿杰看着父亲，问道："怎么做的？"

爸爸笑着，走出了阿杰的房间，过了一会儿，他拿着一个装满水的塑料瓶进来了。爸爸把瓶子放到了儿子手上，说："把你所有的不满和怨气对着瓶子说几遍，直到自己不再生气为止，然后把瓶子里的水全倒出去，这样，你的坏情绪也就随着水流走了。"

此后，每当阿杰心情不好时，便采用爸爸传授的这种方法。渐渐地，他发现自己的坏情绪越来越少了。

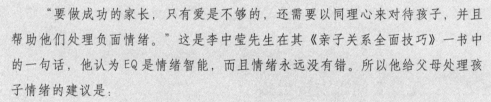

教育专家给男孩父母的教子方案

"要做成功的家长，只有爱是不够的，还需要以同理心来对待孩子，并且帮助他们处理负面情绪。"这是李中莹先生在其《亲子关系全面技巧》一书中的一句话，他认为EQ是情绪智能，而且情绪永远没有错。所以他给父母处理孩子情绪的建议是：

1. 接受。父母要用同理心去帮助孩子描述他的悲观、沮丧等负面感受。

2. 分享。这时，父母可采取两个步骤——先处理孩子的负面情绪；后处理孩子遇到的事情。

3. 肯定与引导。父母应表示理解和接受孩子的情绪和动机，可对其行为设立一定的规范。

4. 策划。父母可询问孩子想得到什么，然后与其讨论解决问题的方法、途径等，鼓励孩子自己解决问题。

第63招 帮助男孩管理自己的不良情绪

相对于女孩来说，男孩的成长过程中常常要承受更多压力。男孩必须让自己看上去很勇敢、很坚强；因为天生的好奇心和冲动性，常常犯一些错误；因为争强好胜，他们常常会产生许多与人较量却又担忧结果的痛苦……大家都知道，适度的压力能够促使一个人努力奋进，但过大的压力，则会影响人正常的心理健康。

不夸张地说，心理压力在男孩的成长过程中是无处不在的。做父母的，一定要对此引起重视，积极地引导男孩正确面对压力，及时地帮助男孩疏导心理压力，只有这样，才能让你的男孩更健康、更快乐地成长。

那么，如何帮助男孩疏导心理压力呢？首先，父母必须了解自己的孩子，要清楚使他们产生压力的事情是什么。这就要求父母要经常与自己的男孩沟通，倾听男孩的倾诉。

方法一：父母要懂得安抚男孩

当男孩受到委屈后，父母应首先安抚男孩的内心，当男孩向你表达某种情感的时候，你要表现出一种理解。

一天，高阳放学回家，一直不高兴，爸爸就问他是不是发生了什么事情，高阳说："今天下午上英文课，和莉莉说话的人明明不是我，可老师却一口认定就是我，还让我站着听课，真气人。"这时，爸爸说："那真是很气人，明明不是你的错，可老师却偏偏说是你。"

高阳觉得爸爸和自己是站在一起的，不满的怨气也就慢慢消了。这时，爸爸又说："为了不让老师再冤枉你，你一定要做得更好，这样别人才说不出你的坏，对不对？"

高阳看着爸爸，重重地点头，说："我一定要让她知道，我是个好孩子，不是她想的那样的。"

事例中的爸爸用恰到好处的方式安抚了自己的儿子，并且引导自己的孩子以后要做得更好。反之，如果父母遇到这类事件后，采取询问、指责的方式，说自己的孩子不好，为什么老师不怀疑别人等，只会加重孩子的不满和委屈，给他造成更大的心理压力，甚至让他产生厌学的情绪。

方法二：与男孩分享自己的经验

面对不可避免的成长压力，父母应该多和男孩沟通，让你的男孩知道，压力是每个人都不可避免的，父母也需要面对各种各样的压力。父母以自己的经历来教育孩子，能够让你的孩子更好地接受你的建议。

张晴是老师和父母眼中聪明、能干、懂事的孩子，他一直在班里担任学习委员。有一次，他因为与班里的一个同学发生口角而受到了老师的责备。从此之后，张晴一直觉得老师对自己失望了，他在同学们心中的形象不完美了，他的压力不断增大，再也没有办法全身心地学习和生活了。

张晴的妈妈知道这件事后，就找儿子聊天，说："知道吗？妈妈前一段工作出现了一些问题，被经理训斥了一顿。那时，我真是很郁闷，甚至想过辞职不干了。但后来我想了很久，终于想通了，我的确犯了错误，既然犯了错误，被批评就是难免的，只要我以后把工作做得更好，别人一样要对我竖大拇指的。"张晴听了妈妈的话，点点头，理解了妈妈的意思。

方法三：不要给男孩太多的压力

萧飒是一个学习很好的男孩，初中考高中的时候，他考了全校第2名。他本来想进市重点高中读书，但是他的母亲却非要他去省重点高中读书。无奈之下，萧飒只好按照母亲的意思去了省重点高中读书。但省重点高中的教育方式与萧飒之前所接受的教育方式完全不同，以至于萧飒在第一学期的前3次的考试中名次都只排在中间。萧飒的妈妈知道后，便在电话中责骂萧飒不努力读书。在成绩与父母的双重压力下，入学不到一年的萧飒完全丧失了学习的动力，甚至还把自己封闭了起来。

通过这个故事不难发现，心理压力对孩子的不良影响是很大的。父母都希望自己的儿子能够出类拔萃，但却没想过那些寄托在男孩身上的厚望远远超出了孩子自身的承受能力。孩子在这些压力下很容易产生逆反心理，出现厌学的情绪，严重者，甚至可能走上一条不归路。

教育专家给男孩父母的教子方案

美国心理博士戈尔曼曾明确说："真正决定一个人成功与否的关键是情商，而非智商。"著名教育专家孙云晓也认为情绪对一个男孩来说起着至关重要的作用，所以他提供了一些帮助男孩管理情绪的方法：

1. 呼吸调节法。当你的孩子不开心时，让他闭上眼睛，深呼吸，然后把气慢慢吐出来，再深呼吸……如此持续几个循环。

2. 语言暗示法。当发觉男孩有不良情绪时，要试着告诉他通过一些积极的言语暗示来调节自己的情绪。

3. 目标转移法。有时男孩会陷入一种消极情绪中而无法自拔，此时，父母最好鼓励他改变一下自己注意的目标，放下不开心，去做喜欢的事情。

第七章 智商（IQ）、情商（EQ）、财商（FQ）、体商（BQ），男孩一个都不能少

第64招 做高财商男孩，要先认识金钱

对于绝大多数男孩来说，他们对金钱最初的欲望都是体现在购买欲上。从刚懂事起，他们就开始向自己的父母要这要那——吃的、玩的等。这时，他并不知道钱到底是什么，认为钱就是从父母口袋里要出来的，可以用来购买很多他渴望的东西。

所以，父母应该对男孩进行的第一堂金钱教育课，就是告诉他们钱是怎么来的！

如果父母没有及时地对自己的儿子进行必要的金钱教育，而是一味不加克制地满足孩子的要求，久而久之，就会成为孩子眼中的"提款机"。男孩会把理直气壮地向父母要钱当成一种习惯，当父母不再愿意满足他的要求时，他们会觉得父母不再爱他，甚至他们会对父母说："没钱，你就去银行取啊！"这样的男孩长大以后，大都缺少赚钱的能力，更会严重缺失感恩的心，只会一味地索取，而不知道回报。

因此，父母要正确引导孩子，建立正确的消费意识和金钱观念。

小洪今年5岁了，他的父母准备送他去幼儿园，但是为了更好地培养小洪对理财的认识，他的父母决定带上小洪一起去幼儿园办理缴费手续。在幼儿园的缴费处，小洪歪着头问他的爸爸："我们为什么要把这么多钱交给幼儿园呢？"他的爸爸没有像多数父母一样，不理会孩子的问题，而是顺着小洪的问题，向他解释为什么要交这么多的钱，这些钱交给幼儿园后都用来做什么——比如，购买幼儿园的水果、学习工具等。同时，小洪的爸爸还告诉他，这些钱都是他们辛苦工作赚来的，跟幼儿园的阿姨一样，只有工作才能获取金钱作为报酬。虽然只是一次简单的交谈，却让小洪知道了两个问题：第一，上幼儿园为什么要交钱；第二，钱是一种等价交换的媒介，只有工作才能获得，不是平白无故得来的。

现实生活中，不少男孩都不能理解父母的苦衷，与人攀比、用父母的钱给自己撑排场。究其原因，你就会发现，导致男孩形成这种不良习惯的根源正在于父母没有让

他清楚地认识到钱来之不易。

因为不知道父母赚钱的辛苦，所以很多孩子尤其是家庭环境比较好的孩子，根本不懂得珍惜；因为不清楚父母背负的压力，所以孩子不能理解父母偶尔的"小气"；因为从未体验过生活残酷的一面，所以孩子始终感觉不到自己的生活有多幸福。

因此，身为家长，你一定要从小培养孩子树立正确的金钱意识和消费意识，帮助孩子正视金钱，珍惜并尊重父母的劳动成果，培养孩子养成节约的好习惯。

方法一：让男孩知道父母每天都在做什么

父母几乎每天都要对自己的儿子说："宝贝，爸爸妈妈去上班了。"到了月底，父母又会用工资给孩子买很多礼物。孩子的思维尚且幼稚，他还不能清楚地知道工资背后的含义，他们的直观感受不外乎"爸爸妈妈有钱了，可以给我买好东西了"，于是，大部分孩子总是把目光集中在父母的工资上，而很少去关注父母一个月所付出的辛苦劳动。为了培养孩子正确的理财意识，父母必须带着孩子去工作的地方看看，让他知道你一天都在做什么。

以下是一位母亲的真实经历：

一天，15岁的儿子突然对我说："妈，我们同学都骑'捷安特'的公路赛车，才1000多元，你也给我买一辆吧！你看我骑的那辆自行车太土了，我在同学面前特没面子。"听完儿子的话，我惊诧无语，"才1000多元"，这话在儿子的口中怎么那么不对味儿，就好像我的钱是大风刮来的一样！我是纺织厂的一名普通工人，每月工资只有800元，劳动强度特别大，于是，我决定带儿子到我工作的地方，感受一下赚钱的辛苦。

到了工厂，我问儿子："你觉得我的工作苦不苦？"儿子没说话，只是咬着嘴唇点点头，但我看得出他的感受。我又问儿子："我一天挣20多元钱，而你却一张口就要上千元的豪华自行车，你算算看，我得干多少天这样劳累的活儿，才够买你要的那辆自行车？"儿子虽然不说话，但眼眶里充满了泪水。

只有让男孩知道父母工作的辛苦，钱赚得不易，他才会懂得珍惜。即使是对于生活条件很优越的家庭来说，也必须在孩子成长的过程中，对他进行适当的教育，要他知道钱不是万能的，换不来一生的幸福和一颗感恩的心！当男孩看到那些钱全是由父母的汗水和辛劳换来时，他会更加尊敬父母、爱父母！

方法二：用"暗示法"让男孩体会父母的辛苦

男孩刘飞非常想要一架遥控飞机，经过再三央求，他的妈妈满足了他的愿望。刘飞在广场上快乐地玩着，他的妈妈却不断地用手敲打着自己的后背。

玩了一会儿，刘飞好奇地走了过来，问："妈妈，你怎么不陪我玩啊？为什么你一直捶背呢？"刘飞的妈妈叹了口气，说："儿子，对不起了，妈妈不能陪你玩了，妈妈的后背最近疼得厉害。你自己玩吧！"刘飞不解地问："为什么你不去医院呢？"

妈妈说："傻孩子，去医院不是得要钱吗？一次就要好几百元呢！妈妈赚钱很辛苦的，怎么舍得去看病？"

刘飞听完妈妈的话，低下头哭了："我这架遥控飞机一下就花了400元，不如省下钱为妈妈看病呢。"

这位母亲使用的就是"暗示法"，不仅让孩子清楚地明白了赚钱的辛苦，还因此增进了与孩子之间的亲密程度。

方法三：让男孩知道钱来之不易

李鹏飞看到别的小朋友都有自己的钢琴，他也很想要，于是就整天缠着他的爸爸要钢琴。李鹏飞的爸爸没有立即答应李鹏飞的要求，而是在明确了儿子的确对音乐很有兴趣后，找李鹏飞谈话，说："爸爸知道你很想要一架钢琴，但是钢琴真的太贵了，爸爸现在买不起，但是爸爸答应你，我会努力工作攒钱给你买的，好吗？所以，你现在就得等一等。"

3个月的时间过去了，李鹏飞一直记着爸爸的话，当他再次向爸爸提到这件事时，他的爸爸却故意面露难色，用十分抱歉的语气对李鹏飞说："对不起，爸爸还没有赚到钱呢，你再等等，好吗？"儿子虽然很失望，但还是点点头，答应了。

又过了两个月，李鹏飞的爸爸觉得买钢琴的时间到了。他从银行里取出来2万元现金，并故意换成了10元一张的。这样一来，原本两打钱就变成了20打。李鹏飞看到这么多钱，不禁张大了嘴巴。爸爸看着李鹏飞的表情说道："你看，买钢琴需要很多钱吧？这里面每一张都是爸爸妈妈辛苦赚来的，所以你一定要好好学钢琴，知道吗？"

就这样，李鹏飞通过爸爸的良苦用心，理解了一架钢琴的价值。他不仅非常认真地练习钢琴，还非常爱护这架来之不易的钢琴。在他看来，这架钢琴是爸爸辛苦工作半年，用很多钱买来的。

这位父亲是聪明的。对于孩子来说，一件物品究竟值多少钱，他并没有一个明确的概念，但是当一大堆钱和等待购买的时间摆在他面前的时候，他就会很清楚地认识到这件物品的价值，才会懂得珍惜、尊重他人的劳动成果，更重要的是，男孩也从中学会了感恩！

教育专家给男孩父母的教子方案

如何培养孩子的金钱观呢？《父母必读》杂志的专栏作家李子勋先生给出了自己的独特见解：

1. 小学阶段，父母要让孩子手里有点零用钱，每周关心一下零用钱是如何花掉的，让孩子认识到钱是有个人标志的，钱是个人的。

2. 初中阶段，父母要学习如何在用钱方面与孩子谈判，什么东西父母可以给他买，什么东西不能买，让孩子认识到"钱不是万能的"。

3. 高中阶段，父母这时可以允许孩子多存一些钱，让他自由支配，但要让他意识到哪些东西是必需的，哪些东西是没必要买的。

第七章 智商（IQ）、情商（EQ）、财商（FQ）、体商（BQ），男孩一个都不能少

第65招　引导合理消费，让男孩花钱有度

在我们的身边，不乏这样的父母：他们虽不是"大款"，但他们的想法是："自己紧着点儿，也不能委屈了孩子，免得让别人瞧不起。"在这样的家庭中，只要孩子要钱，不论什么理由，父母都尽量满足，不加以限制。结果，孩子超水平消费，不懂得什么叫来之不易。父母含辛茹苦培养了"消费贵族"。面对这样的现实，越来越多的教育家和社会学家开始呼吁，培养孩子（尤其是男孩）从小养成科学合理的消费习惯已经成为现代家庭教育非常重要的一个环节。

在关关刚刚会说话的时候，当别人问他："最爱看什么电视节目？"他会不假思索地回答："看广告！"关关喜欢那些跳动的画面，还学会了许多广告语言。

随着年龄的增长，他就不只是看和学了，而是看见广告里有什么，他就想要什么。他的妈妈经常和同事抱怨说："广告里面有什么，我们家关关就闹着要什么，孩子要什么，我就得买什么。"当然，关关小的时候，他也不会有什么特别高的要求，顶多就是买点儿玩具。这样的要求，家里还是可以满足的，因此关关的父母每次都尽量满足他的要求。

但是，随着年龄的增长，关关的要求越来越高。这不，刚上初中没几天，就向家里人开出了一个消费清单：美国橡皮、耐克运动鞋，还有一辆"前田"牌山地车……关关的父母粗粗一算，居然需要四五千元。

关关的父母虽然有能力购买这些东西，但是一想到孩子还这么小就如此"消费"，一下子心里凉了半截！

虽然我们口头上经常说："再穷不能穷孩子，再苦不能苦孩子，家富首先富孩子。"然而，从教育的角度来说，这种思想却隐含着一个很重要的问题，就是容忍孩子不合理的消费。长期容忍孩子不合理的消费，实际上是从小为孩子铺设了一条奢侈之路，

对其日后健康成长极为不利。因为在现代社会中,能不能合理地消费,将直接影响到人一生的幸福。

对于男孩来说,学会合理地消费,其意义不仅在于如何花钱本身,其中包含了多方面教育的内容和能力的培养。因此,培养男孩科学的理财观,一定要引导男孩合理地消费。

那么,怎样引导男孩合理消费呢?这需要父母从生活中的小事做起、从细节做起,一步步引导男孩树立科学的金钱观,帮男孩形成合理的消费观念。

方法一:消除男孩的攀比心理,为他建立良好的消费习惯

男孩的自控能力比较差,因此,他们中的大多数在消费时都有大手大脚、与人攀比的习惯。有这样一个故事:

一个家庭因为生意失败导致财产损失,就在父母一筹莫展之际,这家的男孩却张口向他的父亲要钱:"明天我的朋友过生日,请给我200元,我答应请他吃饭。"男孩的话让父亲很惊愕。父亲说:"儿子,你不了解咱们家现在的状况吗?你怎么还……"男孩有些不高兴地打断父亲的话,说:"那就给我100元吧!我答应了朋友,要不然,也太没面子了。"父亲看着儿子理直气壮的样子,不住地叹气和摇头。

因为男孩比较爱面子,所以在消费行为上存在着与人攀比的情况。这种心理会随着男孩年龄的增长而变得严重。当一个男孩有较重的攀比心理时,那么长大后,他的攀比方式就会升级,最终让家庭无法承受。因此,父母在满足男孩的欲望时切记不能过度。当你的男孩有了攀比的消费行为,父母可以让孩子把这些不良心理转变为学习上的竞争,从而端正孩子的态度。

另外,要试着让男孩参与父母辛苦工作的过程,让男孩了解父母艰难创业的历程,让男孩明白金钱来之不易,了解生存的艰辛,最终建立自力更生、勤奋工作的好习惯,从小立下创业的志向和决心。

方法二:通过日常购物引导男孩科学消费

父母要在日常购物中教导男孩理性消费。这里面有很多小技巧可以使用,我们先

引导合理消费，让男孩花钱有度

父母在满足男孩的欲望时切记不能过度。

从细节做起，一步一步引导男孩形成合理的消费观念。

来看看下面这位母亲是怎么做的。

15岁的单亲家庭的男孩冯瑞想买一件名牌衬衣，大概需要近1000元钱。冯瑞身边的几个朋友都买了那种衬衣，他也想要一件。冯瑞想：自己15岁了还没有一件像样的衬衣呢！妈妈过去总在小摊上买减价的衬衣，自己已经是高中生了，一定要有穿得出去的衬衣。

冯瑞回家后把自己的想法和妈妈说了。妈妈一听需要1000元钱，立刻反对。一见妈妈反对，冯瑞非常不高兴，觉得妈妈不关心他，和妈妈的关系变得很不好，甚至用不学习、不做作业来对抗。

无奈之下，冯瑞的妈妈只得答应冯瑞的要求。实际上，她已经另有打算：即使这件衬衣买了，也要让冯瑞知道妈妈为他买这件衬衣有多么不容易。于是，她对冯瑞说："我们每个月存200元钱，存4个月，到第5个月我就可以给你买了！"冯瑞的妈妈想：也许只有这样，才能让冯瑞理解我的苦衷，这也是一个教会冯瑞合理消费的好方法。

当然，冯瑞还是很高兴的，与妈妈的关系好了，学习又开始用心了。

然而，两个月后，冯瑞看着每天精打细算的妈妈，为了给自己买件衬衣而节衣缩食，心里特别不舒服。终于有一天，冯瑞对妈妈说："你不要存钱了，我现在不想要那件衬衣了，我看到一件80元的衬衣，也很不错，我要那件。"

我们不得不佩服冯瑞妈妈的明智。其实只要父母多思考一下，还是可以用很多小技巧来引导孩子合理消费的，比如，买东西时多走几个地方，货比三家，告诉男孩无论买什么东西，都不能大手大脚；逛商场时要和男孩说好：今天你只能买一样东西，或者只能花多少钱，这样对男孩有所约束。父母还可以让男孩做一些力所能及的事情，如买菜、买日用品等，让他们切身了解家里的消费开支情况。

方法三：让男孩学会预算的理财观念

在生活中，父母可以帮助男孩学会预算。例如在每次消费前，应该让男孩自己列出一个购物的预算清单，并帮助他分析其消费的合理性。这样，有助于男孩形成合理、有节制的理性消费观念。

父母一定不要让男孩养成花钱无度的习惯。如果男孩有了这种倾向时，你就要采取"定时定量"给零花钱的策略，再不能随要随给了。

第七章 智商(IQ)、情商(EQ)、财商(FQ)、体商(BQ),男孩一个都不能少

让男孩懂得为自己的"花销"负责,懂得在消费前预算,这才是每位父母真心需要教男孩的东西。

教育专家给男孩父母的教子方案

著名教育专家郑委老师运用"约定"原则来帮助父母教育"乱花钱"的孩子:

1. 约定一:根据孩子的年龄和家庭条件的不同,按周给孩子零花钱。

2. 约定二:孩子的钱=大钱+零用钱,大钱存折孩子保管,密码父母保存,零用钱孩子自由支配。

3. 约定三:全家讨论,把孩子所有的开销分成三类——该花的,不该花的,可花可不花的。

4. 约定四:全家确定购物时间。

5. 约定五:坚决执行,出现问题协商惩罚机制。

第66招　培养男孩的经济头脑，教男孩学会投资

过去，在多数的家庭教育中，总是不愿让孩子过早接触金钱，以为这样会让孩子思想上受到铜臭的沾染。所以，所有花钱的事就全部由父母一手代劳。这样做是不对的，如果在消费方面事事为孩子越俎代庖，反而导致他长大后没有一点经济头脑，花钱没有节制，不会合理理财、投资生财。

有些富裕的家庭，也同样重视"富二代"教育，给孩子灌输勤劳致富的观念，将孩子送去参加一些专门的培训。但这些培养只能是技术上的，而不能从思想和观念上改变孩子。真正拥有财富的人更应懂得金钱的价值和重要性，会攒钱，会理财，同样懂得如何花钱。

培养男孩的经济头脑，也就是培养他的理财、投资的眼光和能力。具备这种能力，对于男孩来说，是伴随他一生的用之不竭的巨大财富。从小培养男孩的经济头脑，对他的健康成长十分有利，将来他的生存能力更强，事业和生活的域度更宽。因此，父母可以利用生活中的各种机会，让自己的男孩从小就懂得金钱的价值，并且掌握一定的理财能力。

父母想要培养男孩的经济头脑，让男孩善于理财，并学会一些简单的投资意识，应该从以下几个方面下手：

方法一：让男孩管理自己的钱

小山平时都是自己管理自己的零花钱，他有三个储钱罐，排成一排，放在他的桌上。这让来他们家玩的叔叔、阿姨很奇怪，孩子存钱很正常，可是为什么非要有三个储钱罐呢？其实，用三个储钱罐，是爸爸、妈妈有意而为之。他的第一个储钱罐里的钱，就是用于一般的日常开销，比如买自己用的生活及学习用品。第二个储钱罐里的钱，就是短期的储蓄了,比如,每当小山有些相对贵重的物品需要买了,就用这里的钱。上周他用掉了两个月的积蓄,买了一架他向往很久的飞机模型。放入第三个储钱罐的钱,小山再没花过,他是把这些钱当作长期储蓄。每年春节,爷爷、奶奶、姥姥、姥爷、爸爸、妈妈,还有叔叔、阿姨给的压岁钱,他大部分都放到了这里面,然后定期让爸爸给他存到银行。

三个储钱罐的理论,是美国教育专家戈弗雷提出的。把钱分存到三个存钱罐,就是让男孩学会经营自己的钱,并进行合理的分配和应用,这就让他对钱产生一定的认识和规划,锻炼他的理财能力和消费能力。当然,在他花钱的同时,也深刻明白这样存钱的必要性了。同时,这个理财过程也培养了孩子节俭的品质!

方法二:从小树立理性消费的观念

现在很多的男孩追求时尚或陷入攀比热潮,动辄就是追求品牌,看什么好买什么,一入商场就眼花缭乱,开始非理性购物,这也想要,那也想要,买回的东西没有多少实际价值。如何让男孩能够理性购物呢?首先要求他有理性消费的观念,而理性消费的观念需要父母从小为他树立。

晓晨每当去超市跟爸爸妈妈买东西时,从来不过分要求,他只会挑选一样。看晓晨这么懂事,有时爸妈就额外奖励,给他多买一样,他就会问:"钱还够吗?不行再次吧。"相对于别的孩子,晓晨的表现让爸爸妈妈感到非常欣慰。而晓晨的这个习惯也是爸妈从小培养的,每次去商场或超市前,都会和他先计划一下,问好他都需要什么,然后就直奔主题去挑选,如果没有特别需要的,就只买一样,他自己可以随便挑选。

方法三:让男孩尝到简单"交易"的兴趣

涛涛在明明家玩时,对明明的一辆汽车模型爱不释手,他对明明说:"把汽车模型借我玩两天吧。"明明说:"那把你的机器人金刚给我,咱俩交换吧。"涛涛也非常同意。晚饭时,听明明这么说,妈妈就劝明明把汽车模型送给涛涛,至于机器人,以后再给他买。这时爸爸说话了:"让他们交换去吧,这样他们会明白不用花钱也可以得到想要的东西,这对他们的消费观念有帮助。再说了,这样是互惠互利,使他们的玩具价值最大化。"

当男孩和朋友想要有这种交易行为时,父母不要阻止,可以从旁观者的角度予以指导。让他们把自己的学习用具、图书及玩具相互交换,使自己的东西价值最大化,家长要多鼓励。这样的"交易"行为,会锻炼男孩的理财能力,培养他正确的价值观。

方法四:教男孩简单的投资知识

很多父母在炒股时总是避着孩子进行,其实这大可不必。可以根据他的兴趣程度,适当地给他简单地讲解一些股票知识,一方面消除他的好奇心,同时也让他从正面了解和认识炒股这种投资行为。还有一些家长给孩子买了保险或办了教育储蓄手续之后,就把资料锁起来了,孩子压根儿就不知道,这也等于剥夺了孩子对投资知识了解的机会。

有些适合孩子的投资,父母可以指导男孩勇于尝试,比如指导让男孩买基金,或收藏一些纪念性的邮票增值。

教育专家给男孩父母的教子方案

"股神"巴菲特认为父母最大的责任就是教会孩子如何在这个世界上生存,而要生存,就必须懂得如何养活自己,如何去投资赚钱。对此,他给自己子女的投资忠告有:

1. 行动之前一定要做好周密的思考,不要盲目或跟风投资。
2. 投资不但需要投资领域的专业知识,更需要勇气。
3. "要学会以40美分的钱买1美元的东西",要学会爱惜每一分钱。

第七章 智商(IQ)、情商(EQ)、财商(FQ)、体商(BQ), 男孩一个都不能少

第67招 为男孩创造一次赚钱的机会

巴菲特5岁时,因为看父母每天都很辛苦地工作,为生活而犯愁,他就产生了挣钱的欲望,决心要成为一个非常富有的人。于是,他在家门前摆了个小摊,向过往的行人兜售口香糖。之后,他把摊挪到繁华市区,在那里卖柠檬汁。巴菲特并不花挣来的钱,他开始积累财富。有机会的话,他还跑到高尔夫球场寻找被人遗弃的但还可以用的高尔夫球,仔细地按照牌子和价格整理包装起来,再转给别人去卖,然后从别人那里提成。

在很多西方国家,小孩子很小就知道赚钱了。在大街小巷,男孩送报、送外卖、修理草坪等情形随处可见。在超市、商场、饭店,孩子们理货、打扫卫生、做服务生,他们把这些劳动和赚钱的机会,作为一种体验,他们内心也乐于享受这种赚钱的过程。这个过程本身也及早地锻炼了他们的独立能力。

而在我们的家庭教育中,向来不注重对孩子经济头脑的培养。很多父母只对孩子说:"把学习搞好,别的你啥也别管了。"于是,孩子们过着衣来伸手、饭来张口的日子,需要钱时父母给到手里,孩子对金钱没有一种正确的认识。那么,越是这样,孩子的理财能力就越缺乏,对花钱都没有一个认识,哪里会想着赚钱呢?

随着经济全球化和教育的国际化发展,未来的发展境域会更广阔,竞争会更激烈。因此,培养男孩的理财能力尤为重要。而在对他经济头脑的培养中,让他赚一次钱,这种体验将会对他的人生产生巨大的影响。他会对于前期的努力终于得到回报而感到无上的成就感。当然,对于这笔好不容易挣到的钱,他也会慎重地对待,认真地分配。

然而,怎样为男孩创造一次赚钱的机会呢?想让他的理财观念更实际,第一笔钱毫无疑问对他是一份巨大的动力。只有在他尝到回报的滋味后,才会更有动力进一步尝试。

方法一：让男孩知道要钱不如自己赚钱

随着男孩的长大，他的消费意识也在不断地更新，变得越来越强。一些理财专家告诫家长，在教孩子如何花钱的同时，更要教会他们如何赚钱。"要花钱，自己挣"是很多西方国家孩子的思维。这与他们从小接受的教育有关。我们的家长有这样的心，但往往只是流于说教，而没有去实施。让男孩明白劳动才能创造财富，这让他们不仅有了劳动的经验，而且从小对金钱有了深刻的理解。

帆帆每当去超市时，就要在卖电子琴的地方流连忘返，原来他心中早就想要一台电子琴了，懂事的他不好意思开口向爸爸妈妈要。他数了数自己的储钱罐，还差将近30元。于是，一个暑假，他都在"折腾"，他把家里阳台上的废品都整理出来了，并分门别类装好。然后，他让爸爸在星期天帮自己卖掉，卖了35元。帆帆高兴得不得了，第二天就让爸爸、妈妈陪自己去买电子琴了。

孩子的心中充满幻想，在他们的成长过程中，对所有新鲜有趣的事物都充满向往，常常想用钱去购买心仪的东西。比如，上幼儿园时买玩具，上小学时买游戏机、自行车，到了初高中时，就想买MP4、手提电脑等价值高的物品。这时候，家长就要尽量让他去赚钱达到购买的要求。当然，并不是孩子所有的消费都要让他自己达到，他有时也达不到，重要的是让他明白，要花钱自己挣，不能买什么都指望自己的父母。

方法二：帮男孩发现"商机"

鼓励男孩赚钱，但赚钱不是目的，而是让他主动发现一些"商机"，并且成为一种习惯，把这些钱积累起来，将来如果时机合适，在家长的帮助下，让他再做一些投资。商机无处不在，就看父母的用心程度了。父母尽量把这些机会多让男孩去体验。比如，家里的废品、旧书报，让他收集整理去卖；让他收藏增值的纪念品；利用自己的特长"卖艺"赚钱，等等。

周末，小朋从学校回来，兴奋地冲进家里。他红光满面，非常激动地喊着："爸爸妈妈，我赚钱了，看我赚了28元钱。"原来，小朋在爸爸的提议和鼓励下，和班里的同学商量了之后，又请示了班主任老师，周末，就在教室里开展了一个"小交易市场"。小交易市场就是让同学们把自己看过的书或者一些用具、玩具带来，然后摆摊，自己定价位。

第七章 智商（IQ）、情商（EQ）、财商（FQ）、体商（BQ），男孩一个都不能少

于是小朋就在这个小交易市场，进行了一次成功的交易，小朋不但卖出了自己带来的七本书、两个飞机模型，而且还买了一台特别漂亮的小台灯。

男孩天生愿意去尝试新事物，父母给予一定的引导，就会让他得到成功的体验。从小培养男孩发现"商机"的良好习惯，并让他从实践中享受到成功的体验，这无疑是为他开启一扇通往财富的大门。男孩虽然心智还不成熟，但他有自己的见解，这时父母适当地引导男孩，试着让他接触股票、基金等之类的投资工具。

方法三：让男孩"第一次"赚钱的记忆刻骨铭心

良良平时就有很好的理财习惯，这与爸爸的教育不无关系。良良的爸爸年纪轻轻就事业有成。他经常给良良讲他小时的故事："那时家里很穷，学校开运动会要求穿统一的衣服，我却买不起。有一年暑假，我在家人鼓励下去卖冰棍。一个暑假下来，我用卖冰棍攒的钱给自己和妹妹各买了一身衣服。穿着通过自己劳动换来的衣服，感觉自己兴奋得要飞起来了。那种成功的感觉，我一辈子都忘不了。"

良良爸爸后来的成功，与那次赚钱的体验有很大的关系。第一次赚钱，赚多少都没有关系，重要的是让男孩得到锻炼，增长体验。在这个过程中，他会明白很多东西，这样的经历远远比平时耳提面命的教育对他的影响要深刻得多。

教育专家给男孩父母的教子方案

父母虽然很不喜欢在孩子的面前谈论金钱，更不喜欢让正在学习阶段的孩子去学习如何赚钱，但赚钱也是孩子社会实践课必不可少的一堂内容。为此，韩国著名的金融教育专家朴铁给父母的意见是：

1. 父母首先要让孩子改变观念：从消费者到生产者。
2. 父母可让孩子从做家务开始体验赚钱的艰辛。
3. 切忌让孩子一辈子做个"啃老族"，不知道主动去赚钱。

第68招 体育很重要，引导你的男孩爱上运动

陶行知先生曾说过："解放孩子的手，让他们尽情地去玩；解放孩子的脚，让他们到处去跑……"这些话在今天仍然没有过时，良好的身体素质是创造幸福生活与成功事业的基石，而运动则是健身的最好办法。适度的运动不仅可以让男孩健壮有力，还可以舒缓他的学习压力。

但在现实生活中，常常有很多男孩不喜欢体育锻炼。每当父母邀请他一同出去健身，孩子就会"犯懒"，开始找出无数个理由，比如身体不舒服、天气不好不外出等来搪塞父母。除非是那些他们感兴趣、愿意做的事情，否则他们就会装得像个病猫似的躺在床上睡觉，拒绝到户外去锻炼身体。

一位男孩妈妈这样讲述自己的苦恼：

我的儿子今年五岁半，上幼儿园中班。和别的男孩不一样，他喜欢一个人安静地玩，比如剪纸、搭积木、画画等，从不参与诸如骑车、溜冰等体育活动。所以，我儿子的体质不是很好，常常感冒。为了让他爱上运动，拥有结实的好身体，我还特意为他买了一双溜冰鞋，可他溜了两次就不肯溜了。对此，我真不知该怎么办才好。

为什么有的男孩对运动没有兴趣呢？主要有以下几个原因：

第一，有的孩子并非天生不喜欢运动，只是因为自己肥胖、手脚笨拙、反应迟钝或身材过于矮小等原因，害怕自己在公共场合出丑，所以才不愿意参加运动。

第二，一些男孩可能缺乏（很可能自认为缺乏）在某项运动中取胜的能力，因为担心自己受到伤害，所以面对运动时常常表现出小心谨慎的态度。

第三，还有一些孩子对运动根本没有兴趣，他们天生好静，喜欢一些非运动性的活动。

不难发现，无论哪种原因，父母都可以用"鼓励＋引导"的思路化解。适度的鼓励，可以增强男孩在运动方面的信心；正确的引导，才能激发男孩对运动的热情。

对于成长发育中的男孩来说，运动不仅是锻炼身体、强健体魄的最好方式，还是发育大脑、锻炼意志、寻找快乐、增强自信的最好机会。因此，父母应多动脑筋，想方设法引导男孩多运动，让他养成锻炼身体的好习惯。

具体该怎么做呢？专家给出这样几种方法：

方法一：鼓励男孩去参与自己感兴趣的运动项目

很多时候，男孩不愿意外出参加锻炼，无非觉得体育锻炼非常枯燥、乏味。但事实上，体育运动的种类是非常多的，父母可以根据男孩感兴趣的项目为他报一个课外活动班，这样就能让男孩在自己喜欢的项目中得到充分的锻炼。

假期的一个晚上，小旭被爸爸拉着外出散步。在小区广场上，小旭看到很多和他同龄的孩子都穿着轮滑鞋在广场上自由地滑行，还有一些男孩不时地做一些花样动作，引来一阵阵掌声和欢呼声。

小旭爸爸见儿子看得很入迷，于是便问小旭想不想像他们一样学轮滑，小旭当即兴奋地点点头。

第二天，爸爸便带着小旭报了那个轮滑训练班。起初，小旭还信心满满地去学，但是当他发现自己穿上鞋后连站都站不稳时，就有些不想练了。这时，爸爸就鼓励小旭说："你现在经历的他们都经历过，只要你熬过去了，你就能像他们一样自由自在地在广场上滑行了。爸爸相信你，别人能做到的，我的儿子一样能做到！"

在摔倒很多次后，小旭终于能够穿着轮滑鞋自由地运动了。一个假期过后，小旭终于学会了轮滑。于是，在接下来的每个晚上，广场中都能看见小旭快乐的身影。

由于小旭掌握了这种"新本领"，他在每次学校会演时，都会上台表演轮滑。原本内向的他从此变得开朗，他的自信心被不断地激发出来，在学习上也比原来用功多了。

其实，想让男孩积极地参加运动，父母就必须积极地开动脑筋，不要把眼光锁定在跑步、散步等常规的运动上，生活中还有很多项目都可以让男孩乐在其中。

方法二：组织男孩与伙伴们一起互动

以下是一位男孩妈妈的育子经验：

我的儿子是个小胖墩儿，本想让他借助运动减重，可是他一点儿都不喜欢运动，每次运动都需要我催促，往往进行一会儿就嚷着回家。看着他越来越胖的身体，我有些茫然了。

一次偶然的机会，我认识了一个业余羽毛球教练，原来他和我一样，也在为自己的儿子不爱运动而苦恼。突然，我产生了一个想法，不如让两个孩子一块儿运动，说不定他们凑在一起反而会有积极性。于是我以"带你去玩"为由，带儿子去参加了一下羽毛球训练，同时还叫上了教练的儿子。事情果然如我期望的那样，两个孩子很投缘，凑在一起玩得很开心。此后，为了让他们更有积极性，我还让他们叫上自己的伙伴一起参与进来。就这样，几年下来，孩子们的身体都变得强壮了，运动技能也提高了。令我开心的是，儿子每次运动都很主动，再不用我督促了。

要想让男孩喜欢上运动，并始终保持运动的激情，父母应该想办法组织几个孩子在一起运动。孩子们通过互相竞争、互相促进、互相监督，就能够克服掉独生子女常有的娇气和懒惰。

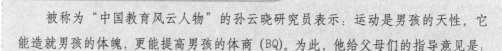

被称为"中国教育风云人物"的孙云晓研究员表示：运动是男孩的天性，它能造就男孩的体魄，更能提高男孩的体商（BQ）。为此，他给父母们的指导意见是：

1. 重视男孩的体质健康，培养一个德智体美全面发展的好少年。
2. 把运动看成男孩的天性，重视他的体育锻炼。
3. 让男孩养成良好的运动习惯，想方设法让他爱上运动。

第八章

让男孩快快乐乐学习、轻轻松松拿高分

关键词：学习、热情、竞争意识、记忆、注意力、学习目标、短期目标、预习、复习、合理安排、劳逸结合、作文、读书、观察力、外语、语言环境、数学、偏科、课外阅读、阅读时间。

父母总是苦恼——为什么男孩子就不像女孩子那样爱学习呢？他们似乎永远无法安静地待在书桌前写作业，他们讨厌写作文，讨厌背诵英语课文，讨厌预习、复习……

不过，教育专家却表示，男孩拥有巨大的学习潜能。

只要点燃他的学习热情，他就会爱上学习；

只要教会他提高记忆的方法，他就会变成百科全书；

只要鼓励他多读多练笔，他就会提高作文分数。

但父母应该如何帮助男孩轻轻松松拿高分呢？有什么具体的方法可以运用吗？不要着急，本章就是要告诉你怎样让男孩"快乐学习，轻松拿高分"。

第69招 点燃男孩的学习热情，让他爱上学习

男孩似乎有永远也消耗不完的精力，动来动去，总是安静不下来。就是在家写作业，也经常让家长头痛不已。反复说教，他也只是安静一会就又忍不住故技重犯。对于男孩，这是不是一种正常现象呢？当然不是。男孩在学习中的不专心，归根结底，是他对学习没有兴趣，感觉学习就是一种负担，所以就会寻找一切机会玩，这才是他的乐趣。而当他去玩时，兴趣盎然，思维活跃，精力高度集中。比如，画一幅奇特的画、看蚂蚁来来往往、把小车卸了装装了卸，等等。在男孩的世界中，对于他所感兴趣的事物，他会调动一切的热情来享受这些事物带给自己的快乐。因此，这么看来，如果在学习中他也有这样一种兴趣，他一样也会很专注、很有热情。

爱因斯坦说过："对一切人来说，只有兴趣才是最好的老师。"世界上很多的科学家、文学家等取得巨大成功，都是从自己的兴趣开始的。有了兴趣，才能点燃人们的热情。

父母如何才能点燃男孩的热情，让他爱上学习，并以此为乐呢？

方法一：给男孩创造一个轻松良好的环境和氛围

让男孩感觉学习不是一个负担，而是一件快乐而有趣的事情，首先就得为他创造一个轻松良好的氛围，不去过多地管束他，而是多提供引发他兴趣的机会。父母要知道，家庭环境的耳濡目染，对男孩的影响是巨大的。

法国作家大仲马，一生创作丰硕，留下了多篇传世经典之作，更为世界文化抹下了浓重的一笔。而他最得意的一句话就是：我最得意的作品就是"小仲马"。大仲马热爱写作，小仲马受其影响，也产生了浓厚的兴趣，他的第一篇《茶花女》一经问世，法国文坛就一致认为，这部作品的价值，已超越了大仲马的代表作品《基督山恩仇记》，

点燃男孩的学习热情，让他爱上学习

父母一味说教，会让男孩更加没有学习兴趣。

耐心听孩子说出苦衷，才能找到解决问题的方法。

小仲马一时声誉鹊起，并成为父母最大的骄傲。

当然，并不是所有的男孩都会成为伟人或成功人士，但在家庭中营造一个良好的环境，不去限制男孩的热情和兴趣，对男孩的成长非常重要。所以，要与男孩多交流，寻找他的兴趣点，多鼓励他发展自己的兴趣。

方法二：培养男孩的竞争意识

男孩子争强好胜，如果这个特点能放在学习中，那么父母就省心多了，可以充分利用孩子这一点，激发他的兴趣，让他爱上学习。男孩一旦具备强烈的竞争意识，就几乎不用家长督促，自觉地学习，并且乐于在学习中探索。

晚饭时，张楠向爸爸、妈妈提出了一个要求："爸爸妈妈，我想好了，我要去上奥数班。"爸爸说："把你的理由说来听听。"张楠说："我们班的王晓也报了奥数班，我也想报。当然，不仅仅是怕落后王晓，还有以下理由：第一，我喜欢数学，更愿意去学奥数。第二，王晓的数学成绩还不如我，他都能拿到奥数的高分成绩，我想我也可以。"

当然，男孩去学什么，并不是最重要的，重要的是他被竞争意识所激发，有兴趣去学，这样，他才能爱上学习，取得更大进步。

方法三：让男孩有明确的学习目标

男孩在成长过程中，在每个不同阶段的学习中，都要让他有个明确而切实可行的目标，这样，他才会以此为目标，付出具体的努力去实现。而如果给他一个抽象庞大的目标，他会茫然失措，不知道怎么着手去做，无法做出计划，更无法实现目标。比如，这个学期考了全班第十名，下次的目标是第七名。那么男孩就会努力缩短这个不是不可逾越的距离。而在平时的学习中，作业写得工整、不出错误、读点课外书，等等，这些都是一些可行的小目标，孩子完全可以达到。

方法四：把男孩的兴趣转化为学习动力

聪聪从小喜欢小动物，小到蚂蚁、蝴蝶，大到猫、狗，他看到了都走不动，看也看不够，亲也亲不够。每当这时，妈妈也不催他，就让他自己观察。小蚂蚁有几条腿、怎么爬行，哪种颜色的小猫最可爱，什么样的小狗最帅等，聪聪可有一套自己的理论呢。每次回到家，妈妈总让他记录下来所观察到的不同小动物的不同形态。由于聪聪的这个好习惯，他的作文成绩特别好，经常被老师夸奖写得生动、形象，有生活感。现在，他不但喜欢上了自然课，还因此喜欢上了语文课。

男孩由于心智还不完全成熟，学习态度很多时候还是受其兴趣的影响，父母要善于利用机会，把他的兴趣转化为学习的动力。

教育专家给男孩父母的教子方案

被公认为华人界功力最高的NLP（身心语言程序学）导师，并著有《亲子关系全面技巧》一书的李中莹先生认为，孩子在学业上表现不够敏捷，甚至不喜欢读书、上学，最重要的原因是他们觉得没有乐趣。那如何让孩子们在学习中感到乐趣呢？他认为最有效的方法就是在孩子的学习中加入下列"养分"：

神秘、新奇、节奏快、变化快、意想不到、挑战、比赛、证明有能力、可以帮助人、可以得到肯定。

 第70招 教给男孩几个提高记忆的方法

记忆力对孩子的学习效果有很大影响。多数父母都有感觉，似乎女孩更善于记忆，而男孩善于理解与分析，记忆力则不强。其实不然，记忆是没有性别之分的，同时，记忆不是与生俱来不可改变的，是完全可以通过培养、强化得到提高的。一个人的记忆潜力是无穷的。美国相关专家有一个研究数据表明，一个人大脑所能存储的知识相当于一个美国国会的图书馆藏书量的50倍，也就是1 000万册的50倍。这庞大的数据充分说明我们记忆的巨大潜能。

在巴菲特很小的时候，他就对数字非常有兴趣，并显示了超常的数字记忆能力。这与他的一些习惯和爱好有很大关系。那时候，他比较热衷于与数字有关的活动，比如经常带着小伙伴一起在街口，记录来来往往的汽车牌照号码，如刚过去的那辆红色福特的牌照是多少。有时，车过去半小时再问他，什么车什么颜色什么牌照，他都对得上号。他和伙伴们还重复地玩一种有意思的游戏：他的小伙伴随便从一本大书中读出一大堆的城市名称，巴菲特毫不犹豫地一一报出这个城市的人口数量和其他信息。

古人有"过目不忘""一目十行"的记忆，而当今望子成龙的父母也同样期望自己男孩的记忆超强，以便有更好的学习成效。仅仅死记硬背，对男孩的记忆力也没有多大提高。一个视野宽阔、知识丰富的人，因为见多识广，头脑里的意念和场景储存越多，有了新的事物，他记忆得也就相对越容易。但是培养和提高男孩的记忆力，并非一朝一夕的事，需要父母平时耐心的教育培养，而不是一味地抱怨男孩。那么父母到底应该怎么做才能提高男孩的记忆力呢？

方法一：理解是记忆的基础

方方的记忆力特别让人羡慕，他会背好多的古诗。一个周末，妈妈的朋友小月阿

姨带着儿子友晨来家玩。小月阿姨说："我们家友晨会背《三字经》呢。"于是她就让友晨当场背起来了，"人之初，性本善，性相近，习相远。苟不教，性乃迁……"刚背到这儿，友晨怎么也想不起来了，急得满头大汗。这时方方接过来继续背起来："教之道，贵以专。昔孟母，择邻处。子不学，断机杼。"方方流畅地背下来。小月阿姨惊奇得不得了，于是问方方妈妈："你家儿子记忆力这么好啊？"

方方妈妈笑了："让孩子背东西之前，我都让他先理解内容。"

"古文、古诗的，他理解得了吗？"友晨妈妈用怀疑的目光看着方方又问道："'子不学，断机杼'，是什么意思？""孟子很贪玩，有一次，他回到家中，孟母生气地问他为什么还没放学就回来。孟子不敢说话。母亲就生气地把织布机上的梭子折断了，说：'梭子断了，就不能织布了，学习也一样，日积月累，积少成多，才能获得成功。'孟子很惭愧，就开始努力读书。"方方讲得头头是道。友晨妈妈这才明白，原来方方超强的记忆力来自他对自己所记东西的理解。

仅仅靠死记硬背，即便孩子当时能背得下来，也会很快忘记。只有当他对所记的东西有了理解之后，才会牢固地记忆下来。因此，对一些历史、古诗文，甚至数学公式的记忆，父母都要先让男孩去理解，再记忆，这样的效果就会好得多。

方法二：反复练习是记忆的关键

丁丁每天放学回来，妈妈都会和他聊上一会儿，听他叙述一遍当天的学习生活情况。上了什么课，发生了什么事，新学了什么课文、数学新公式，等等，妈妈听得兴趣盎然，还不时地问上几句，丁丁讲得更带劲了。原来聪明的丁丁妈妈是在与儿子平常的交流中，有意识地帮助他巩固当天学习的重点内容。

有的男孩对所学的东西当时理解了，也能够记住。但时间久了，还是会忘记。所以很多时候，他的记忆需要反复强化，比如有一些问题，这次理解并记住了，父母下次提问他时可以换个角度提问，这样他一方面懂得了从不同角度思考问题，同时又对这个问题有更深刻的印象。就像学生在学校里考试，也是一种记忆的练习，从不同的角度强化了记忆。当然大多数男孩并不是记忆大王，他不会过目不忘。所以，更需要父母来帮助他多练习，让他熟记。

方法三：培养注意力有利于增强记忆力

很多男孩子看起来学习很用功，加班加点的，一点也不比别人落后，就是成绩上不去，让父母和老师都很无奈。其实有些男孩人在那里坐着，心却不知飞到哪里去了，他的注意力根本不集中。当然如果注意力不集中，他的接受能力就会受限，对学习的东西不能理解，更不能记忆。记忆的基础就是注意力，当男孩没有注意力，他的记忆力肯定也弱。所以，培养男孩的注意力，非常有利于增强他的记忆力。

方法四：视听并用，强化男孩的记忆

晗晗喜欢英语，妈妈给他买了很多英语的碟片。每天放学后，写完作业，他都要看上半小时英语碟片，边看边跟着读啊唱啊，有时还跳起来，轻轻松松地就学了英语单词和句式。才二年级，晗晗就已经掌握了三四百个英语单词了。

男孩在单纯的说教中，容易产生疲劳，进而反抗这种说教式的知识传播。所以，父母有时可以采取多种方式并调动他的视觉、听觉，男孩在这种多重的刺激下，就会比较容易记忆。

教育专家给男孩父母的教子方案

卡尔·威特认为开发孩子的记忆力切忌机械地训练，而应该采取一些灵活有趣的办法，否则，不会有任何效果，而且根据"用进废退"的原理，早期教育会使孩子记忆力发展的时间大大提前。他的经验是这样的：

1. 在孩子婴儿时期，每天重复输入相同的词汇，不断地刺激孩子大脑里的词汇库，这可促使孩子的记忆力迅速发展。
2. 为了让儿子记住神话和《圣经》中的故事，他把有关内容编写在纸牌上，即最初用故事的方式教，而后用游戏的方式教。
3. 为了让孩子记住历史事件，他多在儿子读过之后用戏剧形式演出，这样儿子很容易就能记住复杂的历史事件。

第八章 让男孩快快乐乐学习，轻轻松松拿高分

明确学习目标，男孩学习会更勤奋

目标，也就是方向。有了目标，也就有了努力的方向。我们可以看到很多的伟人和成功人士，就是因为很早时就有了自己的人生目标，并终其一生为之而奋斗，最终到达胜利的彼岸。巴菲特，因为小时家里生活并不富裕，他就发誓一定要成为有钱人，而他一生也为这个目标在践行，也让世人见证了这一精彩的过程。

成绩好的孩子，一般都会有自己的学习计划，而在他的学习中，很重要的部分就是确立不同的学习目标。比如，历史要达到多少；数学要比上学期进步几个名次；乐器大赛要得第几名，等等，不胜枚举。正因为有这些目标，在学习中他才有了方向。

为了让孩子在知识的海洋中永远都有航标的指引，在男孩树立学习目标时，父母应该怎么样帮他实现，并使其学习更勤奋呢？

方法一：男孩需要短期目标的引导

美国的心理专家曾经做过一个试验。他们把四年级一个班的学生分为三个编队，让三位老师分别带队到另一个地方进行体育训练。第一编队的学生被要求跟着老师走就可以了。第二编队的学生得到的信息是走10公里才可以到达。而第三编队的学生知道要走10公里，而且知道每到1公里时都有一个标示牌，大家可以知道自己走了多远。

到最后，到达目的地的情况是这样的：第一编队的学生越走越累，越累越丧气，最后一个到达的也没有。第二编队的人虽然知道要走的距离，但中间走到哪儿，走了多少距离也不知道，有一半人也放弃继续行走。第三编队无一遗漏地全部到达终点。

由此可见，太久远的目标，因为过高，实现的难度足以吓倒他，所以反而无益。很多男孩本来都是有着远大的理想和目标的，比如想要做飞行员、科学家、设计师等，但因为过程漫长，实现起来又艰难无比，而他天性又爱动好玩，于是慢慢就放弃了。所以，

男孩的目标应该切实可行，不能制定过高的目标，短期目标更能促进他的进步。

方法二：有压力，目标更容易实现

　　动物学家曾经对非洲大草原奥兰治河两岸的羚羊群进行过跟踪研究，他们发现一种奇怪的现象，东岸羚羊群比西岸的繁殖能力强，而且奔跑速度也比西岸的羚羊每分钟快13米。为什么会出现这种现象呢？动物学家对这个问题备感兴趣，同样的生存环境，同样的饲料来源，都是莺萝的牧草，为什么生存状态差异这么大呢？

　　于是，他们做了一个试验：从两岸各捉10只送往对岸。过了一年，被送到西岸的10只羚羊，后来繁殖到14只，运到东岸的10却只剩下了3只，另外的7只都被狼吃了。

　　动物学家这才恍然大悟，原来东岸的羚羊强健、繁殖力强，是因为在他们的附近有一支狼群在活动，所以它们每个时刻都生活在警觉和危机中，自然奔跑速度就快，体质强健，繁衍能力也强；而西岸的羊群，太平盛世，没有生存的压力，身体懒散，体质慢慢减弱。而一旦遭受威胁，生命便不堪一击。

　　这个故事给我们的启迪是很深刻的。生命的存在需要稳定的环境，但是一旦没有了一定的危机感，灭绝的未来就有可能到来。压力和动力是并存的，压力常常可以转化成动力。有了压力，目标才更容易实现。没有目标是可怕的，没有压力同样可怕。在学习中也是一样，如果孩子没有压力，他也就没有竞争和追赶的动力，那么实现自己的目标也就无从谈起。在人的一生中，大多数的时间都是在学习、工作中度过的。因为学习是持续一辈子的课题，所以不是凭兴趣就能完成的。男孩从小就应该适应充满竞争的、有压力的环境，这样目标才会更容易实现。

方法三：目标，蹦起来才够得着

　　父母对孩子期望太多，不结合实际，给他过高的目标，目标不可触及，男孩在向目标奔进时，因为过于困难，就会丧失自信，进而无法实现这一伟大的目标。有的父母虽然没有高压政策，却对孩子采取放鸭式管理，目标不明或过低，比如有的父母说："不要给我拿个倒数第一。"可能就会一下降低了孩子的心理底线，丧失进取和竞争的斗志，他便很容易放弃自己。给男孩制定的目标，不能过高也不能过低，而是他蹦一下才可以够得着。

就像我们摘果子一样，伸手可及的果子，因为得之容易，你摘下来或许就不会珍惜，而蹦着才可以够得着的果子，因为你极度向往，并在行动中一次次逼近，反而使它的价值增倍。目标的实现不是太容易，因为有过程的艰难，就会获得与之相匹配的成就感。

教育专家给男孩父母的教子方案

很多父母总是困惑："为什么我家的孩子学习很努力，但成绩就是上不去呢？"对于这个问题，教育专家王金战老师给出的方法是：

1. 调整孩子的学习方法和学习效率，例如在预习、上课、复习三个环节，可根据孩子的实际情况做出科学的调整。

2. 调整父母的心态，应持着一种平和、冷静、理智的心态，去观察和发现孩子在学习中遇到的问题，进而帮助孩子找到一条更适合他发展、学习之路。

第72招 预习、复习同样重要，二者缺一不可

在孩子的学习过程中，预习、上课和复习是三个最重要的环节。课堂当然占主导地位。课堂上都是由老师来带动学习的，而通过预习和复习，就可以检验孩子对学习是否有主动性。男孩天性不安分，爱淘爱玩，要让他学会主动地学习，这样的学习，效果才明显。自主性学习的关键就在于学会预习和复习。在学习中，有些孩子课堂上听得很认真，能够抓住课堂时间，但因为不重视预习、复习，或者预习、复习的方法不对，时间和精力没少耗费，反而事倍功半。

方法一：让男孩在预习时找出问题，到课堂上去解决

有些父母对预习不是太赞成，认为提前预习，孩子对学习的东西就没有新鲜感了，对课堂听讲就不重视了，反而影响了他的成绩。

西贝的妈妈最近就很苦恼，这个学期，她听从了班主任老师的建议，每天晚上让儿子提前预习第二天的学习内容。一段时间之后，她发现儿子不但没有进步，反而出现了她意想不到的后退状况。儿子变得自得自满，认为老师讲的他都已经学过了，自己都已经会了，所以课堂上就不认真听讲了，不经思考就抢着回答问题，做些小动作，和邻座说话，影响到了其他同学。

课前预习的确很容易让孩子有自满情绪，他以为反正是学过的内容了，自己比别人知道得早，课堂听不听不是太重要了。出现这种情况当然与父母有关系，父母在孩子预习的过程中，不要事无巨细地全部给孩子讲一遍，孩子在第二天听课时就没有了新鲜感，就没有兴趣。这样帮助孩子预习就是害了他。不要帮他去解决问题，而是引导孩子在预习中找出问题，然后带着这些问题，在第二天的课堂上找出问题的答案。

这样的预习，才能达到很好的效果。所以父母在男孩预习时，不要让他去解决问题，而是找出问题，然后在课堂上找出解决问题的答案。

方法二：把游戏融入复习当中

复习可以帮助孩子巩固知识，是一种很好的学习方式，更是一种良好的学习习惯。家长要培养孩子的复习习惯。男孩喜欢挑战新鲜事物，对于学过的内容，他一般很难再度激发热情。如何培养他复习的习惯，父母就要好好地动脑筋想想办法。

乐淘的妈妈多次提醒他，写完作业之后再认真看一遍当天所学的内容。但乐淘就是因为太贪玩不愿去看。有一次，妈妈对乐淘说："儿子，我们做个游戏吧，你做老师，我做学生，你把今天学的内容再讲给妈妈听听，怎么样？"玩得正乐呵的乐淘一听妈妈这么说，立即就有了兴趣，就立即响应要马上开始玩游戏："好啊，好啊。"于是，乐淘就认真地给妈妈讲了起来，一边还不时地提醒妈妈要注意坐姿，要注意集中精力，俨然一个很负责的小老师。一场游戏下来，既让儿子过了瘾，而且也巩固了他的学习内容。乐淘妈妈也觉得儿子的这种复习效果特别好。

聪明的父母会用不同形式的游戏，使孩子的复习变得其乐无穷。因为他的情绪好，对所复习的东西记忆也会加深，这样的学习效果非常好。

教育专家给男孩父母的教子方案

预习、复习是学生学习重要的两个环节，也是提高孩子学习成绩最恰当的学习方法。教育专家王金战老师认为父母需要科学而有效地引导孩子学会预习和复习，具体做法归纳如下：

1. 相信孩子有能力处理好学习的事情。
2. 加强孩子的自我管理训练，帮助孩子学会合理地分配时间和精力。

学中玩、玩中学
——劳逸结合最高效

男孩贪玩，不少父母对此都十分头疼。因为在父母看来，游戏会占用男孩大量的学习时间，是"不务正业"的象征。所以，大多数父母看到孩子在玩游戏时，都会拉下脸说："就知道玩，都什么时候了，还不去学习？"

其实，父母对于学习的传统理解多少是有偏颇的。学习不仅仅包括书本和课堂上的知识，游戏也是其中的一项。正因为如此，著名苏联教育家苏霍姆林斯才这样说："没有游戏，就不可能有完美的智力发展。游戏犹如打开的一扇巨大而明亮的窗子，能源源不断地将有关周围世界的观念和概念的湍流，通过这窗子注入孩子的心田。游戏犹如火花，它点燃探索和求知的火焰……"

研究表明，玩游戏的孩子和不玩游戏的孩子作比较，玩游戏的孩子明显地会有以下一些优势：

爱玩游戏的孩子手脑配合敏捷，反应快，动手能力强；

爱玩游戏的孩子具有更好的沟通、协作、配合精神；

爱玩游戏的孩子更具有竞争性；

爱玩游戏的孩子更具有想象力；

爱玩游戏的孩子更具有主见。

总之，游戏是一种理想的学习手段。它对男孩来说是非常重要的，尤其是对于那些成天被关在书房和教室里的孩子来说，适当的游戏可以缓解他们的学习压力，父母应该给男孩提供一个宽松、自由的游戏空间。

既然游戏对男孩有这么多的好处，能够使男孩全面地发展，尤其可以培养男孩对学习的兴趣，因此，父母应该允许自己的孩子适度地玩耍。

方法一：合理安排好男孩的游戏时间

过长时间的游戏会让男孩的身体一直处于亢奋的状态，对于他的健康是非常不利的。专家建议，男孩每天游戏的时间与其学习的时间应该是1：2。因为早上和上午是人精力最旺盛的时间段，所以这段时间应该让男孩学习，当经过了一个上午的学习后，男孩的身心变得疲惫，这时，父母便可以让他放松身体，好好地游戏一下。

父母可以将游戏的内容安排得丰富一些，让男孩按照自己的兴趣去选择游戏项目。一般来说，游戏不应超过两个小时，每次游戏1个小时，就应该让孩子停下来休息一会儿，以免让孩子过于疲劳，影响晚上的进食和次日的学习。

方法二：陪你的男孩一起游戏

无论是多高档的玩具，它终究是没有生命的个体，不能与孩子进行情感上的互动，无法代替父母所给予孩子的那种关爱。若想让男孩玩得快乐，父母就应该陪男孩一起玩耍。

很多父母认为孩子不需要父母陪他们玩，也觉得一个大人和一个孩子在一起玩是件很好笑的事情。但事实上，这对你的男孩来说确实非常重要。通过一起玩耍，男孩能够从共同游戏中感受到你的爱。这份爱便是他成长的动力、学习的动力。相反，如果父母对孩子的游戏漠不关心，只凶巴巴地眼盯着他的学习，男孩自然会很被动，结果玩也没玩好，学也没学好。

值得注意的是，父母在陪男孩一起游戏时，一定要全身心地投入，让他感到你很乐意陪他玩耍，而不是随随便便地敷衍。

方法三：寓教于乐，教男孩将学习分散到游戏中

爱因斯坦曾说过："把学生的热情激发起来，那么学校固定的功课就会被他当作一种礼物来领受。"因此，父母应该学会用游戏去激发孩子的学习兴趣，在日常学习中可以遵循"寓教于乐"的思想，教孩子将学习分散到一次次的游戏当中。

以下是一位数学老师，同时也是一个男孩父亲的教子经历：

我的儿子今年6岁，他的知识积累量却超过小学三年级的学生。很多朋友都问我是如何教孩子学习的，我的方法很简单——时常陪他玩游戏。

在儿子很小的时候，我就自我设计了一种"摸宝"的游戏，我把各种形状的积木全放在箱子里，要儿子去触摸；如果儿子摸到积木后，答对了积木的形状，我会相应地发一些奖品作为鼓励。就这样，儿子通过游戏认识了什么是三角形，什么是正方形。

我还发明了一种"找朋友"的游戏，将不同的动物玩具藏到家中的各个角落；然后让儿子去找，找到后再引导他完整地讲出"我在桌子上找到了小兔子""小猫藏在床底下"等语句。通过这个游戏，我的儿子很快就学会了各种方位词。

类似的"学习游戏"还有很多，儿子通过玩耍对学习产生了兴趣。我只是稍稍一引导，他就会加减乘除法了。

心理学家认为，一个人快乐时，记住的东西要牢固得多，数量也多得多。父母如果能把孩子的学习变得和玩游戏一样快乐，那么他在学校一定能成为一个佼佼者。

教育专家给男孩父母的教子方案

"学习"对于中国的孩子来说是一件十分辛苦的"工作"，因此让他们学会劳逸结合就显得尤为重要。王金战老师特别针对学生"睡眠不足"这一普遍现象，给父母提出了一些建议：

1. 父母要给孩子适当的期待，帮助孩子减压。
2. 帮助孩子正确认识充足睡眠和学习成效的关系。
3. 帮助孩子学会管理时间。
4. 树立健康的生活理念，提高睡眠质量。

提高作文分数，鼓励男孩多读多练笔

"我家儿子表达能力也可以，可就是写作文，简直是太难了，一个字一个字地向外蹦，半天写出干巴巴的几句话，看他写作文时那痛苦样，自己都郁闷……"这是许多父母的真实心声。对男孩来说，作文有时的确是件令人头痛的事，明明讲出来很清晰，写时却不知如何下笔。久而久之，从心里就对作文产生了反感。一到写作文时，就千方百计地应付了事。

从科学的角度来讲，男孩的逻辑思维能力强，女孩的形象思维能力强。因为这一区别，许多父母认为，男孩的作文不如女孩的作文写得好是正常的。父母虽然发发牢骚，但也并不去帮助孩子提高作文成绩，反而认为孩子还小，等到大一些，初中高中时再补也不晚。其实，写作文和语言学习一样，越早越好。

在男孩早期接触作文时，父母不要过于以各种条条框框限制他的想象和写作，或者把自己的思路强加于他。这些过多的限制就会成为一种干扰，会让孩子分散写作的注意力，写不出具有真实情感的文字。

写作是一种重要的表达交流的方式，写作能力也是一种综合素质的体现，而且伴随人一生的学习和工作。因此，父母要从小就培养男孩的写作能力。写作能力提高了，也直接影响语文及其他科目的成绩。提高男孩的作文能力，父母应该如何去做呢？

方法一：激发男孩的想象力

丰富的想象力是写作的一大基础。没有想象的文字，就如同没有翅膀的天使，不但有缺憾，而且不能实现其功能。男孩贪玩、调皮，但他也同样有丰富的想象力，只是父母不注意激发，因此，他的精力就被转移到他更感兴趣的一些事物上了，比如玩具、游戏。父母要善于发现机会，激发他的想象力，并及时地肯定他。

有一位作家在谈到他的写作之路时，就特别感谢他的妈妈五个字的赞美，让他一生都难以忘记。他小时候特别调皮，总是被大人斥责，而且因为妈妈是个比较严肃认真的人，他很少得到表扬。二年级时，老师布置了一篇作文《我家的XX》。他很自然地想到了院子里的石榴树，于是跑到石榴树那儿，仔细看了看，上面的石榴花红似火，一朵朵地招展在雨中，鲜嫩欲滴。于是，他很认真地写起了第一句"我家院子里的石榴树开花了，一朵朵像火焰一般闪着……"

写完之后，他就出去玩了。晚上妈妈帮他收拾东西，看到他写的作文，眼睛发亮："儿子，这是你写的？"他点点头。一向严肃的妈妈笑了，夸了他五个字："想象力丰富！"他立时就激动起来，觉得眼前一切都突然变得光明了。之后，他再写作文时，就十分努力地开启自己想象的风帆用心去写。因此，也得到了老师的肯定和表扬。从此，他对写作的兴趣就开始一发不可收拾起来。

方法二：让男孩养成读书的习惯

随着社会的发展进步，人们可以从不同的渠道获得信息，如电视、书籍、网络等。俗话说："书中自有黄金屋，书中自有颜如玉。"读书，可以扩大男孩的知识面，为男孩打开一扇通向美好未来的大门。"腹有诗书气自华"，多读书，男孩思维得到开阔，他思考问题也会高屋建瓴，也同样增强了男孩的自信。读书的习惯要如何培养呢？都都的妈妈就有自己的一套方法：

三年级的都都平时就爱看书，《上下五千年》《成语故事》《十万个为什么》，等等，他的小书橱都有上百本了。这些书大部分都是妈妈帮他挑的。爱读书的妈妈平常从网上购书时，总会浏览一下他需要的书，顺便给他捎一两本，日积月累，小书橱也就慢慢丰富起来了。而且他们全家还订下了"读书时间"，就是每天晚饭后7点到8点，他们家就关电视，各自抱着自己的书看。都都当然也坐在爸爸、妈妈身旁，安心地读书。有时，不等爸爸、妈妈，他吃完饭就提前进入了"读书时间"。

父母初期言传身教的带动非常重要。想让男孩爱上读书，就要给他一个良好的家庭氛围，他才会安心专注地去读书，当他慢慢爱上读书时，就根本不用家长督促了。

方法三：让男孩每天都坚持写日记

眼高手低、提笔忘字是一些作文成绩不好的学生的通病。而提高写作水平，就得让他多写多练，最好的办法就是天天写日记。有些孩子日记写着写着就坚持不下去了。养成良好的写日记的习惯的确不容易，因为他常常觉得不知道要写什么，因而拒绝写下去。

川川从一年级的下学期就开始写日记了，到现在一直坚持了三年。妈妈开始让他写日记的时候，也是费了一番脑子。川川总是以没什么可记、字不会写等为理由拒绝。于是，妈妈就每天晚上让他叙述一下当天做过的事，然后拣印象深的事情重点讲讲。经过妈妈的提示，川川有时会高兴地说起当天一些可乐的事情，有时不开心地说起当天遇到的烦恼。每当这时，妈妈就说："宝贝，这不，你可以写下来了。"于是，川川就把说过的话，重新写在纸上。日记也天天有东西可写了。

"巧妇难为无米之炊"，当男孩觉得没东西可写时，妈妈就要及时地帮他弄来"米"。让他多注意身边的事，每天记下一些有价值的生活片段，时间长了，孩子写日记的习惯也就形成了。

教育专家给男孩父母的教子方案

教育专家尹建莉老师认为要想提高孩子的作文水平，只有两个大的技巧：

1. 阅读——阅读的过程就是学习写作技巧的过程，书读多了，写作技能自然会形成。

2. 真心话——说真心话可以让人产生写作兴趣，发现写作内容，即想写，而且能教会孩子真实和自由地表达情感，使文章具有感染力。

外语
——不再是男孩心中的痛

随着知识国际化、经济全球化发展，国际化人才的培养也作为一个重要课题摆在现行教育面前。英语更是将来参与竞争一个重要的工具。于是，很多家长尤为关注孩子的英语成绩，生怕孩子输在起跑线上，对孩子寄予很高的希望，给他报补习班，频繁地询问孩子的英语成绩。成绩的好与坏，家长都过于敏感。由于家长的这种放不下的心理，也给孩子带来了很大的心理负担。

父母望子成龙，有个优秀的儿子是父母的骄傲。但也要根据实际情况，对孩子不要过于要求。要学好一门外语，不是一件简单的事情，需要一个过程。孩子初学外语，学习方法还不能完全掌握，家长还需要从多方面入手来帮助孩子。有些家长一看到孩子的英语成绩上不去，就着急上火，假如再有其他父母提及自己儿子的成绩如何如何好，内心的火气更是陡升，便会向孩子撒火。家长的过于紧张，会给孩子学英语带来不良的影响，他会感觉到学习是一项沉重的任务，会产生逆反心理。

所以，学好英语，首先得让他对英语产生兴趣，其次再有良好的习惯和方法，父母在这个过程中，可以采取以下方法帮助孩子提高成绩：

方法一：放声朗读是学习英语的最好方法

教学大纲指出："学好语音是学好英语的基础，语音训练在很大程度上是一种习惯的养成过程，从一开始就要严格要求，坚持训练，使学生养成良好的习惯。"重视朗读是学好英语的基础。

英语老师小杨是个三年级的班主任，他在和家长交流时，就建议他们让孩子多大声朗读。他在初中时就是用这个方法，提高了自己的英语成绩，建立了学习英语的自信。他在上初中一、二年级时，英语成绩在班里还是中下等，每次考试时都处在刚及格的边缘，虽然其他科目成绩还不错，这还是让他很受打击。自己天天在背单词，也没少费时间，为什么成绩上不去呢？妈妈鼓励他说："这段时间你以背课文、背单词为重点，拼命地去背，过两个月再看你的成绩。"

之后，在学校的朗读课上，在晚饭后，小杨只要有时间，就抱着课本读。过了两三个月，考试再做题时，小杨感觉容易多了，答案根本不用冥思苦想，一下就闪现出来了。他的成绩一下从中下等跃到班里第二名。从此，他不但读课本，还读了很多英语方面的书，也爱上了学英语。

有些男孩在学英语的初期，总是很难适应，一个个单词，没有耐心记，句型听不明白，越学越烦躁。总之，成绩是一塌糊涂。读是学习英语的一个很重要的手段。单词和句型，都可以通过朗读来熟记。在学好课本的内容之外，父母还应指导男孩尽量多朗读英语读物，丰富词汇量，这样既能扩大知识面，还能培养他的语感。

男孩经常朗读，可以接触更多的生词和句式，这对灵活运用英语十分有益。很多英语口头表达能力强的孩子都善于朗读，并通过朗读积累词汇和知识。单纯地记单词不容易记住，词放在句子里，融会贯通，更便于识记。另外，朗读也能提高他的口语能力，促进听力和思维能力的形成和发展。因此，家长应鼓励自己的男孩学英语、读英语。

方法二：为男孩创造语言环境

有些条件比较宽裕的家庭会把孩子送到国外去学英语。在国外，他们有了大量接触英语的机会，很快学会了本色的英语。可见语言环境是非常重要的。当然并不是每个家庭都能做到这样。那么，父母就要尽量为孩子学习英语创造一个好的语言环境，让男孩在这样的环境中多加熏陶，多给他放一些正版的英语磁带或碟片。声音和画面，都能使男孩保持高度的注意力，唤起他的感知和想象，并且能帮助他增强对词汇和语言结构的记忆。

方法三：请教男孩，向他学习

强强妈妈文化并不高，上学时学的英语也忘得差不多了。有一次在单位的会上，主管对大家说了一个英语单词："Struggle！"大家也跟着："Struggle！"强强妈不知道是什么意思，也不好意思问别人。回到家时，她想上网百度一下，但只会读又拼不出来。于是，她就随口问儿子："强强，Struggle 是什么意思啊？"

"就是奋斗、加油的意思呗。"强强解释着。

妈妈没想到儿子竟然也会这个单词，她惊喜地看着儿子："儿子，你太棒了，教会我一个单词。"

强强被妈妈一夸，心里也很高兴："以后妈妈有不懂的可以问我了。"

强强妈妈笑着说："你是我的英语小老师，不过，以后小心被我难倒。"

强强骄傲地抬着头："才不会呢，我也会 Struggle 的。"

有时父母的请教，会让孩子很有成就感，并大大提高男孩学英语的兴趣和积极性。所以，父母在平常尽量创造一些机会向孩子请教，适当地让男孩也显示一下自己，也可以让其他小朋友向儿子请教。这些小小的请教，会极大地增强男孩的自信。

教育专家给男孩父母的教子方案

卡尔·威特在培养小卡尔学习外语方面有着自己独特的教育经验，非常值得父母们学习：

1. 用"耳"学外语，即让孩子多听。
2. 与其背不如练，鼓励孩子多和外国人交朋友。
3. 用不同的语言去读同一个故事。
4. 弄清词源。
5. 最有效的办法就是各种游戏。

男孩也可以成为"数学达人"

第76招

"学好数理化,走遍天下都不怕。"从这句话就可以看出数学的重要性。数学对社会的促进和人类的进步有非常大的影响。因此,世界各国都把数学作为基础教育来普及。数学也成为一种打开通向各学科领域的钥匙。

通常来说,男女的脑功能相对不同,男孩的逻辑思维比较强,而女孩的形象思维比较强。所以,过去理科生中男生占据主导地位。虽然男孩在逻辑思维上有优势,但他也不一定数学成绩就十分好。有的男孩的数学成绩还不如女孩。父母也不要想当然地认为男孩就应该数学成绩好,如果不好,肯定是他没有好好学习,因此就给他施加过多的压力,如题海战术,或者上补习班。这样造成的后果就是他及早地对数学有极大的反感。

有这样一种现象,男孩在小学时贪玩,数学成绩并不突出,等到中学时才突飞猛进,有了跳跃性的进步。因此,父母不要过于急功近利,男孩的潜力在必要时就会被完全挖掘出来,而在此之前,父母要正确地引导孩子去学习数学。

方法一:让男孩学会自己寻找数学规律

数学不是一门枯燥的课程,很多男孩厌恶数学,跟父母的教育有关。有的父母在辅导孩子学数学时,仅仅是给孩子几道干巴巴的习题让他去做,不帮孩子去分析,不寻找其中的规律、激发他的兴趣。机械地学习,导致的结果是他对数学产生抗拒心理。

海南的数学成绩非常好,他对数学非常感兴趣,老师布置的题目和考试的卷子,他都是先浏览一遍,思考之后才开始动笔。因为善于寻找和总结规律,海南的数学学习效率很高,这和小时候妈妈对他数学兴趣的启发有很大的关系。海南一年级时,妈妈给他出了一道题:$1+2+3+4+5+6+7+8+9+10=$?让他做。

海南拿笔就要开始计算,这时妈妈说了:"再认真看看题目,先看看是不是有什么规律啊。"海南停下来,多看了几遍题目,然后把答案写出来了。妈妈就问他:"海南,你是怎么算出来的?"海南说:"这道题目有个规律,1和9结合是10,2和8也是,3和7是,4和6是,一共是40,再加上5和10,一共55。"海南妈妈高兴极了:"我儿子真棒,很有数学天分啊。"听到妈妈的鼓励,海南很高兴,从此对数学就开始痴迷起来了。

任何一个男孩都是这样,做成一件事又被别人肯定时,内心非常有成就感。当他做出一道并不简单的数学题之后,成就感也不亚于此。而这种成就感很可能就会成为他爱上数学的理由。他会在这种成就感中体会到不断超越的乐趣,进而增强对数学学习的欲望。

方法二:举一反三,触类旁通,培养男孩的逻辑思维能力

男孩上课时也在认真听讲,作业做得也很好,可就是一到考试时成绩就不怎么样。这让很多家长困惑。为什么会有这种现象呢?其实,这和男孩的学习方法有一定的关系。因为在课堂上听到老师讲的,毕竟都是从有代表性的范例讲起,信息量并不全面,而作业大部分也是套公式或概念的一些题目。在考试中,稍微把题目换个形式出现,他可能就不知怎么下手了。这也就是说孩子举一反三、触类旁通的能力不强。

要把男孩培养成数学达人,父母不但要在数学学习中培养他举一反三、触类旁通的能力,在平时的生活中也要同样注意,遇到问题多想一步,进行认真的分析,再从多个角度解析,这种在生活中举一反三的能力也同样会带到学习中去,增强他的逻辑思维能力。

方法三:让男孩改掉粗心大意的毛病

远方是个聪明的男孩,一般的数学难题,在他手里都是小菜一碟,可是他的数学成绩却非常不稳定,有时考到班级第一名,有时还会落到十多名去。怎么如此悬殊呢?爸爸妈妈可是没少费劲,帮他稳定数学成绩,为此还为远方找了一个家教,一对一地教他;爸爸妈妈还让他报了奥数小班,并且每次学新公式,都让他回到家里就背给爸

爸妈妈听；远方晚上的作业，也由爸爸全程跟踪，可就是这样，他的成绩还时时有点小意外。

其实远方的父母大可不必这么兴师动众，他们忘记分析远方为什么会有这种现象发生——远方的成绩不稳定，就是因为他有一个粗心的小毛病，不是把小数点写错了，就是把简单加减乘除给算错了。父母只要在他的认真和细致方面再强化一些就可以了。

在数学学习过程中，一般来说，男孩的逻辑思维能力强，但就是有个粗心大意的小毛病，才在关键时刻"掉链子"。父母在肯定儿子优秀的同时，也要指出他的缺点并提出改正的方案，使他对数学的学习依然有充足的信心，同时还能明白自己的弱点在哪里，从而配合家长的努力去改正。

教育专家给男孩父母的教子方案

小卡尔5岁的时候在其他学科上都表现得很出色，唯独数学很弱，连乘法口诀都不会。为了让他爱上数学，他的父亲卡尔·威特听取了一位数学教授的教学技巧，竟然神奇地让儿子喜爱上了数学，这些技巧是这样的：

1. 首先让儿子对数学产生兴趣，例如，把豆子和纽扣等装入纸盒里，父子两人各抓一把，数数，看谁抓的多，或者吃葡萄时，数数它们的种子，等等。

2. 经常和儿子玩掷骰子之类的游戏，投掷两次后，谁的点数相加后数值小，就有机会再掷一次，然后把数值记下，三次为一局，但每次玩游戏不要超过15分钟，否则就易产生疲劳感。

3. 为了使儿子将数学知识运用于实际，卡尔·威特经常和儿子做模仿商店买卖情境的游戏，并且采用长短、数量、分量等方式计算物品，用真正的金钱和儿子进行"交易"。

纠正"偏科",引导男孩全面发展

现在的孩子,因为获得信息的渠道越来越多,他们的视野越来越宽阔,见识越来越多,思想也越来越个性、独立。即便是这样,男孩天性还是改变不了的,他们调皮捣蛋,但调皮的男孩也各有不同。有的偏于形象思维,有的偏于逻辑思维。所以反映在成绩上,有的语文成绩好,有的数学成绩好。因为他喜欢某个老师,就偏好某一门,就把兴趣集中在这一门功课上,对其他功课的学习就应付了事。比如有的孩子提到数学老师,就眉飞色舞了,做起数学题也精神头十足。一提语文老师,他就蔫了,备受打击的样子。有的男孩对不感兴趣的科目,虽然也很尽力,但就是成绩上不去,眼看着浪费了精力和时间,又没有什么明显的效果,他索性就放弃了。

现在中小学生偏科的现象十分严重。对男孩来说,即使他的其他科目成绩很优秀,因为英语或语文成绩上不去拖了后腿,对他的中考和高考成绩仍会造成很大的影响。男孩爱面子、性格要强,过早偏科,他的自信也容易受到挫伤。这样他的整个中小学时期就生活在阴影中,身心得不到健康全面的发展。

对于父母来说,如何纠正男孩偏科,引导他全面发展呢?

方法一:不要因为一次成绩不好就打击男孩

林林是班里的数学课代表,他一直特别喜欢数学,每当做出一道有点难度的数学题时,他都特别有成就感,对学习数学的兴趣就会更足。可是最近,他在数学课上睡觉打盹,精力不集中,成绩一下从第一名下滑到十多名。爸爸妈妈也急坏了,问他,他也说不出什么,只说自己不想学了,气得妈妈几次都要哭了,就请来了林林的姑姑。姑姑是个老师,林林有什么话就喜欢说给姑姑听。

"姑姑,现在我特别讨厌数学课,一上数学课就心里烦躁。我也努力地控制自己,可就是控制不了。"林林很无奈地对姑姑说。经过姑姑的详细询问，这才知道了林林讨厌数学课的原因。原来，有一次学校组织了一次数学考试，从这次的考试成绩中选拔奥林匹克赛手去市里参加比赛。那次林林因为感冒，带病考试，成绩不太理想，一下退出了前三名。而班里最后就选走了前三名。当老师宣布这三个同学的名字的时候，老师说："我们为这三个同学鼓掌祝贺！"之后就走了。林林在那一刻感觉万箭穿心。从来都是第一名，现在连前三名都没进，作为数学课代表，却没被选上参加比赛，他沮丧极了。晚上回到家里，正在忙着做饭的妈妈听说他没被选上，脸一下就暗了下来，一整晚也没有和他再说一句话。林林感觉到非常绝望，他再也不想走进数学课堂。

人的状态也不是永远都能保持到最好，孩子出现失误，成绩偶尔出现失利也是正常的。父母在这时不要过于紧张，更不能以不同的方式惩罚他。这样对于已经很难过的他来说更是雪上加霜。使他对自己开始产生怀疑，自暴自弃。父母在孩子考试失利后，不要着急下结论，而是先要给他安慰，再帮他分析原因，鼓励并帮助他去解决自身的问题，更好地面对以后更多的挑战。

方法二：把男孩的兴趣与学习联系起来

生活在当代的孩子，他们所掌握的信息量都是很大的。这些信息丰富了他们的思想，也点亮了他们的智慧之灯。因此，他们很小就展现了自身的闪光点。有的孩子及早地就显现他的绘画天赋，有的孩子对乐器情有独钟，有的孩子擅长运动，等等。当父母发现孩子的这些兴趣之后，就要尽量为他们提供更大的空间，让他们发展、成长。而且还要善于利用孩子的这些资源，鼓励他去挑战其他，以便他全面发展。

安晓的钢琴弹得特别好，让爸爸妈妈都引以为骄傲。可是上了学以后，安晓的数学成绩却一直不太好。他对数学课没兴趣，数学作业也是在妈妈的一次次督促下才去写，错误百出，被妈妈一遍遍纠正。看到这种情况，爸爸就动心思了。于是，晚上写作业时，爸爸就坐在安晓旁边问他："儿子，你觉得学数学和弹钢琴有什么不同吗？"

安晓说："数学让人头痛，弹钢琴是件让我感到很快乐的事。"

"那它们之间有什么相同的吗？"爸爸又问。

安晓想了半天，也没想起来，他疑惑地看着爸爸："没有什么相同的啊。"

爸爸笑着看着安晓说："儿子，音乐和数学之间是相通的啊。你想想看，乐谱是不是由字符组成的，1、2、3、4、5、6、7、i，虽然千变万化，但总归是这几个字符啊。数学也是一样，是由字符组成的。那十个阿拉伯数字'1、2、3、4、5、6、7、8、9、10'，几乎就是数学的全部奥秘了。儿子，你能把弹琴弹得这么棒，数学怎么可能会学不好啊？你翻开书，就当作是打开了乐谱，做起数学题，就当作是弹琴，那些数字在你的手中，就像被指挥的千军万马，随你调遣啊。"

安晓听得眼睛都睁大了，不相信似的看着爸爸，眼里闪着亮光。"儿子，试试吧，去学习数学吧！"安晓也好像觉得数学不是那么可恶了，他反倒充满了好奇，想去了解数学中的奥秘了。

方法三：多与男孩沟通，消除对老师的抵触情绪

男孩有自己的观点，他可能喜欢语文老师，不喜欢数学老师。因此，学习语文时，他就积极，学习数学时，他就消极。还有些男孩上课很主动地举手回答问题，却老是不被老师点名，他从心里就会认为老师不喜欢自己。于是，也不再主动，久而久之就对这门功课丧失了兴趣。

男孩因为个性强，常常只向父母报喜不报忧。学习中遇到困难和思想问题时，只是自己闷闷不乐，不主动向父母说起。所以，父母平时要多注意男孩的学习态度，多和他交流，遇到问题及时帮他解决。

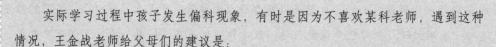

教育专家给男孩父母的教子方案

实际学习过程中孩子发生偏科现象，有时是因为不喜欢某科老师，遇到这种情况，王金战老师给父母们的建议是：

1. 鼓励自己的孩子去发现老师的长处，逐渐让孩子对老师产生敬意和兴趣。
2. 正确引导孩子去学会适应老师的风格，进而积极地投入这个学科的学习中去。
3. 父母在平常的言谈话语中，绝不要随便评价老师，如果真的对老师有看法，可以直接找老师沟通。

第78招 引领男孩走进课外阅读的殿堂

从来到这个世界上,一切的事物对于男孩来说都是新鲜的,而天生好奇的他,怎么才可以得到满足呢?阅读无疑是一个最好的方式。阅读可以让他获得知识,启发他的想象力及创造力,开阔眼界,增强他对外界事物的判断和识别能力。苏联教育家苏霍姆林斯说:"30年的教育经验使我深信,学生的智力发展取决于良好的阅读。"古往今来,很多的伟人之所以成为伟人,就是因为他们自小就阅读了大量的文学名著。余秋雨就曾经有很长一段时间的闭关式的完全读书状态,这才成就了他后来的功名。

很多父母都忽视了孩子的阅读需要,让他做不同的练习,上不同的补习班,只注重孩子的考试成绩。

在南非世界杯的直播中,解说员贺炜给无数的中国观众留下了很深的印象。他被观众誉为最文艺的解说员。在他的解说过程中,随时闪耀着智慧的光点。比如当比赛镜头一转的刹那,一只麻雀在球场一隅啄食,贺炜来了一句:"在这忙碌的世界杯赛场,唯有这只悠闲的麻雀在享用它的晚餐。"

当英格兰被德国淘汰之后,他以这样一段话结束了整场解说:"在这个时刻,可以想象——在柏林、在慕尼黑、在汉堡、在科隆大教堂……无数的德国球迷正在兴高采烈地庆祝;在伦敦、在利物浦、在曼彻斯特、在泰晤士河畔的小酒馆里……无数的英格兰球迷黯然神伤。但令我感到温暖的是,在这个精彩的人生节点,我是与亿万球迷一同度过,这是我的幸福,也是大家的幸福!我是贺炜,观众朋友们,再见!"

"如果说把鲁尼比作是亚瑟王,那今天陪伴在他身边的绝对不是圆桌武士。"

"智利在世界地图上的版图是世界上最狭长的国家,而智利的球员却踏出了他们的宽度。"

贺炜以他丰富的地理、历史、文学知识,把一场场球赛解说得声情并茂,绘声绘色,让观众享受不尽。他如诗歌般的语言,让观众体味着难以言说的伤感和激动。这哪里仅仅是对于球的知识掌握，更体现了他各种丰富的知识。这当然与他自小的阅读积累有关。

大量的阅读，可以丰富孩子的思想，使他获得一生用之不尽的财富，确立自己正确的人生观、世界观，使他的人生更具宽度和深度，在以后的成长中给他更多意想不到的收获。由于男孩还在成长期，还需要父母给予一定的指导，这样，才能让他走入课外阅读的殿堂。

方法一：营造读书的家庭氛围

古代有"孟母三迁"，孟母为了为孟子营养一个良好的学习环境，不惜一再搬家；近有傅雷的母亲为了把儿子培养成为一个有学问的人，曾一次次地搬家，从农村到城市；在当代，则有郎朗的父亲为了培养儿子学钢琴，不惜一切代价，带他来北京。通过这些例子，充分说明环境对人的影响。

俗话说："近墨者黑，近朱者赤。"什么样的环境就容易出什么样的人。因此，家庭环境对男孩的影响是非常大的。如果父母都热爱学习，家里有一个良好的学习氛围，那么男孩就会受影响爱上阅读。有的父母在孩子很小时，就开始拿着书给他讲童话故事，而孩子也习惯于在妈妈的怀中听着书上美丽的童话故事安静地入睡。时间长了，他也就爱上了读书。在一个良好的读书氛围中，男孩的心就会变得安宁，慢慢地自然养成了阅读的习惯。

方法二：每天给男孩固定的阅读时间

读书是一个获取知识的重要渠道，更是一个需要长久坚持的积累过程。男孩还处于贪玩时期，耐心不够，做事情不够坚持。这时，父母要从多方面帮助男孩培养他阅读的习惯，从小给他独立的阅读时间。比如每天晚饭后半小时，或者早上起来20分钟。时间不要太长，也不限制他看什么内容，在这个时间内由他完全自主。这样日积月累，他所积累的财富，将会为他奠定深厚的基础，对他以后的学习和工作都会有很大的推动作用。

引领男孩走进课外阅读的殿堂

父母一味地强迫，只会让男孩越来越反感读书。

顺应孩子的喜好给予引导，男孩就会渐渐地爱上阅读。

方法三：根据男孩的兴趣选择适合的书

冉冉喜欢自然科学方面的书籍，尤其是对机器人、UFO方面的内容特别感兴趣。如果是他买书，大部分是买这方面的。妈妈很想让他的阅读面更广一些。于是，就给他买了《上下五千年》《十万个为什么》等好几本大部头的书，并苦口婆心地让他有空看看这些有用的书。可冉冉只是翻了翻，再也没有动过，就放在了书橱里。任凭妈妈如何说，他还是提不起来兴趣，依然抱着他的书，看得津津有味。妈妈在旁边吵也吵不得，说也说不得，干着急没办法。

男孩有自己的独立思想和个性。同样，对读书，他也有自己的爱好和选择。他们有的喜欢读童话，有的就热衷于科普读物。而父母引导孩子阅读，也要顺应孩子的喜好，在此基础上，予以指导，而不要想当然地认为他读的书没用，就禁止他读，或者认为一些书对他有好处，就强行让他阅读。被动的、强制的、没有快乐的阅读，只会让他产生逆反心理，进而没了阅读兴趣。

教育专家给男孩父母的教子方案

关于儿童课外阅读这方面，著名教育专家尹建莉给出了特别提示：
1. 好阅读尽量用书面语，坏阅读抛开书面文字大量使用口语。
2. 好阅读要求孩子快快读，坏阅读要求慢慢读。
3. 好阅读在乎读了多少，坏阅读计较记住多少。
4. 好阅读读字，坏阅读读图。
5. 尽量不要让孩子读"缩写本"或"缩印本"。

第九章
开启男孩的心门，这样沟通最有效

关键词：沟通、倾听、关系升温、尊重、平等交流、唠叨、过劳死、赞美、批评、以理服人、知心朋友、拒绝、沟通模式、非语言。

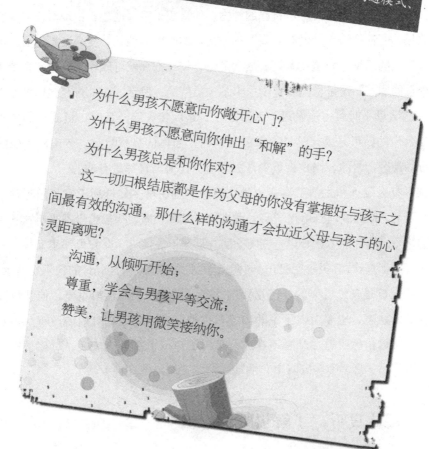

为什么男孩不愿意向你敞开心门？

为什么男孩不愿意向你伸出"和解"的手？

为什么男孩总是和你作对？

这一切归根结底都是作为父母的你没有掌握好与孩子之间最有效的沟通，那什么样的沟通才会拉近父母与孩子的心灵距离呢？

沟通，从倾听开始；

尊重，学会与男孩平等交流；

赞美，让男孩用微笑接纳你。

妈妈这样说，男孩才肯听；妈妈这样做，男孩更出色

第79招 沟通，先学会倾听男孩说话

"我认为倾听是一种非常好的教育方式。因为倾听对孩子来说，是在表示尊敬，表达关心，也促使孩子去认识自己的能力。如果孩子感到他能自由地对任何事情提出自己的意见，而他的认识又没有受到轻视和奚落的时候，他就会变得毫不迟疑、无所顾忌地发表自己的意见，先是在家里，然后是在学校，将来就可以在工作上，自信勇敢地正视和处理问题。"这是德国教育学家卡尔·威特的一段话，由此可见倾听的重要性。

有些父母小时候可能做过一种游戏，就是玩传声筒。那时，最简单的传声筒就是用火柴盒做的。可是就是这样简单的传声筒，当你认真倾听时，传声筒里面的声音就变得奇妙无穷。是的，当你带着专注去倾听，任何声音都是有趣的。

随着社会发展和生活节奏变得越来越快，现在很多父母却没有了倾听孩子心声的专注和乐趣。他们或许会给孩子买一大堆的玩具和衣服，却很难坐下来听孩子说会话。孩子的快乐、烦恼都堵在心里，在同学朋友那里不能倾诉，在父母那里又得不到肯定，他们就会郁郁寡欢，心灵备受打击。时间久了，性格变得内向，成长的快乐也就远离他了。

倾听应该是父母要修的一门重要的功课。倾听孩子的话很重要，但父母并不仅仅停留在听的状态，也要对孩子说的内容积极地回应，这才是有效的倾听。不然，孩子在倾诉，父母虽然听着，却心不在焉，半天不知孩子在表达什么，对孩子也是一种不尊重。因此，父母要学会倾听男孩的话，可以采取以下几种方法。

方法一：认真听，了解男孩的想法

周末，爸爸陪着亮亮一起在写作业。写了一会儿，亮亮扭来扭去，就是安静不下来。爸爸看他一眼，他就写几个字，一会又做起了其他小动作。这时爸爸问他："怎么了，亮亮？"亮亮看了爸爸一眼，犹豫了一下，就问爸爸："爸爸，麦子的'麦'怎么写？"

爸爸就在纸上写给他看。过了一会儿，他又问爸爸："爸爸，劳动的'劳'怎么写？"爸爸又写给他看了。这时亮亮又指着纸上的两个字，说："爸爸，这中间还差一个字呢。"爸爸一看这两个字"麦""劳"，一下恍然大悟："麦当劳？儿子，想吃麦当劳了吧？"亮亮这才有点不好意思地点点头。

现代的男孩，头脑很机灵，有时向家长表达想法时也是婉转百回，粗心的家长很难明白他们真正的想法，也不深究就过去了，于是就错过了了解他想法的机会。所以这类家长不注意倾听男孩的话，就很难捕捉到他心里思考的东西；而心细的父母，就可能通过更多的倾听，及时捕捉他的小小变化，观察他没有明确表达出来的想法。因此，想要了解男孩的想法，就要乐于做他的倾听者，多花一点时间，多花一点精力，慢慢地听他说，这样才可能走进他的内心世界，进而对他的生活和学习进行一些指导。

方法二：对男孩说的保持兴趣，并给予回应

在有些家庭中，我们经常可以看到一种有趣的现象：

孩子在兴致勃勃地给父母讲着童话故事，讲得眉飞色舞、手舞足蹈、绘声绘色，可父母只是以"嗯""是吗"应付着，只顾玩游戏、发信息或看报纸，根本没有在意孩子说的什么内容。而孩子说着说着，看到父母这样不在意，也突然觉得索然无味，放弃了自己的故事，很沮丧地离开了。

没有回应的倾听，无疑会让诉说者备感沮丧、失落，也没有了说的欲望。因此，父母对孩子的话，要表现出兴趣来，注意他说的话，让他感觉到你对他的重视。这样他才有可能向你呈现更多他内心的东西。不时地对他的话给予回应，比如提出疑问，或者肯定他的聪明才智，来鼓励他的表达。

方法三：倾听时保持冷静，不要中止男孩

处于青少年时期的男孩，思想还不成熟，说出的话也常常不假思索，让家长很难接受。于是，一场猫训耗子的故事就难以避免地在家里上演了。

丁伟的寄居蟹不见了，他到处找不到，急得满头大汗。这时妈妈告诉他，送给隔壁的小朋友李应了。丁伟一听急了："这是我的小蟹，你怎么能送给他呢？"妈妈说："我

看你这几天都没怎么照顾小蟹,以为你不喜欢了,就送人了。"丁伟一听更气了:"我是不是让你很讨厌了。你是更喜欢李应,把我的东西都给他了。"妈妈一听,火立即就大起来了,她想到为儿子付出的一切,感到非常委屈:"我不喜欢你,对,我讨厌你,我不尊重你,这些东西都是谁买的呀?"妈妈说着话,气恼地把吉他从墙上摘下,砸在了电子琴上。

故事中的妈妈自己做主把丁伟的小蟹送人了,这的确不对。她更不对的是没有保持冷静,在孩子一句话的冒犯下,一把火就点着了。

对于孩子不成熟的顶撞或冒犯,家长不要过早表态,让孩子继续把话说完,当他申辩之后,他的思维也完成了一个回炉。而很多父母不等孩子把话说完,就火冒三丈,与孩子立即形成对立局面。使他陷于一种自我"犯罪"的境地,从而也失去了说下去的勇气。父母应该反省一下自己,是不是在认真听孩子说,是否对他的问题给予了帮助,是否打断了他的诉说。倾听,并不意味着去纵容他,而是给他表达的机会。做个与时俱进的好爸爸或好妈妈,就要学会倾听男孩的诉说。

倾听是一种沟通的方式,会让父母与男孩之间形成非常亲密的朋友式的关系。男孩会感受到你的关怀和重视,对你更信任,他就会给你袒露更多的心声。

教育专家给男孩父母的教子方案

"知心姐姐"卢勤在如何倾听孩子说话这一方面给父母们提供了几点意见:

1. 做出听的姿势。例如和孩子平视,身体稍向前倾等。
2. 表现出听的兴趣,不要打击孩子沟通的积极性。
3. 用表情和语言将你专注倾听的态度传达给孩子。

尊重你的男孩，学会与他平等交流

现实生活中，我们总能发现这样一个奇怪的现象——如果一个男孩的父母告诉这个男孩"你必须这么做"时，这个男孩一定不会这么做。但如果父母对男孩说"这样做你觉得如何"的时候，男孩就会毫不犹豫地去完成父母说的事情。

美国的一位教育家曾说过："在教育孩子的过程中，应当将命令排在最后一位，只有你面对孩子毫无办法的时候，才能使用命令这种教育方式。"

父母与男孩之间的沟通应该是建立在相互理解、相互尊重的基础之上，而两代人之间相互理解、相互尊重最主要的方式就是商量。因此，若想让男孩尽快懂事，做父母的首先要做到凡事都与他商量一下，这样不仅能够避免家庭中那些无谓的争吵，还能教会男孩在今后的生活中如何与人相处。下面这个故事就是最好的说明：

小云是一个12岁的男孩，他和班里一个叫小晓的男孩是好朋友。放学后，小云经常跑到小晓家里玩。这时，小云的妈妈就会有些担心，两个都非常调皮、捣蛋的男孩凑在一起，会不会干点儿什么坏事儿呢？他们会不会把小晓的家里弄得很乱，引起小晓父母的反感呢？于是，小云的妈妈准备给小晓的父母打个电话，道个歉。正在这时，小晓的父母却先把电话打了过来，并在电话里表扬了小云，说他是个好孩子，还帮他们收拾屋子。小云回来，妈妈把小晓父母的夸奖讲给他听，他有点儿不好意思地说："您和我说过，如果我以后对您提要求，就必须先让您高兴，这样，我才有资格提出自己的要求。那么我去小晓家里玩，就必须得先让小晓的父母也高兴，于是我每次去都会帮着他们收拾房间。"

上面的故事中，父母并没有告诉男孩该如何与朋友的父母相处，但男孩却从日常与妈妈的协商中，形成一种独立的思维模式，从而很巧妙地运用到了日常的人际交往之中。可以这样说，父母与孩子进行协商性的沟通，将成为男孩一种与人交往的特殊技能。

商量是一件说起来简单做起来难的事情。商量不是父母对孩子的迁就，不是单纯的允诺，而是与孩子间的相互理解与沟通，从而形成双方都认可的意见或办法。此外，商量也是家庭中民主的真正体现。那么，生活中，父母应该如何正确运用协商的教育方式来促进与男孩间的关系，从而让自己的男孩更健康地成长呢？

方法一：用协商代替命令的口吻

小洁和小明是关系很好的伙伴。周六的一天，他们一起出去玩，但由于玩得太尽兴，所以他们两个人回家都晚了。

场景一：小洁回家了，他的妈妈上去就劈头盖脸地责骂了他一通："你这个不听话的孩子，怎么这么晚才回家？你知不知道全家人都很着急。如果你以后再这么晚回来，看我不打你。"小洁捂着耳朵跑进了屋里。

场景二：小明回家了，而他的妈妈则用十分温和的语气与儿子商量："小明，你知不知道你这么晚才回来，妈妈和爸爸都很担心你，以后不要再这样了，好吗？"小明听了妈妈的话，不好意思地点点头说："嗯，我知道了，对不起妈妈，让你担心了，我以后再也不会这么晚回家了。"

其实，事例中的两位母亲想要表达的意思是一样的，但所引发的后果却是完全不同的。用命令的语气与孩子沟通，很难让他心甘情愿地去改正自身的错误；而用商量的语气与孩子沟通，则常常会事半功倍，令孩子心服口服。所以，当父母希望男孩做什么的时候，不妨用商量代替命令。

方法二：通过协商，矫正男孩的不良行为

想要你的男孩改掉身上的坏习惯，用强制的手段是不可取的，这时，父母不妨试着与孩子达成协议，比如"家庭约法三章""母子协议"之类的条文，去约束他的不良行为。但值得注意的是，在与男孩达成这些协议的时候，一定要让他心甘情愿，否则这些协议起不到任何作用。

一次，军军与妈妈一起去超市买东西，去之前，妈妈已经和军军说好，只是买一些生活用品，不给他买任何玩具和零食。但是，当军军看到最新款的机器人玩具后，就开始央求妈妈给他买，并说他们班好多小朋友都有这样的玩具。

尊重你的男孩，学会与他平等交流

用命令的语气与男孩沟通，很难让男孩真心实意地与你交流。

用商量的语气与男孩沟通，则常常会事半功倍。

妈妈看了看玩具的价格——800元，都快赶上她一个月的工资了，但她并没有像很多父母那样直接拒绝军军说"太贵了，不能买"，而是和军军商量："这个玩具的确很好，但是你知道它要花多少钱吗？"

"多少？"军军问道。

"800元，这是妈妈一个月的工资，如果你真的要买这个玩具，那么下个月我们每天就只能吃一顿饭，全家人都要陪着你一起饿肚子，你想想看，每天只能吃一顿早餐，中饭和晚饭全都没有了，这样你愿意吗？"

军军摇摇头，但仍然不甘心地抱着怀里的玩具。

这时，妈妈继续说道："儿子，如果你真的想要这件玩具，也不是完全没有可能，你首先要给妈妈一段攒钱的时间，然后你要做一些让家人开心的事情，这样我和你爸爸才能更有动力地赚钱，攒钱给你买这个玩具。"

"那好吧！"军军放下怀里的玩具，拉着妈妈的手走开了。

这位母亲的聪明之处在于，她通过巧妙的协商改变了孩子不听话的行为，又让男孩心甘情愿。生活中，每个男孩都会向自己的父母提这样那样的要求，即使这些要求很不合理，父母也不能直接拒绝你的孩子，因为男孩也需要一个过程去接受他不希望的结果。这时，父母应该选择用协商的方式，和他讲道理，让他慢慢地接受，并且认清自己的要求是不合理的，让他心甘情愿地改正自己的错误。

教育专家给男孩父母的教子方案

卡尔·威特凭借多年的教子经验认为，无论父母对孩子怎样严格教育，都要把孩子当作成年人看待，不要伤害孩子的自尊心，他是这样做的：

1. 无论在学习上还是在生活琐事上，始终把孩子当作成年人对待，无论他年龄多小。

2. 不论孩子提出什么问题，绝不应嘲笑，应该亲切地予以回答。

3. 父母不应戏弄或者欺骗孩子，否则很可能导致孩子不再信任父母，或者变得粗暴。

第九章 开启男孩的心门,这样沟通最有效

第81招 唠叨是教育大忌,别让男孩"过唠死"

父母说得涕泪交流,男孩还是无动于衷,父母苦口婆心的叮嘱和关怀,如春天里的和风,缓缓滑过他的耳边,男孩则丝毫不闻。他不领父母的情,有时还有意做对……一提到与成长期的男孩交流,有些父母常常很苦恼地说:"我在家里已经很注意了,可是稍微给他提醒一句,他就嫌我唠叨。我才说一句,他就说我唠叨,唉,这孩子真是没法管了。"或者,"我天天起早给他做饭,送他上学,放学接他,我自己还要上班,每天忙得如陀螺一般转着。可他还是不理解,上学不好好听课。在家里,你就是喊上三遍,他也不会从沙发上起来扶个油瓶,我的孩子怎么这样啊,真是不可教化了。"

很多时候,沟通交流也根本不起作用,男孩还是我行我素,不听大人的。而父母也错误地理解了沟通,以为命令也是沟通,男孩不听从命令,就是不愿沟通。而父母也经常习惯于把命令、批评强加于孩子。而孩子长期生长于这样的环境,他会对这种暴力沟通产生反抗的心理。当父母看着他渐渐不顺眼时,有时也会顺便提一下,哪个邻居考上北大、清华了,哪个表哥又找了一个好工作,不学习的结果会怎么怎么样,等等。男孩对这些老生常谈的话题,越听越烦,最后男孩就会拒绝与父母沟通,而只乐于享受孤独了。

要改变这种沟通难的状况,父母一定要了解孩子的特点,才能对症下药。男孩自尊心强,也就是脸皮薄,爱要面子。如果你当众没有给他申辩的机会,会让他特别失面子,对他的信心是个很大的挫伤和打击。父母和孩子沟通,可以采取以下几个方法。

方法一:不要当众教育男孩

男孩自尊心强,不愿在别人面前表现自己不好的一面。有时哪怕你打他也没有关系,只要你不当众就行。对于当众批评,或者是揭短,会让他羞愧难当,恨不得钻了地缝。

所以，教育男孩，尽量避免在人多的场合，更要避开他的朋友和同学。

长青的妈妈曾经经历过一件事，至今让她记忆犹新，她因此调整了自己对孩子的教育方式。

长青小时候特别喜欢画画，爸爸妈妈也很支持他。可是，后来他玩魔兽游戏上了瘾，慢慢地也不怎么画画了。爸爸妈妈怎么说他也没有用，他还是我行我素，游戏玩得不亦乐乎。有一天，妈妈的朋友带孩子来家玩。看到他们屋里摆着长青原来画的沙画、素描，惊奇得不得了："长青太有天赋了，画得这么好，看这素描，线条简洁，形象生动。"她旁边的儿子也跟着说："哥哥，我兴趣班的老师画得还不如你画得呢。我以后就跟你学吧。"长青听着别人夸他，脸色发红，眼睛发亮。妈妈摸着长青的头说："我们家长青从小就对色彩感兴趣，画起画来很有自己的思维和特点，他自己可喜欢画画了。"

从那以后，长青开始又自觉地画画了。每天不用爸爸妈妈提醒，晚饭后，他就快乐地走进书房，拿起画笔画上好一阵。

可见，父母教育男孩，应该少唠叨，多诱导，避免当众教育他。要想办法婉转地提醒他，激发他学习的动机。比如，孩子学习的自控能力差，大人尽量创造一个安静的氛围；男孩显得与同龄人话题少，多带他去博物馆、科技馆参观，扩大他的视野，让他多关注周边事物，从而多些和同学朋友交流的话题；男孩不喜欢阅读，就带他去书店、图书馆多看看，激发他阅读的兴趣。父母有心地创造一个良好的氛围，这对于男孩来说就会在不知不觉中得到熏陶。

方法二：不拿别的男孩做参照

父母不要在孩子面前，老是提及别的男孩如何如何优秀，想着给他树立学习楷模或带来学习的动力。适度的提及还可以，过了一定限度，他会从内心反感，产生逆反心理。父母说东，他偏向西，父母说西，他偏要向东。男孩遇到生活和学习中的难题，父母要帮助分析问题，帮他解决烦恼，而不是一味地抱怨，或者以别人的优秀衬托他的无能，试图给他压力，这样只能适得其反。

宁宁的成绩在班里中上游水平。妈妈为了给他增加动力，可谓煞费苦心。她经常以朋友家的孩子或宁宁班上比较优秀的同学为例，一遍遍地鼓励他。

"宁宁，邻居家的哥哥今年考上了清华，你一定也要努力学习，到时给爸爸妈妈争个面子，考上个清华北大的。"

"宁宁，你表哥参加奥数竞赛在全市得了第一，你的成绩怎么还是老样子，一点也没有进步。"

"宁宁，你们同学人家是怎么学习的，钢琴弹得那么好，成绩还保持得那么好。你可好，一个特长也没。"

开始宁宁还忍着听妈妈唠叨。再后来，妈妈只要一说谁谁怎么样了，他立即就跑出去，一句也听不进。

方法三：当男孩子面对失败时要鼓励他

任何一个孩子面对他自己的成绩下降时，都不会无动于衷，他看起来似乎并不在意，其实他的内心是很受伤的。男孩要面子，尤其当众失面子，他会感觉非常痛苦。这时候，作为父母，要善于体察孩子的情绪，对他多关心、多鼓励，为他树立信心。如果只是一味地唠叨，则会让他对家庭和父母更疏远，有事也不愿与父母分享和沟通。时间久了，会影响他的性格，影响他与别人交往的能力。

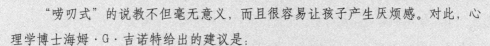

"唠叨式"的说教不但毫无意义，而且很容易让孩子产生厌烦感。对此，心理学博士海姆·G·吉诺特给出的建议是：

1. 针对孩子的感受做出反应，而不是针对其行为。
2. 父母要遵守与孩子谈话的原则：理解与共鸣。
3. 父母要在对孩子尊重的前提下，先说出表示理解的话，然后再提出建议和意见。

第82招 真心赞美
——亲子沟通的"润滑剂"

美国著名的哲学家和教育家约翰·杜威曾说过:"人类本质里最深远的驱策力就是:希望具有重要性,希望被赞美。"确实,每个人都渴望被赞美、被尊重、被认可、被理解……一旦这种精神需求得以满足,人就会自信满满、动力十足地投入工作或学习中。

心灵如玻璃般透明的男孩,需要父母的呵护与赏识。如果父母忽视了男孩的行为和想法,会深深地伤害到他们的心灵。给孩男适当的赞美有利于父母与男孩进行心灵的沟通,更有利于对男孩进行因势利导的教育。当然,父母的赞美要发自内心,要真诚而自然,否则起不到任何作用,还会让男孩反感你的虚伪。

拿破仑·希尔是全世界最伟大的励志大师,他创建了成功哲学和17项成功法则。他永远热情如火,鼓舞了美国千百万人,因此有人称他为"百万富翁的创造者"。

拿破仑·希尔的母亲在他很小的时候就去世了。有一天,他的父亲把继母接回家。从这个陌生女人进入家门的那一天起,拿破仑·希尔就很担心她以后会对自己有不好的态度,于是就双手交叉放在胸前,用愤怒的眼神凝视她,没有丝毫欢迎的意思。

父亲对继母说:"这是拿破仑,他是希尔兄弟中最坏的一个。"接下来的事情让拿破仑·希尔终生难忘:他的继母把双手搭在他的肩上,用温柔、慈爱、坚定的目光看着他的眼睛,说:"他是最坏的孩子吗?我觉得完全不是。他好像是这些孩子中最伶俐的一个,而我们所要做的,无非是把他所有的伶俐全发挥出来。"

一句简简单单的赞美,却打动了拿破仑·希尔的心。那一刻,他意识到,自己将永远拥有一个亲爱的继母。在此后的岁月里,他一直温顺地听从继母的教导,并通过努力,成为一个成功的人。

赞美的力量就是如此神奇,永远要比批评的力量大。父母要知道,世界上最糟糕的、教育者最忌讳的事情,莫过于动不动就给孩子提意见、挑他的毛病。尤其是对小孩子,更不要凶巴巴地指责和批评他，而是要适当地给孩子表扬和赞美。

男孩最重要的就是拥有自信、自爱的精神，这种精神并非天生，更多是来源于最初养育他的人。一个鼓励的眼神、一句肯定的话语，都是自信的种子，播撒在男孩的心田里，都会成为参天大树。因此，父母在面对男孩时，千万不要吝惜你的鼓励和赞美，这会使你在教子方面取得意想不到的收获。

虽然赞美是男孩的振奋剂，但是在赞美时也应讲究方法和技巧，不要随意滥用，否则会把男孩宠坏的，使他今后听不得批评、经不起失败。那么，我们该如何赞美呢？

方法一：赞美要细化，不要过于笼统

"儿子真棒！""儿子真厉害！""儿子真好！"类似这样的表扬对我们来说是轻车熟路。在你的眼里，从男孩来到这个世界的每一个成长细节都是值得惊叹和赞美的——他会笑了，他能翻身了，他会走路了，他能说话了……于是，在这种不断的惊喜中，父母已经习惯于随口夸奖孩子。殊不知，这种心不在焉、张嘴就来的赞美会带来负面影响。它虽然符合以鼓励为主的教育精神，对孩子来说却毫无意义可言。

举例来说吧，比如某天，男孩帮你倒了一次垃圾，你可能会感到很欣慰，因为男孩能帮自己干活了，于是兴高采烈地表扬他说："儿子，你真棒！"这会让孩子感觉很茫然，你不妨这么告诉他："谢谢你帮我倒垃圾，我很高兴！"

总是笼统地表扬男孩，会让他无所适从；而有针对性的、具体的表扬则更容易让男孩理解和接受，他会知道今后具体该如何做、如何努力。

当父母了解了"夸具体"的赞美原则时，可能在刚开始难以运用好。没关系，现在就教你一招——"好话不嫌多，尽管来说"。也就是说，我们要用更多的话语描述男孩的努力，这样自然会引起他的共鸣，达到夸奖的目的。

方法二：要赞美男孩的努力，而不是他的聪明

聪明是父母夸奖孩子惯用的词汇。父母喜欢用聪明去激励男孩的每一个进步。然而，这却不是一个聪明的表扬方式。比如孩子考试成绩不错，用聪明去夸他，结果只

会导致他把"好成绩"与"聪明"画等号,而在"好成绩"和"努力"之间画上不等号。这一方面会使男孩变得自负而非自信;另一方面,可能会使他们今后在面对挑战时采取回避态度,因为不想出现"不聪明"的情况。

美国的研究人员让幼儿园的孩子解决了一些难题,然后,对一半的孩子说:"答对了8道题,你们很聪明。"对另一半说:"答对8道题,你们很努力。"接着,研究人员又给他们两种任务选择:一种是可能出一些差错,但最终能学到新东西的任务;另一种是有把握能够做得非常好的任务。结果70%的被夸聪明的孩子选择容易完成的任务,90%的被夸努力的孩子选择了具有挑战性的任务。

为达到激励孩子的目的,真正做到"夸具体""夸努力",父母首先要对孩子做事情的整个过程有所了解。有时,在你亲眼看见孩子的良苦用心和付出的努力之后,当你在总结孩子成绩的时候,不妨详详细细把自己的所见所闻描述出来。比如孩子写完作文之后,你可以说:"文章的开头很好,你能想出这样的开头实在不容易;从中间的描述能感觉出你经过了仔细的观察。结尾的一句话也比较精彩,用它来点题很恰当……"这样,你把孩子在作文上所花费的辛苦一一说了出来,愉快自信的笑容立刻就会洋溢在孩子的脸上。

如果你没有亲眼见到孩子的努力也没关系,你可以用提问的方式让孩子自己说出努力的过程,这中间不失时机地加以适当的点评,同样可以给孩子一个有益的赞美。

方法三:要赞美事情本身,而不是赞美男孩的人格

"好孩子"这样的话是典型的"夸人格",父母会无心地将其挂在嘴边。但"好"是一个很虚无的概念,如果男孩总被扣上这样一顶大帽子,对他反而是种压力。

当然,如果父母的称赞总是言过其实,男孩也会有压力,觉得自己不配这样的赞美。男孩会在父母刚刚赞美完他的时候,就做出让你头疼的事情,以示"真诚"。

教育专家给男孩父母的教子方案

美国著名的儿童心理学家海姆·G·吉诺特认为称赞包含两部分：我们对孩子说的话以及孩子听了我们的话后在心里跟自己说的话。因此，他认为称赞采用的较好方法应是：

1. 表达中要充满欣喜和赞赏。
2. 言辞中要传达对孩子努力的承认、尊重和理解。

第83招 批评男孩，父母需要掌握技巧

那些被父母称为"淘气鬼""小邋遢""破坏王"的小男孩免不了要受到父母的批评。这些小男孩在他们的成长过程中，常常犯些小错误，于是，不少父母把那些批评孩子的话习惯性地挂在嘴边，孩子一有点儿什么小错，就以家庭霸权的身份进行批评。

这样的话语在男孩看来，无异于沉甸甸的大石头，当石头一块块地砸在心头时，就会让他们喘不过气来，最后产生本能的反抗。

男孩李默的母亲很疼爱自己的儿子，但却有一个不能容忍孩子反驳她的毛病。每次她教育儿子时，只要儿子一提出反对意见，她就火冒三丈，劈头盖脸地责骂孩子一顿。有一次，她再次因为李默与自己顶嘴而火了起来，一时气急，她还揪住李默的耳朵，说："我从你小时起就提醒过你，不要和我顶嘴，说到现在你还不知道改。我供你吃，供你穿，没想到最后却供出一个祸害！我要你有什么用？给我滚！"

当天晚上，李默就留下一封信，离家出走了。

男孩错了，可以批评，但不要使用蛮不讲理的态度，更不要以长辈的身份威胁、恐吓他。正确的教育是把自己放在与男孩平等的地位，否则可能会让男孩对你的批评产生免疫、质疑和反感，那样无论是对于父母还是孩子，都是悲哀的。

男孩不是无赖，你跟他讲清道理，他一定会听；男孩也不是傻瓜，当你说服的理由不充分时，他就不会听从你的话。因此，父母要把批评当成一种艺术来对待，尤其注意把握好批评的时机。当孩子与你讨论其个人问题时，当孩子因为太高兴或者太难过而没有解释清楚一件事情时，当孩子需要父母帮他做决定时，当孩子正在向父母解释某件事情时……在这样的时刻，父母是绝对不能批评孩子的，否则就会打击他的积极性，还会伤害他的自尊心。

那么，父母如何才能把握好批评的时机和尺度呢？

方法一：批评男孩的行为，而非品格

父母在批评男孩的时候，一定要认清一点——批评他错误的行为，而不是对他进行品格上的评价。就拿学习这件事来说，当某些男孩的学习成绩不理想时，绝对不要这样说："你真是个傻瓜""你太笨了"……这样不但起不到帮助男孩改正错误的作用，反而会让他们认为自己真的是傻子、笨蛋。换言之，这样的批评对孩子的内心造成了很大的影响，严重地伤害了他们的自尊心和自信心。

再以上网为例。很多父母都对孩子三番五次地强调：上网不能超过晚上9点。但当你在10点多时，发现男孩依旧坐在电脑前打游戏，这时，就二话不说冲上去一顿怒骂："告诉你多少遍了，不让你上网超过9点，你是不是没长脑子啊？"这样的话，可能很多父母在现实生活中都说过，这其实是完全错误的，因为这些批评的话根本没有点明孩子错在哪里，今后应该怎么做。长此以往，还会让男孩产生抵触心理："你不让我上，我就偏要上，不就是打我嘛，你还能对我做什么呢！"倘若出现了这种情况，你再多的关爱在孩子眼中也都变成了一种责骂。

还是以上网为例，如果父母换一种方式说，结果就完全不同了——"怎么又在上网呢？这样不仅耽误学习，而且对身体不好，我有点儿生气了，因为你答应过我晚上9点后不上网的，很显然你没有做到。希望明天这个时间你能好好躺在床上休息，这样一来，你第二天就会有很好的精神上学，晚上回来再玩游戏的时候，也能多过几关，我相信只要你做到，你就能成为一个又会玩又会学习的好孩子！"

这样的批评不仅会让孩子心里感到温暖，还会让他乐于按照你的话去做，并且他能在你的话里听到希望，感到你对他的爱和憧憬，他自然会变得越来越好。

方法二：不要当众批评你的男孩

你可能发现这样一种情况：很多时候在家里批评孩子，孩子一般不会做出多大的反抗，然而若是在公共场所批评孩子，没说两句，就会引起孩子的抵触心理。

明智的父母会在他人都在场的时候表扬自己的孩子，而当孩子犯下错误后，则会在家里单独进行批评教育。

这主要是因为，当父母当着很多人称赞自己的儿子时，男孩会感到很骄傲、很自豪，会向着这个目标继续努力；而父母若当着很多人批评儿子，则会让他觉得难为情，甚至是无地自容，因为自尊心严重地受到打击，今后难免会产生一种破罐子破摔的想法。这也就是在外面你越不让你的男孩做什么的时候，他却越做的原因。因此，当众批评孩子的方式是不可取的。

方法三：不要说空洞的话，要让男孩对父母的批评心服口服

教育的目的就是让孩子改正错误，更好地成长，但这一切的前提必须让男孩对父母的话心服口服。不要对男孩说一些空洞的话，让他对你的话失去信服感。那么，怎样才能让这些"小机灵鬼"信服你的话，且真心接受呢？

首先，让男孩信服，靠武力绝对不行，还是要从沟通入手。

其次，当你知道你的孩子做错事情后，一定要保持冷静和理性，耐心去引导你的男孩，告诉他什么是对的，为什么这样做是错的，并且要在话语中告诉他，你相信他，他是一个很棒的孩子。

下面是发生在一位父亲身上的故事：一个周末，爸爸刚回家，正好撞见正要出门的儿子，他就问儿子去干什么，儿子说要去踢足球，已经和同学约好了。事实上，爸爸当时对于儿子这种不爱学习的态度感到非常气愤，但他还是冷静了下来，温和地问儿子："你觉得你最近的学习怎么样？"

儿子站在原地，低着头，小声地说："不……不怎么好！"爸爸看着儿子的样子，把他拉近自己一点儿，说："那么，一个学习并不怎么好的男孩怎么总是想跑出去玩呢？"

男孩低着头，抠着手指。

爸爸接着说："我今天在书店看到了一篇文章，文章中说全世界的孩子只有三种：一种是只会玩不学习的；一种是只学习不会玩的；还有一种是又会玩又会学习的，你想成为哪一种？"

儿子小声地回答："最后一种！"

爸爸拍了拍儿子的肩膀说："很好，和我想的一样。我相信只要你以后好好看书，多花些时间学习，一定能实现这个愿望的！"

儿子看着爸爸，点点头，随即又小声地问父亲："那……踢足球呢？"

爸爸笑着说:"当然要去了,学习很重要,但是你既然已经和别人约好了,就不能做一个言而无信的人,要知道,诚信对一个男人来说是很重要的。"

从那以后,男孩的学习态度端正了许多,成绩也进步了不少。

让男孩对父母的批评信服,是绝不能依靠责骂的,而要耐心去引导,像个朋友一样地交谈。批评只是一种手段,而不是目的,真正的目的是让男孩快乐、健康地成长。

教育专家给男孩父母的教子方案

卡尔·威特在教育儿子的过程中时常采用夸奖和鼓励的方法,但有时也会和大多数父母一样批评儿子,不过,他的批评方式总是会让儿子心服口服。

1. 教育孩子的过程中,一直特别仔细地观察孩子所做的事,尽量去理解他。
2. 如果针对某件事需要批评孩子的时候,一定要在弄清真相后再做评价。
3. 真心关心和帮助孩子,而不是采取责骂和武力的方法。

以"力"服人不如"以理服人"

相信很多男孩父母都会认为,教育男孩中最困难的一点便是与男孩沟通。男孩比女孩顽皮、好动、没耐心,想让他静下心来听父母讲话是很不容易的。那么,父母在现实中是如何与孩子进行沟通的呢?

场景一:儿子做错事情,父母二话不说,先是一顿暴打,外加一整天的说教;

场景二:儿子回家没有及时写作业,父母决定好好与之沟通,于是就追在他屁股后面说:"儿子,你要好好学习,要不然将来你肯定没出息。"

毫无疑问,在生活中,有太多父母都把指责、批评、责骂,甚至是拳脚当成了与男孩沟通的方式,结果大部分男孩不但没有因此成器,反而越来越不听话。

为什么男孩会越打越犟、越打越不听话呢?

德国行为学专家研究发现,孩子犯错后经常受到父母的指责甚至打骂,这样的事情不断重复发生在孩子的生活中,久而久之,就会让孩子对这种情况产生适应力,并逐渐对父母的打骂形成一种无所谓的态度。经常打骂孩子的父母,常常会把打骂儿子的原因全都推到孩子身上,认为是儿子不听话才"逼迫"自己去这样做的。事实上,这些不过都是父母的开脱之词,正是因为父母不愿意花时间去寻找更好的教育方式,才会在生活中不断上演打骂孩子的桥段。

父母通过打骂等强制的手段消解了自己内心的火气,那么,你有没有考虑到孩子的感受呢?

下面就是男孩挨打后所表现出来的三种主要情绪:

"说爱我都是假的,你们根本就不爱我,我本来就不应该来到这个世界。"

"打吧,最好快点打死我,这样我就省得活着这么难受。反正在你们眼里,我就是一个不争气的废物。"

"你越打我，我越不会按照你的想法做！"

在打骂之下，孩子不仅不会对自己的错误有丝毫的悔意，反而会因此对父母产生怨恨之情。于是，男孩变得越来越坏了，他们开始说谎，当你再打骂他的时候，他会开始闪躲，甚至是还手。

作为父母，当你的男孩不愿意和你沟通、交流的时候，你首先想到的不应该是打骂，而应该试着去了解男孩不愿意和你沟通的原因，并想一些新的办法尝试着和他沟通，父母可以参照以下几点去做：

方法一：让你的男孩自食一次恶果

一个顽皮的小男孩和母亲一起去姥姥家吃饭。男孩到了姥姥家后，发现桌子上有好多包好的馄饨，于是，小男孩便抓起一个生馄饨放进嘴里。他的姥姥赶紧上前阻止，却被男孩的母亲制止了。男孩的母亲说："让他吃吧，只有这样，他以后才能知道生的东西不能吃，他才会认识到自己的错误。"那个小男孩吃了一口，果然皱着眉头吐了出来。

如果你的男孩也像故事中的小男孩一样顽皮，那么，你不妨在确保安全的情况下，让这些小家伙自食一次恶果，通过这种体验，她就会懂得为什么大人会制止他的行为。

方法二：告诉男孩："好汉做事好汉当"

事实证明，当男孩犯了错误后，光靠打骂是行不通的，那么，父母应该选择什么样的方式让男孩既认识到自己的错误，又能心甘情愿地改正呢？

答案只有一个，那就是告诉他："敢作敢当，要对自己的行为负责。"

下面是曾经热播的《家有儿女》中的一段情节：

一天，男孩刘星和他的哥们儿在小区内踢足球，刘星不慎将邻居家的玻璃踢碎了，为了不被父母责罚，刘星选择了逃避，没想到晚上就被爸爸发现了，但是刘星的爸爸并没有责骂他，而是让他自己去承担责任，并与刘星协商，若是刘星自己赔邻居家的玻璃，他就不告诉妈妈，当然这样做的后果就是刘星要拿出整个月的零花钱去购买玻璃，并请安装工人帮邻居家安装损坏的玻璃。

为了不让爱发脾气的妈妈知道，刘星还答应，第二天就去给邻居家换玻璃。

后来，妈妈得知事情后问爸爸，为什么不好好教训一下淘气的儿子，爸爸却笑着说："这刘星，自己吃了苦头，踢碎了玻璃，搭进去一个月的零花钱，他下次绝对不会再犯了，相信我，这可比你打他一顿管用得多。"

上面故事中的爸爸情理结合，他没有打骂自己的孩子，而是让他自己去承担责任、付出代价，这样不仅是尊重男孩的表现，也是承认其独立的表现。

综上所述，我们能够发现这样一个道理：教育孩子的方式有千万种，但打骂孩子绝对是最差的一种，为人父母者，应以引导为主，而不能采用一味控制的方法，棍棒教育只能使教育"打折"！

方法三：用"耐心的教诲"来代替"一味的责骂"

对于好动的小男孩来说，贪玩、不爱干净、淘气、争强好胜完全是正常的表现。如果父母总是把责骂的话挂在嘴边，终日对他们进行指责，男孩的自尊心必然会受到伤害，而且，父母在他心中的形象也会大打折扣，他可能会认为父母并不爱他，甚至会对自己的父母产生敌对、仇恨的情绪。

可见，男孩父母只有通过耐心的教导，摒弃一味的责骂，才能让你的男孩听你的，并且积极地改正错误。要知道，只有那些不了解教育方法，不知道如何运用正确的沟通方式来引导孩子的父母才会一味地批评、责骂孩子。

方法四：因事制宜，变换一些教育花样

父母教育孩子的方式应该多样化。当你发现孩子的错误时，不要每次都用一种面孔、一种说理的方式，否则你的孩子会感到厌倦。你完全可以因事制宜，变换一些花样，尝试孩子能接受的各种方式。比如，当儿子做错某一件事时，你可以先简单把问题解决掉。然后在闲暇时通过讲故事、做游戏、去动物园、参观博物馆、郊游等形式，结合看到、听到的事物对孩子阐明你的想法，告诉他做人做事的道理。在冲突发生时，很多男孩都不容易接受批评；但是在事后，再进行这种耐心的教育，孩子就容易接受了。

这其实是一种教育的艺术，要把孩子置身于民主、自由、和谐的家庭环境中，让

他勇敢地说出自己的想法,并有针对性地予以校正。

教育专家给男孩父母的教子方案

儿童心理学家海姆·G·吉诺特曾发出这样的疑问:"如果打孩子这么有效,为什么对它有如此不安的感觉呢?"所以,他认为:

1. 我们不应该把体罚作为对孩子的挑衅或者我们自己愤怒情绪的回应,而是应该向孩子展示我们的聪明才智,为愤怒的情绪找一个更文明的发泄渠道。

2. 体罚的最大副作用就是它可能会阻碍孩子道德良心的发展,轻易地消除孩子的内疚,因此父母应学会用更好的方法制定和执行对孩子的限制。

第85招 向男孩敞开心扉，他才愿意听

语言是人类沟通交流最主要的一种方式。在父母和孩子之间，语言也承载着教育的功能。父母教育孩子，应当以循循善诱为依归，不应当以力迫威胁为能事。虽然引诱与威胁都能使小孩子服从，但小孩子心里却不可能愉快。

现实中，很多父母苦恼的是，自己苦口婆心地说了那么多，孩子竟然无动于衷，置若罔闻，或者就干脆捂起耳朵来不听。天下的父母都是为儿女考虑的，有时孩子道理都懂，但为什么还是不领父母的情呢？

妈妈晚上下班回来都十点了，商店都已经关门了，也没有买上答应给儿子的玩具汽车。儿子盼望了一天，听说妈妈没有买到，很生气地说："你骗人，明明答应人家的，你真是太坏了！"疲惫的妈妈看到儿子这样，也急了："你对学习怎么没有这么上心呢？一个玩具就这样声势浩大地讨伐我。"儿子一听，也一甩门，哭着跑开了。

现实中，我们经常会碰到类似的现象，孩子和父母针尖麦芒似的对顶着，父母并不向孩子解释没有兑现承诺的原因，索性摆出一副唯我独尊的气势，对孩子斥责、打骂，而孩子在这种强势的打压下，逆反心理上来，反而越来劲，死不悔改。于是，沟通在父母与孩子之间变得越来越困难。

如果父母多去了解孩子的心思，敞开心扉，真诚地和孩子去交流，把内心的想法告诉他，他会理解父母，并乐于倾听父母诉说。

方法一：让男孩明白父母的想法

通通一直想要一台电子琴，可妈妈就是不给他买，所以每当他想起这件事的时候，就觉得很受伤害，认为妈妈并不支持他学乐器的兴趣，所以也不再提起这件事了。通通生日时，妈妈却给了他一个惊喜，给他买了一台漂亮的电子琴。通通又惊又喜，他很奇

怪地问妈妈:"妈妈,你不是不喜欢我学电子琴吗,怎么又给我买了呢?"

妈妈说:"儿子,我从来就没有不想让你学电子琴啊。上次没有给你买,是因为我们在那家商场看到的电子琴,质量并不好,弹出的音质也不好。所以,当时我就没有给你买。"通通听到妈妈这么说,才明白了妈妈当时没有给自己买电子琴的原因。

通通妈妈不给他买电子琴,是有自己的理由的,她完全可以当时给通通解释明白,说出自己内心的想法和计划。恰恰相反的是,她却放弃了与儿子的交流,没让儿子及时了解她内心的想法,使他内心一直很受伤。以通通的年龄和成熟度,对妈妈的这些想法,应该有自己的理解和接受能力。

男孩在成长,他的思想也在慢慢走向成熟。父母不要老是以为他还是小孩子,从心里不重视和他进行思想上的交流,一味地以大人想当然的心态为他安排一切。这样,父母与男孩之间便会有一层隔膜,使沟通不能顺畅地进行。

方法二:用男孩听得懂的话和他交流

暑假妈妈去上班了。男孩一个人在家,就像孙悟空大闹天宫一样,家里乱得不成样子,地下全是纸屑,吃的东西跑到了床上,玩的东西在饭桌上招摇,书桌上放着一杯杯的水。妈妈回到家一看,就怒气冲冲地对着儿子就吵:"看你干的好事!明天就送你回奶奶家,你太过分了。我天天上班,回来还得伺候你,都累死了。你爸出差也不回来。明天就送你走,不要在家了,这家里放不下你。"

妈妈一口气说了一大通,东一句,西一句,儿子被吓得瞪着眼睛不解地看着妈妈,不知所措。这样的教育,对男孩并无益处。父母在男孩错了以后,如果只顾自己嘴上痛快,信息太多,逻辑混乱,他就会蒙了,大脑也不知要接受哪些信息了。在这些指责语言的冲击下,他不知自己做事的标准是什么,所以,下一次还会犯这样的错误。当孩子犯了错误,父母要冷静地给他讲道理,把他错在哪里明明白白地讲出来。这样他才能清晰地明白自己该做什么、不该做什么。有些父母讲话,总是夹杂一些过于模糊的语言,如,看到儿子老是看电视,就说:"像你这样不想着进步的孩子,长大了以后该怎么办?"男孩在这时根本就不会接受这些语言和批评。父母如果在这时规劝,就应该从看电视的弊端上入手,给他讲道理,让他从思想上受到触动。

方法三：对男孩要适时肯定和真诚赞美

有些父母把赞美自己的孩子当作家常便饭，以为这样是鼓励他们，其实这样做是不对的，如果家长的赞美和肯定不是真诚的，孩子不仅不会接受，反而会觉得厌烦。

爸爸下班回到家，儿子迎上来，拿着自己刚画的画问："爸爸，这幅画好看吗？"劳累一天的爸爸疲惫不堪，他一边换着拖鞋，一边嘴里说着："好看，挺漂亮的。"儿子走过来继续说："你看看吧，爸爸。"爸爸扫了一眼，"嗯，不错，挺好挺好。"儿子不高兴地走开了。这时妈妈过来，对爸爸提出了抗议："儿子在问你的意见，你不要这么随便地应付他，他画了半天了，你看都不认真看一眼，就说漂亮，这样是对他的一种不尊重。如果太累了，就给他说歇会儿再欣赏，儿子会理解的。"听到妈妈这样说，爸爸点点头说："儿子，你的画色彩的搭配看起来不错。不过，爸爸要休息一下，吃完饭，再重新好好地欣赏一下你的杰作，怎么样？"儿子听了很兴奋："好啊，我来帮爸爸端饭。"

被关注是任何一个人都需要的感觉，被关注是一件幸福的事，不管是大人还是小孩子都一样。而孩子的内心更渴望被关注，渴望被赞美和肯定。如果父母只是一味地迎合孩子，赞美的话随口而出，那么这些赞美也不会闪光，不会给他带来喜悦和动力。父母的赞美要真诚，发自内心，这样的赞美，才会呵护他的内心健康成长。

教育专家给男孩父母的教子方案

很多男孩可能并不喜欢与父母"坦诚相见"，而且随着年龄的增长，他们更容易规划出自己的"界限"，并严禁父母踏入。对此，英国作家伊丽莎白·哈特利·布鲁尔认为父母应小心地进入男孩的世界，可采取的方法有：

1. 关心他，但不要骚扰他。
2. 分享并关心他的爱好，但不要试图控制他们，而且孩子的这些爱好也不必成为你的爱好。
3. 给男孩空间和领地，让他与你不同，并相对独立，但你不要将自己隔绝在他的世界之外。

向男孩敞开心扉，他才愿意听

男孩渴望被关注、赞美和肯定。如果你总在敷衍，那么男孩对你敞开的心扉会渐渐关闭。

父母对男孩的每句话都要发自内心，这样你说出的话，男孩才愿意听。

第86招 99%的时间做朋友，1%的时间做家长

有位妈妈在学生家长会上曾说过这样一段话：

在孩子的教育问题上，我原来一直没太重视，直到有一天，我儿子莫名其妙地冲我喊了一嗓子，我才突然间明白了一个道理：父母的行为对孩子有着巨大的潜移默化的影响。

我的孩子平时很调皮，我一看到他坐在床上吃饼干，或者拿杯子来回地倒水玩，我就会大声冲他喊："你干吗？"每次都把他吓一跳。那天，他让我帮他递个东西，我没听见，他突然大声冲我喊："你干吗？"我俩都吓了一跳。看着他，我突然想到了自己之前的所为，感到很惭愧。

父母是孩子的第一任老师。父母的一言一行，都会传达给孩子。他们的第一认知便是通过父母来获知的。父母的一些过激行为，也会在他们的头脑中留下深刻的印象，在相似的境遇下，他便会复制父母的一些言行。因此，做父母的只有规范了自己的行为，才有可能对孩子有一个良好的影响。那么，是不是父母规范了自己的行为之后就可以了呢？当然不是，与上例相对应的，还有另一个事例。

王彦在做数学题时，爸爸正在旁边画图。王彦遇到了一个不会的题，就问爸爸，连喊了两声，爸爸因为太专注都没听到。他拉了一下爸爸的袖子，爸爸的手一歪，一下子把直线拉得好长。爸爸很生气地把王彦说了一顿："你怎么回事，我刚要画好，你这一下子，又得重新画了。"王彦也不吱声。在旁边的妈妈，过来把王彦带走了。她对王彦说："儿子，是不是感到委屈了？"王彦说："没有啊，爸爸在忙着，好不容易画好的图却被我弄坏了。我应该体谅爸爸。过了这一会儿，他的心情就好了，我们应该相互理解。"

父母不可能永远都是对的。如果想让孩子也理解你，那就不能高高在上，而要成为他的朋友，在平等相处中相互谅解、相互帮助。一位教育专家曾经说过："要用99%的时间做朋友，用1%的时间做家长，这样，孩子才会理解自己的父母。"那么，具体应该如何做呢？

方法一：给男孩尊重、自由和权利

李强没有和爸爸、妈妈商量，把自己的头发染成黄色的了。回到家来，他有些心虚，坐在自己屋里不敢出来。妈妈喊他吃晚饭了，不得已他才出来。尽管他戴了顶帽子伪装，妈妈还是一眼看到他的变化了，把他的帽子摘下来，欣赏起李强的头发来了。李强心想这下完了，妈妈非得给他上政教课。没想到妈妈竟然笑了："嗯，我儿子一染头发更帅了。不过啊，染得稍浅了一点。"李强听后心马上踏实了。一家人快快乐乐地吃起了饭。

每个男孩都有着自己鲜明的个性和独立的思想。父母在家中，不应该是独断专行的家长制的作风。做男孩的朋友，一定不要高高在上，而要在平等的前提下和男孩进行交流，给男孩尊重、自由和权利，让他去做自己想做的事。通过这样的过程，他会更加体谅父母，也会变得更自信。

方法二：要为男孩保密

在男孩的成长过程中，父母不但要关心男孩身体的成长，更要关心孩子的心理健康，教会他做人。只有身体的健康和心理健康同时并存，才是真正健康的人。随着生活条件越来越好，父母就拼命满足孩子的物质需要，却不肯蹲下身来和孩子聊聊天，不去了解他的内心世界。

景新最近的情绪让人觉得不正常，这是妈妈的感觉。妈妈很着急，但又不知怎么去问他。有一次，妈妈帮景新整理房间时，无意中发现桌上摊开的纸页，竟是景新写给女孩的情书。景新妈妈吓了一跳，但她很快又冷静下来。思考了半天，妈妈决定温婉地和儿子聊聊。果然，当妈妈一提情书的事，景新脸色变得煞白："妈妈，你不要告诉别人，好吗？""当然，儿子，就咱俩知道。"惊魂未定的景新这才放下心来，和妈妈聊起来了。

男孩进入十几岁时，生理处在快速发育期，性格也在逐渐完善。父母要细心感受他的变化，多和他交流沟通。父母不仅要关心男孩的学习，还要关心他身体和心理的变化。当男孩遇到成长期所遇到的事情时，要为他保密，并和他进行亲密的交流，告诉他所遇到的事情是正常的，将来他会谈恋爱、结婚、生子，但现在并不是合适的时机。尊重男孩的思想，和男孩像朋友一样相处，那么孩子什么话都敢和父母说。

方法三：对男孩的信任始终如一

对待孩子的一致性，是孩子对父母信任的基础。当孩子预先知道父母的意图以及父母会怎么反应时，他们就会感觉到比较安全，这种安全感也是构成他对父母信任的基础。

再柔和的父母的爱也带着威严的色彩，也是生硬的、有距离的和不易接受的。只有朋友之间的爱才是友善的、和气的、容易被接受的。家长应该放下架子，平等真诚地与男孩沟通，了解他们的烦恼困惑，引导他们养成良好的性格。

教育专家给男孩父母的教子方案

卡尔·威特认为孩子没有小伙伴也不会失去童趣，最重要的是父母如何和自己的孩子成为朋友，他的教子经验是这样的：

1. 父母应该积极参与孩子的角色游戏，有意识地让孩子当"爸爸"，体验一下做父母的滋味。

2. 父母在和孩子玩耍的时候，一定要仔细去观察，尽量了解孩子的内心世界，同时看孩子的适应能力和反应速度，看他适合玩什么样的游戏。

3. 为了避免孩子感到孤独、厌烦、不安，父母可以把孩子带到自己做事的地方去，让孩子在那里玩。

第87招 拒绝孩子"有学问",要让男孩知其所以然

在商场或超市,我们会注意到一个普遍现象:孩子哇哇地哭着,非要买一个玩具或某种零食,大人在旁边尴尬地站着,一副无可奈何的样子,最后挨不住旁观人的目光,只好败下阵来,为孩子的任性买单了。于是孩子破涕为笑,家长气恼地一路说教着。

有的父母不忍心孩子哭闹,只要孩子一哭闹,就无条件地满足他的要求。如果一哭,孩子的欲望就能得到满足,他就会明白一个道理:哭是可以达到自己的目的的。孩子一哭就能得到满足,哭就成了他的一个索取手段。如果父母不能及时地应对,那么随着年龄的增长,他的这个索取手段也会跟着升级。由这一个不良的习惯衍生出更多的不良习惯。所以,对孩子要适当地约束,该拒绝的时候就拒绝,这对孩子将来的成长有很大好处。

适当合理地拒绝孩子,不但不会伤害他们的自尊,反而对他们的成长是一种引导,让他们懂得了更多的道理,能够客观地辨识更多的现象,使他们的人生轨道不致偏颇,而且还会提升父母在孩子心中的威信。在拒绝孩子,对孩子说"不"的时候,也是有学问的,以下几个方法,可以供父母参考。

方法一:规则不能轻易打破

明骏喜欢看动画片,从小时候就非常喜欢,上了小学六年级还是喜欢看。可是家里看电视的时间是规定好了的,写完作业7点半到8点半之间他才可以看。明骏一向遵守得也很好。可这一段时间正在上演《虹猫蓝兔七侠剑》,明骏看得如醉如痴。到了8点半,他还恋恋不舍地看着。妈妈一看时间到了,就提示他:"明骏,时间到了。"这时爸爸不忍心了,偷偷地小声对妈妈说:"他这么喜欢看,让他再看半小时吧。"可是妈妈还是不同意,让明骏离开电视去洗漱睡觉了。

对于家庭制定的规则，一次被打破，就有可能第二次被打破。那么，男孩就可能不把规则放在眼里，对规则不再重视、不遵守。假如明骏妈妈同意了他多看半小时，无疑设置了麻烦，明骏就可能明天或后天还要求再延长半小时的动画片时间。

对于家庭制定的规矩，或者说是规则，父母要在可行的基础上，和男孩一起沟通，为了让男孩自觉遵守，父母要与男孩一起制定各种规矩，这是尊重男孩的体现，也能让他更好地了解父母的想法，他执行起来也会更主动。对于制定的规则，要尽量具体。例如，每天看电视的时间，几点睡觉，玩具玩完之后要自己收拾整理好，等等。规则一旦制定好，就不要轻易地去打破，这样孩子从内心也会对这个规则重视，并由开始的遵守变为一种习惯。

小民从来不和别的小朋友攀比，也从不乱花钱。他和爸爸妈妈逛商场超市时从来都是安安静静的，只挑一件他想要的东西，从来不向父母提出过分的要求。原来，从小时候，爸爸妈妈带他去超市时，就提前给他讲一个规矩：需要买的，爸爸妈妈会买的，他自己只能挑一件。于是他就会跑上几圈，慎重地选上一件他想要的。这也成了他的习惯。

良好的习惯是约定俗成的。因此，父母要给男孩制定一些合理的规则，而这个规则将会对他良好习惯的养成有很大的推动作用。

方法二：男孩无理取闹时，父母要平静地说"不"

海生的爸爸一向脾气好，可是这天却忍不住打了海生。原来，海生想让爸爸带他去画画，而爸爸因为有事，答应他明天再去。可是，海生却一直别别扭扭，什么事都不和大人配合。妈妈叫他吃饭，他也懒得应。等到爸爸厉声喊他时，他大声一吼："管我干吗？"爸爸一听生气了："该吃饭当然要吃饭，我为什么不管你？"

海生气哼哼地从客厅又跑到洗手间。过了一会，洗手间传来乒乒乓乓的响声。海生出来之后，爸爸打开门一看，洗手间一片狼藉，原来镜子在海生关门时打碎了。他的怒火一下上来了，把海生揍了一顿。

很多像海生爸爸一样的父母，当看到孩子有意地侵犯自己的权威时，就会轻易把这种愤怒表现在语言及行动上，有时男孩会故意做出某些惊人的行为，目的就是要惹恼大人，引起别人的关注。所以，父母要理性地面对，对于男孩的无理取闹，要保持平静的心情和语气，并表达出你的想法。这样，男孩会从你的语言态度得到一种信息，那就是他的取闹是达不到效果的。

方法三：告诉男孩拒绝的理由

有些父母带孩子出去时，当孩子提出不合理的要求时，父母就会编一些谎言哄骗孩子。比如，孩子站在玩具店前恋恋不舍，父母就会说："今天没带钱，明天再来吧。"孩子如果忘记就忘记了，再提起，父母也不会兑现"明天买"的承诺。

有的父母甚至编造更奇怪的谎言："卖玩具的老板是个坏人，你要老在这儿站着，他会发怒的。"以此类的话来吓唬孩子。

其实父母拒绝孩子的不合理要求，完全不必这样。要拒绝孩子，就要把拒绝的真正理由告诉孩子。当孩子知道父母在说谎时，会给他带来不好的影响。父母可以直接告诉孩子自己的意见，比如：这个玩具没有太大价值，不值得去买。这样去帮助他树立正确的消费观，那么长大后，他也会成长为一个理智消费的人。

教育专家给男孩父母的教子方案

很多时候，父母不知道怎么去拒绝孩子的无理要求，害怕"拒绝"会伤害到孩子。如何巧妙地解决父母的这一难题？王金战老师给各位父母支了招：

1. 做事之前先给孩子定规矩。
2. 转移兴趣，引导孩子做一些有意义的事情。
3. 平静地对孩子说"不"。
4. 说"不"就要坚持到底。

第88招 父母如何说，男孩才会听

饭菜都上桌好久了，喊了几遍，男孩还是不肯离开电视机，嚷着非要先看完动画片再吃饭。妈妈再三催促无效后，情急之下就大声呵斥起来。而男孩对妈妈那些唠唠叨叨的"不能老看电视，眼睛就坏了"的劝说置之不理，眼睛还是盯着电视拔不出来。妈妈控制不住，一下子就把电视机关了，拉着他去饭桌。可是男孩也倔强得很，并不妥协，还是不吃饭。这使一家人都跟着生气，都在郁闷。

有时候，男孩就是存心和父母作对，父母说东，他说西，父母说左，他偏向右。如果父母坚持，他可能满地打滚、哭闹，折腾不休，直到父母妥协，这才宣告结束。为什么父母的话孩子就是不听？

孩子和父母针尖对麦芒似的对着干，一般父母都会把问题归咎到孩子的身上，说他太不听话了，太任性。但是，所有的事情，并不完全都是孩子的错，而更多是我们成人在犯错。长期这样教育孩子，孩子不仅不会变得更听话，相反，他会更加任性，变着法儿地和父母继续作对，甚至以"打打敲敲"的方式吸引父母的关注。那么，遇到这样的情形，父母究竟该怎样处理和面对，才能让孩子听话呢？

如果父母尝试改变一下与孩子的交流方式，或许他就会变得更听话、更懂事。父母不妨采取以下的办法：

方法一：采取诱导的方式

孩子对于他所感兴趣的事情，总是千方百计地想要了解得更多一些。如果这时候父母强行阻止他，很难把他扳过来。当我们的规矩和孩子的愿望有冲突的时候，父母千万不要硬着来，可以采取相对比较软性的方式，不妨顺着他的愿望走下去，等到走不下去了，他自然会转弯。

名扬已经把家里的两个钟表卸开了，却再也装不上了，都给报废了。这天，他又想把闹钟拆了，想看看里面到底是什么样的。妈妈说："钟表的内部构造都差不多，不要再拆这个了。"名扬还是想打开看看。妈妈见他这样，就不再反对了。"儿子，拆吧，为了满足你的好奇心，学爱迪生，妈妈支持你。不过呢，这个表再坏了，咱们家就没有表了。明天起床怎么办，谁叫你，你上课迟到了会怎么样？呀！你们是不是换了一个新班主任，这个班主任厉害吗？你可要给他留个好印象啊。"名扬听了妈妈的话，考虑了一会儿，又把闹钟放回去了。

男孩性格倔强，他想做的事情，就要一定做到。父母越反对，他反而会越来劲。在男孩提出某项不合理的要求时，父母这时先不要急于提出反对意见，更不要极力阻止他。而是要平静地先顺着他的愿望说下去，等他很乐意地听你说时，再慢慢地摆出做这件事情的弊端。这样的话，他的想法就有可能转弯，不再执意于原来的想法。这个方式可以使父母和男孩皆大欢喜。

方法二：让男孩亲身去体验后果

有时候，父母把道理给男孩讲得很清楚了，男孩自己也明白，但就是不接受。这时候，父母再进行过多的说教是没有任何意义的，干脆就停止这些无益的说教。如果没有危险，他想要那么做，就让他去试，让他自己去体验按照他的想法所做的后果。亲身体验是更能说服孩子的一种方式。

星期天时，舟舟总爱抱着电视看个没完。妈妈叫他吃饭也叫不动。气得妈妈唠叨个不停："一过了吃饭的时间，你又该饿了，又要吃这个又要吃那个的，净是折腾我了。"爸爸走过去问舟舟："你确定不吃饭了吗？"舟舟点点头。

爸爸跟妈妈说："不用逼他了。既然他不好好吃饭，就让他体验一下不吃饭的感觉吧。我们先吃了，吃完就把饭菜撤了收拾好，把零食也都收起来不给他吃，让他坚持等到晚饭时再吃。不行的话，晚饭的时间可以提前会儿。饿上一顿，也不会饿出毛病来的。等他体验过挨饿的感觉，以后吃饭，就不会不积极了。"

妈妈按爸爸说的做了。果然，舟舟没等一个小时就开始扒着找吃的了，可是妈妈什么也没给他留。一个下午，他饿得团团转，可是因为他有言在先，所以也不好意思让妈妈去给他做。到晚上吃饭的时间，妈妈这边一叫，他立即就起身赶到饭桌前了。

方法三：就事论事，不夸大事实

　　男孩犯了错，有时父母数落时，越说越激动，情绪失控，就把陈芝麻烂谷子的那些事都给抖搂出来了。这会使男孩从心理上特别反感，逆反的情绪也开始滋生，甚至对一些事物产生一些仇恨情绪。男孩在学习考试中出现失利，或是在生活中出现些失误，这都是正常现象，父母不要过于敏感和急躁，应该就事论事，帮他找出造成这种后果的原因，再帮他去改正和提高。这才是解决问题的真正办法。在这个过程中，男孩也会得到更好的成长和发展，同时也会加深他们和父母之间的感情。

教育专家给男孩父母的教子方案

　　国际著名亲子沟通专家阿黛尔·法伯认为，人们最不想听到的就是建议、大道理、心理分析或者别人的看法，那样会让自己心情更糟。所以她认为父母在与孩子沟通时，最重要的是认同孩子的内心感受，为此，她给父母提供了四个技巧：

1. 全神贯注地倾听。
2. 用"哦""嗯""这样啊"来回应他们的感受。
3. 说出他们的感受。
4. 用幻想的方式实现他们的愿望。

第九章 开启男孩的心门，这样沟通最有效

四种沟通模式，升温你和男孩的关系

有时候，对于父母过多的说教，天生叛逆的男孩很容易产生逆反心理，认为父母太唠叨。这样就导致父母苦口婆心地说了一大箩筐，男孩是左耳朵听、右耳朵出，根本起不到什么作用。沟通是双向的，有时口头语言显得很枯燥、乏味，父母就要想着用些别的表达方式，向男孩传达你的关怀和爱。

《傅雷家书》是傅雷写给孩子们的信。这些信里都是傅雷对孩子的谆谆教诲，浸渍着殷殷的父爱。傅雷在给儿子傅聪的一封信中说过："长篇累牍地给你写信，不是空唠叨，不是莫名其妙地说长道短，而是有好几种作用的。第一，我的确把你当作一个讨论艺术、讨论音乐的对手；第二，我极想激出你一些青年人的感想，让我做父亲的得些新鲜养料，同时也可以间接传布给别的青年；第三，借通信训练你的不但是文笔，而尤其是你的思想；第四，我想时时刻刻，随处给你做个警钟，做面'忠实的镜子'，不论在做人方面，在生活细节方面，在艺术修养方面，在演奏姿态方面。"父爱贯穿于家书的全部内容，教诲儿子不断地进步，严肃地对待艺术，最终使傅聪成为一名享誉世界的钢琴家。

由此可见，教育男孩不见得只得通过言语的教育才能达到目的。父母要多尝试，通过其他的沟通方式，升温与男孩的关系。

方法一：留小纸条，向男孩进行暖意的传达

可别轻看一张小小的纸条，这是父母与男孩之间沟通的一种有效方式。父母在纸条中对男孩交代的一些生活的小事、叮嘱、表扬或者批评，父母点点滴滴的关怀，他都可以感受得到。由于落到纸上的文字相对口头语言更温暖理性，更多一份理解和体贴，男孩在这种引导下，会很愿意去完成父母叮嘱的事情。安晓妈妈曾这样说过：

我平时工作很忙，再加上性格比较急躁，所以，有时候对儿子也没耐性，急了，话也说得过火。有一次，我晚上没睡好，早晨起来心情有点儿烦躁。儿子起来吃早饭时，看我没吃，就跑到里屋叫我："妈妈，你怎么不吃饭呢？"我脱口而出一句话："哪这么多事，快吃完饭走你的吧。"儿子没有吱声就退出去了。其实说完我就很后悔，儿子又没做错事情，我干吗那么对他呢？一大早就把坏情绪传染给他了。于是，我就给他留了张纸条：儿子，早晨妈妈身体不舒服，也说了让你心里不舒服的话，妈妈真抱歉！晚上下班回到家时，儿子迎上来，忙着帮我拎包，拿拖鞋，关切地问我："妈妈，你好点了吗？"我那时已经忘记了早晨的不舒服，儿子一句话问得我差点流出泪来。从那以后，给儿子留纸条就成了我的习惯。有什么生活、学习、思想上的事，我们常常通过纸条来沟通。儿子现在更懂事了，越来越理解大人，生活、学习也基本不用大人操心。

方法二：写信，为男孩记录爱的印证

有些孩子在小学、初中就有了早恋迹象，聪明的父母绝对不会直接向男孩求证，或者和他正襟危坐地面谈这件事。因为，在沟通过程中，父母的语言尺度不好掌握，而孩子也会因为面子问题而拒绝正面回应。如此，便没法沟通了。父母要完成自己的教育义务，当然还要想办法沟通，从思想上给男孩指导。那么，这时候写信就是一种很好的选择。通过这种方式，父母可以畅谈自己的看法，并以自己的宽容对男孩表示理解。字字是情，句句浸润着父母的关怀，这份苦心，男孩当然会理解。在这份沉甸甸的感情面前，他自然就会懂得把握自己了。现实中，有时候父母在对孩子的教育中，因为放不下架子，有些话当面怎么也开不了口，或者男孩不愿回应某些事情，造成了双方无法达成沟通，在这种情况下，父母尝试写信就是一种很好的办法。

方法三：发短信，让男孩随时感受你的关怀

现在的男孩，为了方便联系，很多都有了手机。父母也不妨很好地利用这个资源，用短信经常和男孩沟通，让你的关怀如影随形地陪伴着他，让他在你的关怀下更努力地回报你对他的理解与信任。

说到妈妈的短信，李健深有感触。每当他学习中取得一些成绩或者考试失利时，

妈妈的祝贺和鼓励的短信总是如约而来，让他并没有因此过于得意，或过于颓废，反而冷静下来思考。妈妈从来不限制或强迫他去做什么，但是妈妈的关怀却会让男孩更多了一份自律。有一天晚上，李健和几个同学一起去吃饭。吃完饭后，都九点了，有个同学提议一起去滑冰场再玩会儿。李健正在犹豫不决时，妈妈的短信发过来了：儿子，回来的路上注意安全！看到这条短信，李健立即决定回家了。

方法四：记录网络日志，见证男孩的成长

方明和妈妈每天晚上都有半小时的时间上网。他们一个在客厅，一个在书房，分别写着自己的博客。妈妈从方明未出生时就开始为他写成长日志了，每天都记录他的有趣的事情，方明生活中精彩的点点滴滴，都被妈妈用文字记录下来了。方明上学后，也学妈妈建立了博客，写自己的成长日记。他和妈妈，经常在网络上相互留言交流。妈妈通过看他的日志，会对他的学习和生活及时地给予一些指导；而方明看到妈妈为自己写的成长日志，更体会到了妈妈对自己的爱。

为男孩写日志记录他的成长是一件非常好的事儿，但也不是说每个父母都必须为男孩写成长日志，这不是见证他成长的唯一标准。在网络上与他沟通，解决现实中的一些问题和苦恼，也是见证他的成长。这些对男孩的成长都有非常重要的意义，因此，父母也要与时俱进，学会在网络中见证男孩的成长。

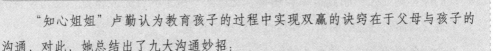

"知心姐姐"卢勤认为教育孩子的过程中实现双赢的诀窍在于父母与孩子的沟通，对此，她总结出了九大沟通妙招：

1. 坐下来听——让孩子倾诉。
2. 把选择权交给孩子——让孩子决定。
3. 蹲下来看——和孩子平视。
4. 相互尊重——与孩子商量。
5. 能者为师——向孩子学习。
6. 巧妙地表达——给孩子写信。
7. 留点面子——替孩子着想。
8. 认识社会——放孩子出去。
9. 说声对不起——向孩子道歉。

第90招 重视与男孩的"非语言沟通"

英国的教育学家斯宾塞说:"事实证明,如果对自己的孩子多一些拥抱、抚摸,有时甚至是亲昵地拍打几下,孩子在对外交往以及智力、情感上都会更健康。"

孩子会从父母日常的言行中感受到爱,感受到被重视,相反,也会感受到被伤害。在他们受伤的时候、疲惫的时候、不自信的时候、需要被赞美的时候,一个温暖的眼神、一个轻轻的拥抱,或许就是对他们最好的鼓励和安抚。

男孩天生有着敏锐的感受力,较之女孩,男孩似乎更不擅长用语言来表达自己的情感,他们或先天或后天地养成了独立思考、默默感受的习惯,"非语言沟通"对这些沉默坚韧的男孩来说,是一条更容易接受的沟通途径。那么,父母要通过什么方式达到与儿子的"非语言沟通"呢?

方法一:让男孩感觉到你对他关切的眼神

眼神是极为常见的一种非语言行为,鼓励赞许的眼神会给孩子以自信和激励;责备轻视的眼神则使孩子感到自卑和伤害。父母给予孩子的目光应该是信任与期待的,让孩子感受到你们对他的期望,相信他可以做得更好。

有个叫张强的小学生曾在他的作文中写道:

星期天,在家玩时,我不小心打碎了花瓶。妈妈很认真地看着我说:"儿子,花瓶碎了,你要负责,清扫一下地吧。"我忐忑不安的心一下踏实下来,内心意识到自己太不小心了,以后再也不犯这种错误了。妈妈的眼神中没有任何责备之意,我反而更愧疚。

男孩时刻可以感受到父母及身边人关注的目光,知道自己被期待,会激发孩子的上进心,他会努力地做得更好,以证明他值得被期待。

方法二：拍拍后背，让男孩勇敢、自信地登台

钢琴家郎朗，少年时每一次演出之前，他心情都会紧张。每当轮到他演奏的时候，在他迈步之前，爸爸都会在他的后背一拍："儿子，看你的了。"每当这时，郎朗的内心就像注入了无穷的力量和激情，让他一下子充满了自信和勇气，于是，昂首挺胸地走上台去。他也用成绩向父母证明了自己是最棒的。

生活中，孩子会经历许多不得不面对的事情，比如考学、比赛、面试，或是站在演出的舞台上，他会紧张、会不安、会没有信心，而男孩往往不屑也羞于把这种不安表现出来。作为男孩的父母，在这样的时刻，其实什么也不必说，只需走到他的身边，伸出手轻轻地拍拍他的后背，让他知道你相信他，并且始终如一地支持着他，这就足够了。

方法三：多多对男孩报以微笑

孩子擅长观察父母的表情，从而猜测父母的想法和态度。中国几千年来刻板的教育方式使父母习惯了板着脸来对待孩子，似乎孩子做的总是错的。这就让孩子不愿意主动与父母沟通，生怕招来父母的责骂。

公园里有一对母子，男孩不过五六岁的样子，跑到一堆孩子里玩耍，这时大家看到男孩在打另一个女孩的头，双方的家长都急忙奔过去，女孩的妈妈很气愤地斥责了几句，抱着自己孩子走了。男孩也很生气，脸都红透了，一句话也不说。男孩的妈妈并没有斥责他，她把男孩拉到身边坐下，笑着问："能告诉妈妈为什么吗？"男孩显然还在生气，母亲一直微笑地看着他，耐心地等着他的回答。他嘟着小嘴，好半天才委屈地说："我不是打她，她头上有只小蜜蜂，我想帮她赶走。"

从上面的事例可以看出，父母不妨对孩子多报以微笑，让他知道，你乐于与他沟通，乐于了解他内心里真实的感受，那样孩子才会对你敞开心扉，才会让你知道他真正的想法和原因。让微笑荡漾在你和孩子的脸上，让孩子在微笑中得到肯定，在肯定中快乐、健康地成长。

方法四：给男孩一个安慰的拥抱

拥抱，在中国的教育模式中是一个被漠视和忽略的方式。拥抱孩子是一种良好的

亲子沟通方式，在父母的怀抱里，孩子感到温暖和安全，那是一种天然的信任感。

我曾读过一篇英文《我父亲的儿子》，作者的父亲是一名出色的宇航员，整个国家甚至整个世界都以他为骄傲，可是在他眼里，父亲只是父亲，跟成就没有多大关系。在10岁的时候，他参加了学校举行的关于父亲的作文比赛，每个人都以为他一定会写父亲的辉煌业绩，可是，他对父亲最深刻的感受却是"当我的小狗斯伯蒂被车撞死时，他走过来紧紧拥抱着我"。对于一个10岁的孩子来说，没有什么比在受伤的时候有父亲的怀抱可以依靠更值得信赖。

拥抱是一种无声的语言，孩子可以通过身体的接触来了解父母的想法和感受，并满足自己的内心需要，从而达到有效的沟通，让孩子体会到安全、依赖和信任。就如教育家老卡尔·威特所说："我认为，沟通是一种艺术，有关的时间、地点、环境和方式都要考虑到。比如说孩子有时候希望在心理和情感上保留一些自己的空间或者说他情绪波动很大，非常需要安慰，在这些时候，我会拥抱、抚摸儿子，传达给他沉默而温暖的信号。"

教育专家给男孩父母的教子方案

沟通不仅仅是用嘴说这一种方式，人的眼神、动作等都可以成为沟通的方式，对此英国作家伊丽莎白·哈特利·布鲁尔给父母们提供的方法是：

1. 当孩子想跟你说点什么的时候：首先把你的眼睛转向他，然后放下手中的家务或工作，把注意力转向他。

2. 观察孩子的面部表情，发现其背后的隐含意义，同时注意他的坐姿或站姿以及他说话的语气。

3. 让孩子感受到你是在认真对待他的谈话，激起他继续谈话的兴致。

第十章 了解悄悄变化的男孩，陪他一同走过青春期

关键词：叛逆、青春期、宽严相济、交朋友、引导、早恋、理解、尊重、性教育、知情权、性冲动、不良诱惑、吸烟、喝酒、毒品、电视节目、绿色上网、沟通、投其所好、生死教育、心理压力

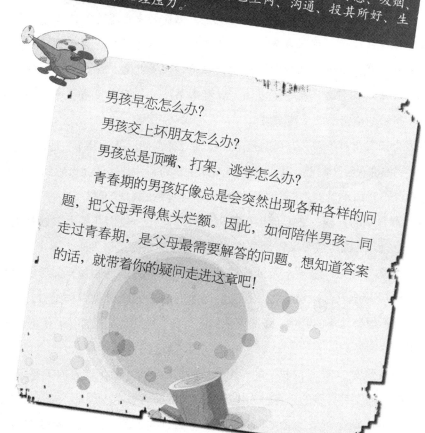

男孩早恋怎么办？

男孩交上坏朋友怎么办？

男孩总是顶嘴、打架、逃学怎么办？

青春期的男孩好像总是会突然出现各种各样的问题，把父母弄得焦头烂额。因此，如何陪伴男孩一同走过青春期，是父母最需要解答的问题。想知道答案的话，就带着你的疑问走进这章吧！

第91招 顶嘴、打架、逃学
——男孩叛逆为哪般

以下是一个男孩姐姐的网络日记：

我弟弟今年15岁，在一所普通高中就读。他在初中时还是很听话的，学习也不错，在班里同时兼任班长、课代表等职务。可是自从进入了高中，他的成绩就一落千丈，性格也变得暴躁、傲慢。他经常违反学校纪律，比如打架、早恋……为此，老师经常找我父母谈话。我们全家想尽了办法，但对弟弟一点儿用都没有。我真的不理解，为什么好端端的弟弟突然就变坏了呢？

许多男孩父母都反映，自己的孩子自从进入青春期后就学坏了，他们早恋、抽烟、喝酒、厌学逃课、迷恋网吧，甚至会对别人发生暴力行为，这让父母感到很不安。其实，男孩变坏、不听话不是偶然的，而是青春期不可避免的心理现象。

进入青春期的男孩，在心理上会发生极大的变化。他们几乎大多数都天天处于矛盾之中：他们总是渴望成熟又留恋童年；他们喜欢追求完美又发现世界上有太多缺憾；他们憧憬独立、自由、平等、完美，却无法如愿；他们拒绝老师、父母的思想灌输，却需要得到帮助……这样矛盾的心理，使得他们的行为变得荒唐和无聊。这时候，很多父母不但不理解儿子的心境，还约束他们的行为、质疑他们的能力，使得男孩的"坏"不断升级。

可以说男孩变"坏"是成长中的一个必然阶段，父母不要把这看成天要塌下来一样，而应以冷静的态度对男孩的不良行为进行疏导，帮助男孩走出躁动，步入成熟。

我们知道，青春期是生理、心理发展不可逾越的阶段，是规律性的东西，那么男孩的不良行为也是一种正常现象。听话的男孩未必好，不听话的男孩也未必不优秀。父母在教育男孩的时候，要把他当成自己的朋友，同时，父母要不断地反省自己的教育方法，审视自己的家庭环境等，看看有没有进入教育的死角。只有这样，才能帮助男孩进一步成长。

方法一：尊重男孩，减少大道理说教

父母都知道，如果青春期叛逆的男孩不能得到有效的指导，就会造成男孩和家人、老师的关系紧张，从而产生代沟；有时，因为父母不能理智地处理男孩的叛逆，还会引发男孩的偏激行为，甚至导致其出现极端思想。

如何对待青春期的叛逆男孩呢？父母千万要记得，不宜对你的男孩采取大道理说教。要知道，男孩的身体虽然已像成人一般，但其心理还不够成熟。由于他思维有限，所以不能完全理解你的行为的出发点，所以他会反感你经常对他讲道理，久而久之，就会"说"出一个"百毒不侵"的叛逆小子。

其实，平等、民主的教育方式是消除叛逆心理最有效的方式。这就要求家长在教育男孩时，要充分尊重他，多以平等、友好的态度与男孩进行谈心。当男孩犯错误的时候，要给予充分的理解和帮助。

方法二：多让男孩自己去实践、体验

13岁的男孩丁峰见同学养了一只小狗，特别好玩，非常羡慕，于是也要求爸爸为自己买只狗。丁峰的父亲说养狗太麻烦，会影响正常生活，于是提出反对意见。丁峰见父亲拒绝自己，不高兴地说："我喜欢狗，你不让我买，那你喜欢我好好学习，我也不好好学。"

丁峰的父亲想了想，说："买狗可以，你要负责照顾它。"丁峰同意了。然后他们去狗市挑选了一只小狗，抱回了家。

丁峰果然遵守承诺，负责照顾小狗。可是，没过几天他就烦了、累了。这件事让他感触很深："父母的话未必是错的，没必要和他们反着来。"

之所以很多男孩对一些事情固执己见，是因为他们缺乏实践经验。当男孩提出要求时，如果父母只是单纯地回答"你的想法不对"或者"这些不可以"时，就会激发男孩的反抗心理。其实，只要父母多让男孩进行体验，就能有效化解男孩的叛逆行为。

比如上面这个事例中的父亲，很理智地化解了男孩的对立情绪，又让男孩心甘情愿地认识到了自己的错误。可以想象，当男孩体验了养狗的辛苦后，他下次必然会对自己的行为慎之又慎。

方法三：把想说的话写在信中

15岁的小白最近情绪非常不稳定，总是觉得生活不顺心、不如意。因此，他学习的热情下降了，在校表现也十分不好，逃课、上网、喝酒、打架，用老师的话说就是："这个孩子简直'五毒俱全'！"为此，学校老师向小白的父母告状数次。小白妈妈非常苦恼，儿子以前一直是个听话的孩子，聪明乖巧、成绩不错，深受老师和同学的喜爱，近来怎么会变成"问题少年"了呢？

一天晚上，小白像往常一样吃完晚饭，走进自己的房间中，却意外地在电脑桌前发现了一封信。小白好奇地拆开，只见信上写道："儿子，你是否觉得现在的生活无聊、不顺心、烦躁……其实，这些都是青春期应经历的情感。爸爸妈妈在年轻时也像你一样，所以我们充分理解你的心情。而且，有一点需要你知道，我们对你的爱是真心真意的。任何时候，只要你需要我们的帮助，我们都永远欢迎你！爱你的爸爸妈妈。"

小白看后感动地放下信，情不自禁地向父母的卧室走去……

小白的父母在面对儿子叛逆的行为时，没有打骂，也没有说教，更没有用金钱收买孩子，而是用一封凝结着爱的信件来与儿子进行沟通，用爱心抚平了男孩在青春期的波动情绪。

男孩不是超人，男孩也会遇到难题、遇到困扰，尤其在青春期。父母在男孩情绪低落时及时给予鼓励和支持，是消除其叛逆心理的最佳方法。当然，如果你觉得当面说达不到预期的效果，也可以模仿事例中的父母，为男孩写一封充满爱意的信，以此融化他心中的"坚冰"。

教育专家给男孩父母的教子方案

青春期的孩子通常会遇到三个方面的问题:第一个问题是逆反,如他们与父母的关系会突然恶化;第二个问题是双向性:他们会一方面藐视权威,一方面又盲目崇拜;第三个问题是追求神秘主义。父母如何面对存在以上问题的青春期孩子?心理学家李子勋这样回答:

1. 父母要表现出适当的无知,给孩子"自己当家、自己做主"的机会。
2. 父母要时常对孩子好奇、保持兴趣,对他多一些关心和尊重。
3. 父母要学会在孩子的面前示弱,让孩子来充当自己的"保护者"。

第92招 面对青春期不听话的男孩，"宽严相济"才是正道

很多男孩父母都发现，当男孩进入青春期后，他们越来越不听话了，也越来越难管了。有些男孩甚至专门和父母对着干，只要看到爸爸妈妈生气，他们就觉得高兴。对于男孩来说，青春期是一个特殊的阶段，也常常做出一些不理性的行为。父母应该理解和宽容他们，并且对他们进行引导，这样才能让他们身心健康地发展。

小虎是一个非常听话的孩子，从来不惹爸爸妈妈生气。但是自从升入中学后，小虎的情况发生了很大变化。

上个周末，小虎没完没了地看电视，妈妈怕他写不完作业，便对他说："等一会儿电视剧演完了，赶紧写作业吧，要不然就写不完了。"就这样简单的一句话，小虎竟和妈妈发起火来："你每天都没完没了地唠叨，以后我的事不用你管。"妈妈听了这话，非常生气，和小虎吵了起来，结果小虎不仅不认错，还摔碎了一只玻璃杯，气得妈妈眼泪都流了下来。看到妈妈流泪，小虎竟然解恨地说了声"活该"，转身就走了。妈妈实在想不明白，以前那个听话的小虎怎么会变成现在这个样子。

当男孩进入青春期后，他们的生理会发生很大的变化，并将达到个体的成熟。心理发展和生理发展是密切相连的，大部分时间里，生理发展和心理发展的速度是相互协调的，处于一种和谐、平衡的状态。但是当孩子到了青春期后，生理发展十分迅速，远远把心理发展抛到了后面，从而引起身心发展上的矛盾。所以，青春期的孩子情绪多变、脾气暴躁都是正常的，父母应该对他们多加引导，让他们身心健康地成长。

一般来说，男孩在青春期不听话的行为表现包括：顶嘴、耍脾气、常有理、不断要新东西、霸道、不肯回家、交一些坏朋友、沾染一些坏习惯等。那么面对青春期男孩的这些坏习惯和不听话行为，父母应该怎样在不伤害孩子的情形下帮助他们呢？

面对青春期不听话男孩，"宽严相济"才是正道

父母少一点批评和指责，双方才能够少一些争吵。

用温和的态度把道理简单地说给男孩，相信他会明白你的用心。

方法一：对青春期男孩多加指导

面对男孩的不听话，父母应该宽容和理解他们，但并不是要纵容他们，让他们任意发展下去。

一位爸爸曾经这样谈到自己的教子经验：

对于我那正处在青春期的儿子，我是非常宽容和理解的，也正因为这样，我们的关系非常好。我常常找儿子聊天，让他谈谈对一些事物的看法。这样做，有利于树立他的是非观和价值观。当然，我们也有发生矛盾的时候。前段时间，儿子不知道和谁学会了说脏话，脏字、脏话一串串地从嘴里冒出来，让人听上去很不舒服。我温和但又不失严厉地对儿子说："说脏话是不好的行为，你以后要改掉这个坏毛病。"儿子有些不服气地说："我们班里的男生都这样。"我说："你不应该追随别人，你要有自己的观点和看法。我问你，你感觉说脏话很好吗？"儿子低着头不说话。我接着说："既然你也认为说脏话不好，你就应该坚持自己的做法，而不是模仿别人。"从那以后，儿子改掉了说脏话的毛病。我认为，对青春期的孩子要"宽严相济"：要多给他们理解和尊重，但是遇到一些原则性问题时，一定不要纵容他们。这样，孩子才能健康地成长。

方法二：尊重和理解青春期男孩，减少批评和指责

一位妈妈曾经谈到这样的育子经验：

儿子进入青春期后，脾气变得越来越不好，常常和我们发生争吵。开始的时候，我对儿子的改变非常不适应，总想教训他一下。后来看过一些关于男孩青春期的书籍后，我改变了自己的做法。我试着和儿子做朋友，并且尊重和理解他，当遇到一些矛盾的时候，我不像以前那样马上就批评、指责他，而是给他讲一些道理，多给他一些思考的时间。现在儿子已经过了青春期，变得更加成熟了，我真为自己当初的改变而庆幸。

青春期男孩的不听话是有原因的，所以父母要尊重和理解他们，减少批评和指责。这样，才能够减少争吵，并有利于男孩的健康发展。

教育专家给男孩父母的教子方案

很多父母都会有同样的烦恼:进入青春期的男孩开始变得不听话了,与孩子的沟通也越来越困难了。如何解决父母的这一问题,王金战老师给出的建议是:

1. 父母首先要颠覆"听话就是好孩子"这一传统观念,敢于接受青春期孩子的逆反,让他有属于自己的生活主见。

2. 父母要先去理解孩子,多站在孩子的角度去体会他们的心情和想法,进而引导孩子认识自己的问题,并提出科学合理的解决办法。

3. 父母要用欣赏的眼光看待孩子,即使要批评,也要采用正确的批评方法,不能"抬手就打,张口就骂"。

妈妈这样说，男孩才肯听；妈妈这样做，男孩更出色

第93招　男孩交朋友，离不开父母的引导

朋友对于正处在成长阶段的男孩来说，是必不可少的。如果男孩与好朋友一起玩，可以熏陶男孩的人格，让男孩朝着好的方向发展；若男孩与道德低劣、品格不端的朋友混在一起，则可能会让其走上邪路，所谓"近朱者赤、近墨者黑"说的就是这个道理。对于年龄尚小的男孩来说，朋友的多寡与好坏，会影响他们的一生，因此，父母必须认真对待这件事情，争取让男孩做到广交友、慎交友、交好友。

但在现实生活中，一些父母对自己的男孩百般呵护，视他为掌中宝，为了避免男孩在人际交往中受到伤害，父母常常限制他交朋友，甚至还认为孩子有没有朋友并不重要。这种想法是非常错误的。男孩需要朋友，需要友情，尤其是对于处于青春期的男孩来说，他们渴望与人交流和倾诉，需要在与同龄人玩耍的过程中体验生活，若此时父母因怕孩子接触到不良少年而限制其交友活动，则很容易伤害孩子的情感，导致他在今后的交际中出现一些障碍，如冷漠、自闭、疑心重、孤僻、多愁善感等，这对男孩的健康成长与今后生活能力的发展都是很不利的。

美国前总统布什上大学的时候学习很差，但他依旧能够在学校中脱颖而出，这主要是因为他的一个过人之处——社交能力非常强。在大学四年中，他结识了耶鲁大学5000多名在校学生中的1/3。这近2000名同学为他今后的从政生涯打下了坚实的基础，在竞选中起到了不可忽视的作用。

从上面这个例子可以看出朋友对于男孩成长的重要性。朋友多了，男孩的眼界就广了，遇到事情后，也不会怅然若失，而是可以和他的伙伴们一起协商。另外，这些幼年的伙伴还有可能成为男孩成人后取得成功的资源。

父母需要在男孩交友的过程中对儿子进行指导，但这并不意味着孩子要完全按照父母的意愿来选择自己的朋友，父母也需要尊重孩子的意愿。虽然父母都希望自己的孩子能够结交良友，但除非孩子遇到危险，不然最好让孩子自己去分辨哪些友情是要

不得的，哪些人是不适合做朋友的。这样做主要是因为男孩生性好强、独立性强，如果父母直接插手他的朋友圈子，会让他觉得父母不尊重他，慢慢地产生抵触、叛逆心理，到那时，父母再怎么和孩子沟通也是没用的。

方法一：根据男孩的性格，为他寻找合适的朋友

不少性格内向的男孩，总是喜欢闷在家里，此时，父母就应该对他们进行积极的引导，教他们清楚地认识到，多认识些朋友，青春才更加轻松和随意；多和朋友们一起玩耍，生活才会充满乐趣。

小黄今年13岁了，但由于他很内向，不爱和别人说话，所以在生活中他没有什么朋友。一到假期，别的孩子都出去和伙伴玩耍，小黄总一个人闷在家里。妈妈看到这种状况，觉得很有必要为小黄找一个好朋友。于是就经常为小黄安排一些课外活动，并把朋友家一个比较活泼、好动的男孩小秦请到家里和小黄玩耍。一开始，小黄并不愿意和小秦玩，这时，妈妈就鼓励小黄说："小黄，你作为家里的主人，小秦作为客人，你一定要尽到地主之谊，让小秦感受到你是个非常热情的孩子，妈妈相信你一定能做到。"就这样，小黄迈出了第一步，主动走到小秦身边和他说起话来。很快，小黄和小秦就成为朋友了。渐渐地，小黄开朗了很多，在去课外活动班的时候，也能主动和其他的伙伴说话、交流了。

父母要根据孩子的性格为男孩寻找合适的朋友。对于男孩来说，朋友可以引导他们做很多事情。与文静的朋友在一起，能够让他们变得安静；与活泼的朋友在一起，则能调动他们的积极性，让他们也变得开朗；与爱读书的朋友在一起，则能唤起他们的读书意识。

为了让男孩结交到更多的好朋友，父母可以尝试着让孩子参加一些社会活动，让孩子接触到不同学校的孩子，为他提供广泛的交友条件。

方法二：培养男孩广泛的兴趣，增强男孩的交友自信

有些男孩父母会说："我不限制交友，但我儿子一直没有找到自己的好朋友。"这是因为男孩处于青春期，不善于表达自己的情感，交往能力有限。当出现这种情况时，

父母就要为孩子的交友牵线搭桥。

父母可以从培养男孩的兴趣入手，按照他的兴趣帮他报一些课外活动班，如吉他班、书法班等。这样，就能帮他制造与人相处、结交朋友的机会，还能充分利用男孩的业余时间，让他学到更多的知识，避免他因为无所事事而结交一些社会上的不良少年。

方法三：引导男孩明辨是与非、好与坏

处于青春期的男孩虽然表面上发育成熟，但内心却依旧是个小孩子，没有辨别是非、好坏的能力。在男孩交友的时候，就需要父母正确的引导，告诉男孩生活中的是非、好坏。不过需要注意的是，父母判断男孩的朋友是好还是坏，不能单纯从孩子的成绩来看，而要从品德等多方面来观察，只要男孩能从朋友身上吸收有利的养分，那么，这个朋友对于男孩来说就是好朋友。

总之，父母要通过言传身教，对孩子不断熏陶与渗透，帮助他寻找朋友，使之身心健康地发展。

教育专家给男孩父母的教子方案

伊丽莎白·哈特利·布鲁尔认为，"唯有承认并尊重孩子需求的管教方式才能让孩子的生活充满条理性、计划性和可预期性，否则，他们很可能不会接受，反而与父母成为'死对头'。"对此，她给父母提出的建议是：

1. 管教孩子要明确，并坚持优先原则，规则要简单、明了。
2. 管教孩子要坚定，同时也要充满友好和体贴。
3. 管教孩子要公平、一致，不要让孩子产生怨怼情绪。

第十章　了解悄悄变化的男孩，陪他一同走过青春期

帮助男孩冲出早恋的"迷宫"

从男孩入学起，就总能听到父母这样、那样的抱怨，而其中最令父母担心的莫过于男孩的早恋。随着社会媒介的不断发展，受电视等传播工具的影响，男孩变得越来越早熟。很多男孩在上幼儿园的时候，就能产生性别意识，进而对异性产生好感。但是，值得父母注意的是，这时的好感往往只是一种单纯的友谊，在以后的日子，这种好感会随着男孩年龄的增长逐渐趋于理性。

因此，父母在谈及自家孩子早恋的时候，首先要认清"早恋"这个词的真正含义。这时的早恋一般都是一种青春期前后非理性的好奇、爱慕。那么，父母应当在尊重孩子的同时，帮助其解决情感上的问题。

当你的男孩对你说他喜欢上了一个女生时，你绝对不能恶语中伤他的感情，毕竟，一个男生对一个女生的情感是美好而纯洁的，这也是男孩成长的一个重要标志。所以，面对孩子生命中展现出的自然情感，父母千万不可妄下结论，甚至奚落孩子的感情，这样会让孩子陷入一种难以名状的困境之中。

方法一：学会理解和尊重男孩的感情

早恋的危害，人尽皆知，特别是对男孩来说，一旦陷入早恋旋涡，便很难自持，而且会和父母产生很深的隔阂。

随着青春期的来到，男孩逐渐开始发育，这时他们对独立和自由的渴望是非常强烈的，也是非常容易产生叛逆心理的。他们对异性的好感不是局限于幼儿园时的好奇，而是一种来自生命中的情感，这种情感是不受自己控制的，也是青春期孩子最正常的反应，因此，对于青春期男孩的这种情感，父母首先应当予以尊重和理解。

下面是李女士的一段亲身经历：

我儿子上初中了，那天我无意中发现儿子写给一个女孩的一封情书，当时我就意识到他可能早恋了。起初，我想把信私自留下来，等他回来好好地质问他，并将信作为一种证据，但是很快，我又制订了一个新的计划。我故意将信草草地放回到抽屉里，让他知道肯定有人看过了，而这屋子里只有我和他爸爸，这样他心里就会有个底。

果然，下午放学后，儿子和我打了个招呼便走进房间，他在里面待了大概半个小时才出来，这与他平时很不一样，平时他都会放下书包就出来的。

我能体会到儿子此时的心情，于是让他坐在我的旁边，并用温和的语气对他说："你是不是有什么事情要告诉妈妈？"

儿子看着我，他的眼里有点儿怒气，我猜想是因为我私自看了他的信。他沉默了一会儿，说："没错！我喜欢班里的一个女生！"

我看了看他，然后很高兴地说："是吗？那首先要恭喜你终于长大了！因为你已经有了能够发现美的眼睛和懂得爱的心了。"

儿子不敢相信自己的耳朵，吃惊地看着我，我继续笑着问："那么，她喜欢你吗？"

接下来，我们轻松地聊了起来。当我了解到儿子只是单相思后，我又潜移默化地为儿子讲了很多关于早恋的故事，告诉他对异性好奇是正常的，但要保持一个"度"，要保持一个良好的形象等。就这样，我取得了儿子的信任，也让他感受到了家庭中的尊重，以后每周我们都会坐下来像朋友一样地聊天，他会和我说很多以前我都不敢想的事情，但这样也方便我及时更正他那些错误的思想，教给他一些正确的做法。

事实上，任何一个男孩对异性产生好感的同时，心里都会出现很多困惑，此时，他最需要的就是家庭中父母的理解和尊重，需要一个能够像朋友一样帮他解决问题的人，而不是一个不分青红皂白就对自己吵的父母。

如果父母在男孩早恋问题上能够表现出一种豁达和尊重，并像朋友一样站在男孩的年龄和角度去帮助他解决问题，那么，他一定会变得越来越理性，最后，将自己的爱慕沉淀在心里。

方法二：教男孩理智地认识、对待早恋

杨小光近期的学习成绩大幅度下降，原来是他喜欢上班里的一个女生，每天都无法把精力放在学习上。班里的老师得知后，及时地把这个情况告诉给了杨小光的父亲。

在一个阳光明媚的周末，杨小光的父亲突然要儿子陪自己到果园去玩。正值春季，树上一些花都开了。杨小光的父亲随手摘下了一朵，杨小光惊讶地对父亲说："这花开得这么漂亮，为什么你要摘下它呢？"父亲却冷静地回答："这花确实很漂亮，但却不会结果实。它们只会白白地吸取养分。"杨小光好奇地问："为什么呢？"父亲解答说："这些花是由于肥料充足才开放，而一遇到春寒，它就会自动衰落，可以说，没有任何生命力，还不如先把它摘掉。这就像爱情一样，过早的恋情往往都承受不住风吹雨打，只有经过时间考验，理智而成熟的爱情才会圆满。"父亲的话顿时化解了杨小光心中的痴迷。此后，他的生活再次步入正轨。

父母可以借助各种方式暗示男孩：早恋就像一朵鲜艳的花，必须具备温度、土壤及正确的时令才会结果，否则会过早地凋零。

方法三：父亲应间接地影响你的男孩

怎样和早恋的男孩沟通，已经成为父母最大的心事。一般来说，与男孩的沟通，绝对不能少了父亲的参与。并且，父亲还需要掌握一些沟通的技巧。因为父亲作为家庭生活中男孩最先接触的男人角色，与男孩沟通起来会比母亲容易得多。男孩父亲可以轻松地告诉男孩："你现在的所感所想，在几十年前我都经历过。现在回头想想，都是一些很不成熟的想法、很傻的事情。"以聊天的方式娓娓地与男孩共同温习你的过往，比单纯地说教要强得多。

除了在生活中要与男孩保持良好的沟通外，父母还可以通过一些日常生活的小细节间接地对男孩进行引导性教育。比如，在看一些电视节目时，和男孩一起讨论其中的人物，并将一些正确的思想灌输给男孩；在生活中，还应适当给男孩讲述一些有关男人魅力、胆识、梦想、勇气、责任的事情，以便男孩找到自己的现实位置，淡化男孩心中的恋情。

教育专家给男孩父母的教子方案

中国的父母应该换一种视角看待孩子的"早恋",对此,心理学家李子勋认为父母应该从以下几个方面认识这件事:

1. 父母要重新评价对孩子的前期印象,要对青春期的孩子重新定位,不要再认为他在恋爱方面还是白纸一张。

2. 父母要意识到孩子有这样的情感活动,但因孩子没经验,所以父母要仔细、谨慎地考虑孩子需不需要指导,以及怎么指导。

3. 父母给孩子恋情方面的指导时,指导方式不应是强行的而是朋友式的,或者是旁观者建议式的。

第十章 了解悄悄变化的男孩，陪他一同走过青春期

"性教育"是青春期男孩的必修课

可能大多数男孩父母，尤其是男孩的妈妈，都会觉得对儿子谈"性"是件特别尴尬的事情。其实不然，男孩进入青春期后，在生理和心理方面尚不成熟，对性问题十分好奇，同时也存在着很多疑惑，很希望搞清楚。这时，如果父母能与男孩谈谈性问题，为他解释清楚与性有关的各个细节，就可以解除男孩心中的疑问。反之，如果父母熟视无睹或加以干涉，男孩则会通过其他不正确的方式自己去寻找答案。

曾有调查显示，有八成以上的男孩，他们的性知识主要来源于言情小说、影视作品、黄色漫画、网络信息以及色情光盘。要知道，那些信息来源都是很危险的，通过它们获取的知识非常夸张、有失常理，甚至还有些变态和暴力，不能从根本上让男孩认识性，如果男孩照此学习和模仿，难免会出现性偏差行为。

只有父母才是男孩性的启蒙者，也是儿子最重要的性辅导老师。因此，父母不要随意丢弃自己的权利，让一些不合格的误导者教坏你的男孩，从而使男孩对性产生错误的想法和观念。父母应以自然、正常的态度，教给男孩正确的性观念，让男孩在很自然的情况下吸收性知识。这样，他的人生才能有一个健康、美好的开始！

真正的性辅导是对男孩人格魅力的塑造和对其责任感、毅力的培养。所以，性辅导的主战场应该在家庭中进行，而父母就是最合适不过的老师，我们的言行、态度、思想以及从前的经历，都将是影响男孩的教材。

男孩父母，应该多学习一些有关性方面的知识来充实自己，掌握一些与性教育有关的知识。有了足够的知识储备，与孩子谈论性问题时才会有自信心。

方法一：教男孩认识性问题，给他更多知情权

有一位男孩在睡觉时发生了遗精现象，他认为自己生病了，非常担心，但由于病

情发生在私密处,他又不好意思告诉自己的父母。于是,他便在书摊上买来一些不健康的书籍,想从中寻找到答案。

一天,男孩的母亲在整理他的房间时,发现了这些不健康的书籍,母亲恍然大悟,这才意识到是时候告诉孩子一些性知识了。于是,这位母亲以非常轻松的口吻给儿子写了一封信。信上,母亲以自己和男孩的父亲举例,把有关青春期的性知识全告诉儿子。儿子明白了这些后,不再为自己感到担心,心情释怀多了。

男孩父母应该给男孩更多的知情权。正因为他不知道的东西太多,才试着去尝试。父母可以开诚布公地与孩子讨论性及性器官的基本常识,要把正确的价值观、判断是非的标准清楚地告诉给孩子,从而让他懂得如何尊重、爱护自己和他人。

方法二:发现男孩对性产生兴趣时,不要呵斥他

这是一位男孩父亲的育子经历:

我儿子今年15岁,正值青春期。一次我去他房间找东西,忘记了敲门,却发现儿子正躺在床上,尽管他的身上盖着被单,但我能清晰地看出他的手正放在下体上……

我马上转移开视线,假装没在意他的行为,随便在他的书柜中翻出一本《红楼梦》就离开了。过了一会儿,我决定找儿子谈谈。我特意以《红楼梦》为话题,对儿子这样说道:"《红楼梦》这本书挺有意思的,里面有个人物叫贾瑞,他得了重病,有一位道士来给他治病,送给他一面神奇的镜子。这个镜子从正面照会出现一位漂亮的姑娘;而从反面照,就会出现一具可怕的骷髅。道士嘱咐贾瑞,千万不要照正面,可他不听,每天都贪恋美女,结果不久便送了命。这就是因为他太不节制自己了。"儿子听完后,脸上流露出懵懂的神情。

接着,我不再拐弯抹角,与儿子面对面地谈起性的问题来。我深入浅出地告诉儿子:男孩在青春期有哪些心理特点,男孩与女孩有什么区别,女孩的身体有什么特点……使儿子对男性和女性有了比较全面的认识。接着,我便对儿子解释什么是手淫。我告诉儿子:"手淫是男孩长大后出现的一种正常的自慰行为。很多男孩子都有手淫的行为,没什么见不得人的,但是要懂得节制,否则既荒废了学业,也可能使自己体弱多病。"儿子听完我的话后,好像一下子变得轻松了。

慢慢地,儿子手淫的次数变少了。看到他平安地度过了性萌动期,走上了健康之路,

我由衷地感到欣慰。

当父母发现自己的男孩有手淫等行为时,千万不要大声怒斥他。如果那样做的话,要么会让他对性更加好奇,要么会让他觉得自己是罪恶的、可耻的。

发生了这种情况,父母应该及时对孩子讲出事情的危害性。告诉男孩如果恣情纵欲,会影响到他的健康。如果你依旧觉得尴尬、无法开口的话,可以将一些性教育书籍、科普杂志摆放在他的桌子前。男孩看到后,既会充分认识过早的性行为可能会带来伤害,又会对你无声的关爱和理解心存感激。

方法三:从正面引导男孩度过性冲动时期

男孩不可能永远长不大,不可能永远没有欲念。所以,他在青春期出现了性冲动是非常正常、健康的事情,也是一种成长的现象。父母只要加以正确引导,分散其注意力,男孩的性冲动现象就会有所缓解。父母可以先从净化男孩身边的环境做起,把男孩的一些具有刺激性的书籍、刊物、音像等物品"借"走。此外,还可以多带孩子参加一些体育活动、集体活动;多让他读一些与自然科学、社会科学等有关的书籍,长此以往,他的心思就会集中到学业上了。

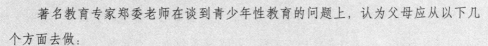

教育专家给男孩父母的教子方案

著名教育专家郑委老师在谈到青少年性教育的问题上,认为父母应从以下几个方面去做:

1. 让孩子通过百科全书或专门的青春期读物等正规渠道学习生理知识。
2. 尊重孩子,并学会与孩子进行有效沟通。
3. 重视情感教育,帮助孩子树立正确的人生观、价值观、恋爱观、婚姻观和家庭观。

第96招 帮助男孩远离不良诱惑

五光十色的大千世界里，可谓无奇不有，在男孩的周围自然也存在着很多的诱惑。那些美好的诱惑，激励着他们去追寻，但同样，生活中还有很多干扰他们学习、影响他们幸福未来，甚至危害他们身心健康的不良诱惑存在，比如吸烟、酗酒、黑社会团体、毒品、色情……

这些不良诱惑就像"吸血鬼"一样，先是让男孩舒舒服服地上当，然后让男孩在不知不觉中沦陷，成为它们的奴隶。因此，父母必须教会自己的孩子学会分辨和自觉抵制社会生活中那些看似"光鲜"的不良诱惑，这样，孩子才会健康地学习、生活。

一位戒毒中心的医生在自己的博客中这样写道：

身为一名戒毒医生，每天都会看到一些吸毒的人被送进来，这对我来说已经是习以为常的事情了，但最近两年，看着越来越多的十几岁的花季少年被送进来，我的心被刺得更痛了，不禁要问：这些还应该在明亮的课堂里认真读书的孩子们，为什么会染上这样致命的恶习呢？

前两天，一个15岁的清瘦少年被父母送进了戒毒中心，据他的父母讲，这个男孩虽然从小爱玩好动，但学习成绩一直不错。但是随着他进入青春期，外面各种各样的不良诱惑就像旋涡一样，不断"吸"着他"下沉"。上初三的时候，这个孩子可能是因为学习压力突然加大，脾气变得很暴躁，而且又爱上了网络游戏。因为爸爸妈妈在家管得严，他就经常跑到外面去上网，于是在网吧里遇到一些不学无术的不良青年。和他们混熟之后，这个男孩开始吸烟、喝酒、打架。有一次，其中一个"哥们儿"给了他一支烟，这孩子想都没想就吸上了，从那之后，他就再也离不开这种烟，而且为了能够有足够的钱让自己"享受"，他竟然开始偷家里的钱，要不是妈妈发现后报了警，可能永远都不知道自己的儿子竟然吸毒。

青少年由于其自身意志力的薄弱，再加上模仿力强，没有很强的分辨能力和认知能力，所以他们很容易把不良现象和行为当成追求"酷""时尚"的一种表现和途径，这也是造成小小年纪的他们成为瘾君子的主要原因。

天底下恐怕没有父母会希望自己的男孩成为人们口中的"烟鬼""酒鬼""吸毒者"，但面对处在叛逆期、青春期、多变期的男孩，父母又不知道怎样才能让自己的孩子远离那些有害生命的不良诱惑。

请父母不要着急，下面这些方法或许能带给你一些启示：

方法一：用决心和恒心为男孩创造"无烟环境"

张好是一名初二的学生，有一次他妈妈在为他整理书包时，发现了藏在夹缝里的香烟。其实像这样的情况妈妈已经发现了很多次，但儿子就是屡教不改，这让她深深意识到问题的严重性。不过这一次，张好的妈妈并没有像上次那样狠狠地教训儿子，而是忍住心中的愤怒和疼痛，仔细盘问张好究竟是怎样学会抽烟的。

"我们班会抽烟的男生经常聚在一起买烟，而且他们经常在我面前喜气洋洋地炫耀，还总是对我说抽烟的感觉有多棒，还说不抽烟的男生根本就不算是男生，像个'娘们儿'。他们总是拉帮结派，看谁不抽烟，就故意刁难他。所以为了和大家打成一片，也为了不让那些男生笑话，我才学会抽烟的。"听了儿子发自肺腑的回答，张好的妈妈感到异常震惊和担心，现在的初中生竟然一个个成了烟不离身的"小烟鬼"，还自诩是一种"成熟男人"的表现，这样下去，对他们的学习、生活和身体健康都会产生不良的影响！

和张好妈妈一样，很多父母也有这样的担心。像张好这样的青少年绝不止一个，现在的男孩好像认为抽烟就是一种成熟的标志，是一种"爷们儿"的表现，而且他们还有很多的理由："我爸也抽烟""现在哪个男生不抽烟，你看来我们家的客人，只要有男的，都会递烟"。

男孩为什么能这么理直气壮地为自己的行为辩护？其根源就在于父母没有给他们创造一个真正的无烟环境。所以父母与其整天对男孩说"吸烟有害"，不如从现在开始用你的决心和恒心为男孩创造一个无烟环境。男孩生存在这样的环境中，再也找不到抽烟的借口，并会在家长的潜移默化下，逐步改掉吸烟的坏习惯。

方法二：以身作则，"戒酒"从爸爸开始

人们常说："少量饮酒，健康之友；过量饮酒，罪魁祸首。"但这句话用在青少年身上并不适合，因为处在生长发育时期的男孩，心理发展尚未成熟，身体各器官对酒中的有害物质极为敏感，所以喝酒带给他们心理、生理的不良后果要比成人严重得多。

但由于青少年对酒存在一些错误的认识，或者受朋友、同学的影响与鼓励，或者是因为学习、生活上的压力，使得他们希望借由喝酒来获得某种安慰。这时，父母就要给孩子做好榜样，用自己良好的生活习惯去影响男孩。

有一位父亲是这样做的：

我不是个酒鬼，但平时高兴的时候或者家中来客人的时候，我总爱喝点小酒，有时候也会喝醉，甚至会没有形象地耍酒疯。我爱人虽然说过我很多次，但我不以为意，觉得男人不喝酒、不吸烟就不是真正的男人了。

不过，随着儿子年龄的增长，我发现我的这些坏习惯对他产生了很坏的影响。上初三的他竟然喝酒、吸烟、打牌……为了让孩子改正坏毛病，我决定先要改正自己的坏习惯。于是，我和儿子约法三章，在他18岁之前，我不会再喝一滴酒、吸一支烟，而他也要遵守这个约定。从约定起效之后，我真的戒烟、戒酒，虽然这个过程很痛苦，但是我要让儿子看到我的决心和诚意。果然，这小子的坏毛病都渐渐改掉了。

方法三：早预防、早发现，让男孩远离毒品

罂粟花虽然美丽，却可以杀人于无形。毒品对青少年的危害不单单是一个人，对一个家庭来说更是灭顶之灾。那怎样才能让自控能力差的男孩远离毒品呢？父母首先要做的就是早预防、早发现。

例如从男孩还没有进入青春期开始，父母就要多给他讲解一些"吸毒有害"的知识，也可以带他去参加一些"青少年预防毒品"的讲座和展览，或者让他观看一些这方面的教育影片。

男孩一旦进入青春期，受到的诱惑就会更多，这时父母一定要培养孩子良好的生活习惯，切忌让他接触一些不良环境和交一些品性很差的朋友，以免孩子不知不觉受到毒品的侵害。

教育专家给男孩父母的教子方案

吸烟、喝酒等不良嗜好对男孩的影响无处不在,王金战老师认为,处在青春期的男孩更容易在这些问题上迷茫和不知所措,所以父母要帮助孩子从困惑中走出来。简单的方法是:

1. 父母应给予孩子所需要的关心和爱护,而不是责备和训斥。

2. 父母要信任自己的孩子,无论何时何地都要让孩子坚信:"爸爸妈妈是我坚强的后盾。"

3. 如果有可能,多跟孩子在一起,用自己良好的生活习惯去影响自己的孩子,引导他改正自己的某些不良嗜好。

第97招 帮助男孩拒绝暴力、血腥的电视节目

电视、网络、手机都是青少年生活中很重要的获取信息的渠道，虽然随着科技进步和人们经济水平的提高，网络和手机已经慢慢普及，但电视媒体依然是青少年所接触的主流媒体。这一点父母想必都很清楚，生活中很多父母为了怕影响孩子的学习，可能会严令禁止男孩上网，也不会花钱给他买一部智能手机，但对于孩子看电视却总是显得有些无可奈何。

其实，处在学习压力过大阶段的中学生，通过看电视放松一下本无可厚非，但是现在的电视节目内容却让父母伤透了脑筋。很多电视节目里不是充斥着暴力、血腥，就是充斥着色情，这些对青春期的少年都是极大的身心刺激，很容易让他们头脑一热，做出后悔莫及的事情。

曾经有一位心理学家做过这样一个实验：

他随机把两组孩子分别安排在两个房间里：一组观看暴力打斗的电视节目；另一组则没有观看这些暴力节目。奇怪的事情很快就发生了，当电视节目播完之后，观看暴力节目的孩子们因为玩具开始厮打起来；而另一组孩子则没有出现任何争斗的现象。于是，心理学家得出这样一个结论：观看暴力、血腥的电视节目对孩子的影响很大，甚至会引发孩子的模仿行为。同时，这位心理学家还注意到，男孩观看暴力节目后出现暴力行为间的可能性，明显要比女孩大。

事实上，在生活中，这样的事情时有发生，例如一个十几岁的男孩，他在电视上看到有人在玩飞刀，很有可能下一秒他就真的会拿起水果刀模仿起来。如果一个男孩被大量的暴力镜头淹没，那很有可能就会诱发他走向犯罪的道路。

于是，现在就有一个难题摆在了父母面前：电视节目为了吸引眼球，把暴力、色情不断地添加其中，我们该怎么办呢？

方法一：陪同你的男孩一起看电视

可能很多父母会说："儿子小的时候我可以陪他看会儿动画片，现在都这么大了，看个电视还要有人陪？"当然，父母不仅要陪他看电视，还要和他进行交流、讨论。因为青春期的男孩和五六岁的男孩看电视时候的表现点和关注点是不一样的，随着男孩年龄的增长，他们已经渐渐具备了一定的认知能力和判断能力，但他们的能力还不够完全，所以依旧需要父母的监护。

看电视并不像有些父母想象的是一个简单的事情，很多时候它需要调动一个孩子的视觉、听觉、思考能力、判断能力、推理能力，等等，父母在陪男孩看电视的过程中，可以让他学着归纳故事内容、分角色扮演某些经典的故事情节等，全面提高孩子各方面的能力。

另外，对于那些"电视王"男孩，父母要尽量多地带他出去参加户外活动和社交活动，减少他看电视的时间，或者培养他的其他兴趣，比如打球、游泳、登山……

方法二：父母要有选择地让男孩看电视

处在青春期的男孩可能不会再对《大头儿子小头爸爸》《喜羊羊与灰太狼》这些儿童动画片感兴趣了，他们把更多的目光转向了武侠、警匪、爱情等电视节目上去了，而这些电视节目无可避免地会有一些暴力镜头。

一位母亲就曾在日记中这样写道：

儿子从五六岁开始就特别喜欢看武侠、枪战的电视剧，一开始我并没有太在意，认为男孩子喜欢这类型的电视节目很正常。但是当我的儿子一天天长大，我发现他的性格变得很暴躁，尤其是当他进入青春期。以前他和别人打架，我觉得批评他两句也就行了，可是前两天他竟然拿砖头砸了一个同学的脑袋，这下我才知道事情比我想象的要严重得多。之所以造成儿子今天这样的恶劣行为，我想这和他一直以来看那些暴力影片是有着很大关系的。

青春期的男孩子，由于体内激素的影响，更容易受暴力节目的左右，所以父母在陪同男孩看电视的时候，一定要擦亮自己的双眼，把那些不适合青少年看的含有暴力、色情的电视节目都屏蔽掉，让男孩多看一些有益于他身心成长的电视节目，例如平时多让孩子看一些科技、学习的频道,或者观看那些益智、休闲的电视节目。

方法三:规定男孩看电视的时间

任何一档电视节目都是有时间点的,虽然现在已经有智能电视,可是像电脑那样随意选择自己喜欢的节目,在中国大部分家庭里却还没有普及,所以父母完全可以通过调控孩子看电视的时间,来让他远离那些含有暴力、色情、恐怖等成分的电视节目和影片。

下面这位爸爸做得就很好:

儿子已经是一名高一的学生了,但是他平时非常喜欢看电视,尤其是打打杀杀的电视剧。为了让儿子把更多的时间放在学习上,也为了避免电视节目对孩子造成不良的影响,我每天都会规定他看电视的时间。

不过,在给儿子制定看电视的时间之前,我会把电视上所有能搜到的电视台的节目单找到,然后把那些新闻、科技、励志类的节目放在规定时间内,而那些容易对孩子产生不良影响的电视节目则被我排除在规定时间之外。

一段时间下来,我发现在餐桌上儿子不像以前只是跟我谈论哪个武侠片好看,而是开始给我当起了"科技讲解员",他的学习成绩也慢慢提高了,这和我给他制定的看电视的时间规则是分不开的。

教育专家给男孩父母的教子方案

著名教育专家郑委老师在"电视要不要看"的问题上,认为父母在以身作则的前提下应把责任还给孩子,具体做法是:

1. 事前有约定——根据孩子的年龄,规定合理的看电视时间。
2. 事中有提醒——及时提醒孩子"时间快到了",但避免提醒频繁惹孩子厌烦。
3. 事后有总结——根据事先约定,订立奖罚规则。

第98招 指导男孩绿色上网，让网络为己所用

每当到假期，李先生就坐立不安。因为一放假，他的儿子李帆每天就对着电脑浏览网页。为了怕儿子在网上接触到不良信息，李先生只要一看到儿子坐在电脑前，就在儿子房间内走来走去，一边监视着孩子的所作所为，一边对孩子唠叨个不停。但在这种"高压"之下，儿子依旧聚精会神地浏览网页、玩在线游戏，丝毫没有离开电脑的意思。一气之下，李先生在电脑上设置了密码。李帆知道后，对父亲的做法非常气愤，他再也不在家上网了，网吧成了他休息时的栖身之地。

互联网是时代进步与发展的产物，它一方面为孩子提供了丰富的图文、声音等信息资源，创造了精彩的学习、娱乐与交往的时空；另一方面，互联网中庞杂的信息，诸如色情、暴力等内容，也在潜移默化地侵蚀着孩子的心灵。如何发挥网络资源的正面作用，消除或减少其负面影响，成了男孩父母面对的一个难题。

现在是网络时代，父母不能再像以前一样限制自己的孩子去接触网络，但当男孩睁大眼睛好奇地面对网络世界时，父母又难免会担心。生怕网络世界中的不良因素会在不经意间伤害到男孩，更害怕男孩因一时的好奇而深陷泥潭，最终变得一发不可收拾。正因为如此，很多父母不得不施行"陪网"甚至"限网"政策。

为了避免男孩沉迷于网络，有的父母在家里装了一大堆的拦截不良信息的软件；有的父母则给孩子买电脑却不开通网络，只让孩子在电脑上看看教学光盘；有的父母害怕孩子去网吧上网，在休息日把孩子关在家里，不让孩子出门……但没过多久，父母就会发现，这样的方法都是治标不治本的，密码和大门虽然可以阻止孩子接触网络的行动，但与此同时，也关住了男孩那种渴望自由的心和对未来世界的探索欲望。而且，这种过分阻拦的行为对于正处在叛逆期的孩子来说，无疑是一种反向推动力，会将他们逐渐推入网络的陷阱。

那么，究竟该用什么方法才能引导男孩健康上网、安全上网，避开那些纷繁杂乱的网络陷阱呢？我们都知道"大禹治水"的故事，在面对洪水的时候，大禹没有像前人一样采取"堵"的方式，而是另辟思路，以"疏通"的手段治理好了洪水。父母在面对爱上网的孩子时，也应该效仿大禹，放弃"蛮堵法"，而采取正确的"疏导法"。

在这样一个网络时代，教育家建议广大父母，要正视网络，不要孩子还没有怎么上网，父母就已经惊慌不已。

对于父母来说，最理智的方式就是：合理地引导，不要以限制为主要手段，而应该从根本入手，引导你的孩子自觉地回避网络上的一些暴力信息，还给孩子一个纯净的网络世界。

方法一：通过耐心的沟通，打开男孩封闭的心门

研究发现，凡是喜欢上网的男孩都有一些共同点：性格孤僻、内向、不善于交际、情感淡薄、与父母的对抗强烈。这些都是由什么引起的呢？答案只有一个：与父母缺乏沟通！要引导孩子正确使用网络，父母一定要懂得如何和你的孩子沟通，只有你的男孩愿意听你说话，你的话才能成为对他有益的教导，反之，则只能误导他朝叛逆的方向走。

沟通前，首先父母要对网络有一个正确的认识，了解网络的利与弊。接着，再以温和的态度告诉孩子如何正确地使用电脑上网，如何避开网络中的不良消息。让孩子知道，对这个时代而言，网络是一种最便捷的查询工具，上网本没有错，只是不应该沉溺其中。

下面是一位父亲的成功教子经历：

一年前，我的儿子迷恋上了网络。一味地纵容他上网肯定不行，而贸然地制止又会引起儿子的抵触心理。经过深思熟虑，我决定潜入孩子的世界——偷偷地做儿子的网友。

于是，我以"上官"的网名加儿子为好友，经常有事没事找他闲聊。只有一个月的时间，我便取得了儿子的信任，成为与他无话不谈的"老大哥"。一次，儿子告诉我："我真的很孤单，我的父母总是很忙，每天只把工作当成头等大事，根本不关心我，所以我才借助网络在寻找关爱。"我听完儿子的讲述，真的很自责，后悔没有关心孩

指导男孩绿色上网，让网络为己所用

不要以为网络是"洪水猛兽"，盯着男孩上网这个问题一直不放。

利用好互联网，男孩也可以受益无穷。

子的心理状况。于是，我又做了一个决定——永远维持自己在网络上的身份，做孩子幕后的朋友，默默地支持、鼓励、引导他的行为。同时，在生活上我要多给予孩子关注，让他体会到家庭的温馨、父母对他的爱。

有一天，儿子给我留言："我可能要与你暂别一段时间，因为我要考高中了。我不想让关心我的爸爸妈妈失望，必须以优秀的成绩回报他们。"看见留言的那一刻，我笑了，儿子懂事了，没有枉费我的良苦用心。

与女孩相比，男孩更容易沉迷于网络。对此，父母最错误的方法就是不分青红皂白地指责和限制。其实，不少男孩在最开始接触网络时，对网络的喜爱程度并不是很深，但由于父母的过度限制，反而会激发他们的好奇心或叛逆心理。

对于孩子来说，家庭和父母远比任何一所学校和老师重要。父母一定要时时刻刻去关注你的孩子，不要抱着有学校、有老师教育这样的念头，对孩子放任不管。父母对孩子付出爱，孩子也一定能感受到父母的爱，家庭中的爱会在孩子心底生根发芽，成为孩子成长中最大的动力，孩子自然也不会去虚拟的网络寻求精神的滋养了。

方法二：培养男孩辨别是非的能力

网络其实并非洪水猛兽。如果能引导孩子学会健康上网，不仅能够开阔视野、促进交流，而且可以促进男孩的个性化发展。那么，父母具体该如何做呢？

男孩刚学会上网时，父母可以在一旁加以指导：为孩子推荐一些有益的网站；帮助孩子了解国内外的重大新闻；为他选择一些利于学习的辅助资料；帮孩子下载一些有意义的学习或娱乐视频等。通过父母的指导，孩子可以学会搜集、选择、整理、归纳和运用信息，对提高自己的学习大为有利。

长此以往，孩子还能拥有去恶求善、辨伪存真的能力。这样，在纷杂复杂的网络信息时代，他们就会自觉接受健康信息的陶冶，父母则不必担心男孩会受到不良信息的影响。

方法三：投其所好，与男孩建立亲密的关系

下面是一位男孩爸爸面对上网成瘾的儿子的一段经历：

儿子今年13岁，半年前开始接触网络游戏，很快就达到了痴迷的程度，经常旷课逃学去网吧上网，学习成绩不断下降。无奈之下，我只好每天接送他上下学，限制他的零花钱，把家里的电脑设上密码……但儿子依旧沉迷于网络游戏，即使没有办法坐在电脑前玩，他也会买各类的游戏书看。

于是，我开始改变自己的教育方式，尝试玩儿子喜欢的游戏，换位思考去体会儿子的爱好。久而久之，我觉得原来儿子与我之间除了亲情之外，还拥有朋友一样真挚的友情。

成为朋友后，我开始在言谈之间提及一些关于沉迷于网络的坏处和一些孩子因染上网瘾而失足的故事，潜移默化地去改变儿子的认知。当儿子对网游的危害有一定认识后，我又开始转变思想，向儿子讲述一些计算机中有趣的小知识，教儿子在电脑上画漫画、做图片。渐渐地，儿子不但走出了沉迷的网游世界，还学会了使用很多实用性的计算机软件。

这位父亲的做法很明智。他在与孩子聊天的时候，从不揪住上网这件事情说个没完，而是投其所好，先置身于网络中体验男孩的爱好，并以此为话题，与他建立稳固的"朋友"关系。之后，再通过正确的引导，教给孩子如何利用网络来增长自己的知识，开阔自己的视野。

任何事情都有利有弊，网络也如此。只要父母运用得当，网络不仅不会影响孩子的健康成长，还会成为他学习、生活的辅助工具，更能成为父母与孩子亲情的纽带。

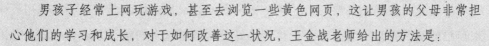

教育专家给男孩父母的教子方案

男孩子经常上网玩游戏，甚至去浏览一些黄色网页，这让男孩的父母非常担心他们的学习和成长，对于如何改善这一状况，王金战老师给出的方法是：

1. 父母要有耐心，并且要为孩子提供一个温暖、民主、宽松和没有指责的家庭环境，让他在家里有一种很舒服的感觉。

2. 父母要学会从改变自己开始，更要学会跟孩子进行良好的沟通。

3. 父母要学会给孩子确立目标，分散他在网络上的注意力。

第99招 为男孩补上"生死教育"这一课

人们常说:"男人如山,女人如水。"因此,在世人的眼里男人就应该是坚强的,他们有一颗能够经受打击的强大心灵,但再勇敢、坚强、乐观的男人都会有脆弱的一面,尤其是当他还没有成长为一个真正的男人,还是一个青春懵懂的少年时,他的心并没有人们想象中的那般坚毅。

下面我们就来看两个真实的事例:

场景一:初中二年级的李星同学因为不堪忍受同班同学的欺负,竟然趁家中无人之际,留下一纸遗书后,在浴室割腕自杀。李星刚刚14岁,平时也是一个十分乖巧的男孩子,从来没让家人操过心,人们在他稚嫩的笔迹里看到这样的话语:"亲爱的爸爸妈妈、爷爷奶奶、三叔三婶,对不起,我走了!我实在是无法忍受别人的嘲笑和欺负了,我只有选择死,只有死亡才能让我的痛苦结束。我爱你们,但我不想这么痛苦!我以后再也见不到你们了,我爱你们!"

场景二:高二的镇镇有一次回到家对自己的父母说:"我失恋了,不想活了。"当晚,他竟然真的选择从自家的阳台上跳了下去,幸好有楼下邻居的雨篷缓解了他急速下坠的身体,才让他捡回一条命,但是摔断双腿的他以后再也无法站立起来了。

看到这里,我们不禁要问:"为什么男孩的心灵也这样脆弱,动不动就用死来结束自己的痛苦呢?"上面这两个事例恰好可以回答这个问题,即造成男孩自杀的原因:一是他们无法很好地处理与他人的人际关系;二是他们在情感上出现了问题,例如失恋。

因此,如何给青春期男孩上好"生死教育"这一课,显得尤为重要。下面就给父母提供一些方法,希望这些方法能够帮助父母引导和培养男孩正确的生死观。

方法一：让男孩学会坦然接受生命的终结

死亡并不是一件可怕的事情，它就和新生命的降生一样，是最自然的事，因此父母必须让青春期的男孩学会坦然接受生命的终结。

东东是外婆从小带到大的，所以和外婆的感情非常深厚，但是外婆因为重病难治离开了人世，这让东东难以接受。再加上外婆去世的时候，东东正在上寄宿高中，妈妈担心他分心，就没有告诉他，直到暑假，东东才知道最疼爱自己的外婆已经去世了。

东东很伤心，对死去的外婆怀有一种深深的愧疚，认为自己很不孝，都没有见外婆最后一面，所以那个暑假他异常地消沉，谁也不理，经常把自己锁在房间里，饭也不吃。

看不下去的妈妈，决定和儿子好好谈一谈："东东，妈妈知道外婆的离开让你很难过，妈妈和你一样难过，直到现在我也不相信我的妈妈已经离开我，我总觉得她去了一个很远的地方，总有一天还会回来看我的。"说到情深处，妈妈的眼圈红了。

"妈，我也有这种感觉，我到现在也不相信外婆不在了。"东东说着眼泪就流了下来。

"好儿子，妈妈了解你的感受。不过，外婆确实是不在了，有一天妈妈也会不在，这是大自然的规律。你想一想，如果妈妈活到几百岁，不就成老妖怪了，又老又丑。"

"妈，我现在心里好多了，而且你多老都是我最漂亮的老妈。"说完，妈妈和儿子相视一笑，悲伤的氛围被这温暖的话语化解开了。

方法二：用恰当的词语向男孩表达和描绘死亡

很多中国父母对自己的儿子讲到死时，总是会变得闪烁其词，或者用其他浪漫的语言掩盖。如今很多青少年读物在谈到死亡时，更多是用神话或浪漫体验来代替，这些都客观上淡化了死亡的可怕性，甚至使很多男孩产生一种错误的认知：死不算什么，只是一个通道，或者死后可以复生、轮回。很显然，这种认知是不科学的。

因此，父母在回答男孩有关死亡的问题时，绝不能将那些错误的死亡概念传递给孩子，例如用极其可怕的事情形容死亡，像告诉男孩地狱中有刀山、血池、油锅、刑场等，这种错误的不良描述徒增男孩的恐惧，根本达不到教育男孩生死观的目的。

正确的方法就是当父母在对自己的儿子进行生死教育时，首先要让他明白死亡的客观存在，而且必须到来，人人都会面对。同时你要告诉他死亡既不是浪漫的事，也不是可怕的事，而是一件人人都会遇到的平常事，鼓励男孩坦然面对。

方法三：让男孩正确认识到自己生命的价值

很多青春期的男孩有时总是带着无法参透的表情问大人："人为什么会活着啊？"这是一个仁者见仁、智者见智的问题，但答案必定是积极的、乐观的、向上的，因为只有这样的回答才能让男孩正确认识人来到这个世上是为了什么，才能用充满希望和热情的双手去打拼美好的未来。

有一位明智的妈妈是这样做的：

一天，上初二的儿子突然好奇地问我："妈妈，人为什么要活着呢？"我笑了一下，虽然对儿子的这个问题有些惊奇，但我还是决定好好回答："儿子，你这个问题问得非常好。因为我也有这个疑问，但是现在我想明白了。人是因为爱才活着，才情愿在世上走一遭。就像我是因为有你爸、有你，还有外公和外婆的爱活着的。因为你们爱我，所以我才活得有希望、有成就感。"

儿子听完我说的话想了一下，然后狡黠地笑着说："妈妈，那如果有一天我们都不爱你了，你怎么办？"

我微笑着说："如果有一天你们都不爱我了，我也会把自己无私的爱奉献给你们，让你们能因感受到我的爱而活着。"

儿子有些感动地说："妈妈，我会一直爱你，我也会因为爱而活着。"

教育专家给男孩父母的教子方案

儿童心理学家海姆·G·吉诺特说:"如果死亡对于成年人来说是一件难以捉摸的事情,那么,对于孩子来说,死亡就是神秘面纱下的谜团。"因此,为了帮助孩子正确面对死亡,应该这样做:

1. 不应剥夺孩子痛苦和哀伤的权利,应该让他自由地为失去的生命和爱而哀悼。

2. 允许孩子充分地表达出他们的担心、幻想和感受,此时成人只需做一个贴心的聆听者。

3. 简洁、诚实地告诉孩子死亡的真相时,应给他一个充满善意的拥抱和关切的眼神,让孩子安心。

第100招 帮助男孩减轻青春期的心理压力

男孩到了青春期,可能父母关注更多的是他的身体健康和学业,但这对孩子来说是远远不够的,因为一个真正健康的男孩子,不但要有一个健康的体魄,还要有一个健康的心理。

事实上,男孩无论到哪一个年龄段,好像都比女孩承受的压力要大一些,因为自古以来人们就喜欢给男孩贴上"坚强""顶梁柱"等标签。所以,生活中我们才会常听到下面类似的话语:

"你是男孩子,这点小困难算什么!"

"爸爸妈妈后半辈子就指望你了,你要好好努力啊!"

"这学期你要好好学习,不要再和那些坏学生待在一起。"

"你怎么各方面都没有××表现好呢?"

男孩都有很强的自尊心,以上这些话除了给他们增加心理压力之外,并不能起到激励他们的目的。父母可能都深知这样一个道理:没有压力,孩子会变得懒散;适度的压力,会激励孩子奋发上进;而过度的压力,则会使孩子因无法承受而产生心理问题。

青春期的男孩总是会遇到各种各样的问题和压力,一般来说,因压力产生的心理症状表现为紧张、愤怒、焦虑、悲观、消极、怨恨、易怒、暴躁、精力涣散等。那么当男孩出现以上这些心理压力或不良情绪时,父母应该怎么帮助他们解决呢?

方法一:采用正确的方法安抚委屈的男孩

处在青春期的男孩都会有些倔强和固执,受到委屈的时候,他们基本上会有两种表现形式:一是沉默,把所有的委屈藏在自己的心里;二是无理发泄,比如摔门、大吼、打架等。无论是哪一种方式,对男孩的身心都会产生不良影响。

衣明爽从学校回来之后，一脸的不高兴，晚饭也不想吃。妈妈问他是怎么回事，他闷声说道："妈，今天下午上体育课的时候，我明明没有打孙卓，可我们体育老师非说我打他了，真是气死我了！我以后再也不上体育课了。"这时，妈妈说："明明不是你打的，体育老师还冤枉你，真是让人生气的事情。不过，体育课还是要上的，而且下次要表现得更好，让那位老师意识到你是一个多么出色的学生。"衣明爽觉得妈妈是站在自己这一边的，不但气慢慢消了，而且暗暗决定以后在体育课上要表现得更好，让那位老师刮目相看。

衣明爽的妈妈非常理智和聪明，她选择理解和尊重自己的儿子，并且站在儿子的立场上去看待问题，这种方式不但让受委屈的儿子产生共鸣，而且也更易说服自己的儿子按照父母所提供的建议去做。

因此，当你的男孩受委屈的时候，你千万不要一直追问："你为什么这样？""你老师到底说什么了？做什么了？""你怎么这么傻？"……如果你一直像这样追问和责备，不但不会使男孩心中的委屈和不满消解掉，反而会使男孩的负面情绪增加。遇到这种情况时，最好的方法就是理解、尊重。

方法二：允许你的男孩表达他的各种情绪

青春期的男孩大多有一种"舍我其谁"的豪爽之气，而且喜怒哀乐等情绪都喜欢表现在脸上，敢爱、敢恨、敢说、敢做是他们这个年龄段最洒脱的表现。因此面对这个时期的男孩，父母最恰当的表现方式就是让男孩自然表达他们的各种情绪，不要去嘲笑、轻视，甚至诋毁等。

一般来说，青春期的男孩自尊心特别强，而且正处在叛逆期，如果他们经常从父母那里听到的是这样的话语："这么大的男孩子还哭，丢不丢脸！""你是男子汉，怎么一点儿都不坚强？""遇到一点小事就垂头丧气，真不像男孩子！"……这些话语只会增加男孩内心的压力，使他产生更多的不良情绪。

所以，当你面对青春期男孩出现哭泣、发怒等不良表现时，一定要表现出父母应有的豁达和理解，进而正确地引导他朝着你希望的方向前进。

方法三：不要给男孩过多的学习压力

　　王彬从小学到高中的学习成绩一直是名列前茅的，年年被评为"三好学生"，父母也一直对他寄予厚望，更给他非清华、北大不上的"死目标"。王彬虽然一直学习成绩都很好，但是上了高中之后，他感到很有压力：一方面学习上压力突然变大，要学的知识变多了；另一方面父母整天在他耳边念叨"好好学习，一定要考上北大、清华"，结果在临近高考的一个星期，王彬变得异常紧张，每天失眠，结果临考前竟然大病一场，最后连高考也错过了。

　　这个结果令人感到十分可惜，可造成这一不良后果的恰恰就是王彬的父母，他们给王彬太多学习上的压力，以至于孩子压力过大，造成了一系列恶劣的后果。父母关注孩子的学习是没错的，但过度关注就会使孩子失去喘息的空间，甚至有时会让男孩产生逆反心理，变得讨厌学习、厌恶学校。因此，父母应该多给男孩一些空间，少给他一些学习压力，让他在轻松的环境中学习、生活。

教育专家给男孩父母的教子方案

　　英国作家伊丽莎白·哈特利·布鲁尔认为孩子实际上面临双重压力：一是来自他们自身生活中的事件，比如学业、交友问题等；二是他们还要承受成年人所受压力引起的连锁反应。因此她认为父母应该这样做：

　　1. 多抽时间陪伴孩子，帮助他提升自尊，确保他睡眠充足。

　　2. 认真对待孩子的担忧，重视他希望有什么样结果的想法。

　　3. 及时告知孩子事情的变化及做出的决定，让他觉得对事态有更强的控制力。保持生活常规不变，以强化他的安全感。

附录一
父母最不该对男孩说的话

1. "出去就永远别回来！"

专家建议：当男孩顶撞父母时，威胁或以暴制暴只能激化矛盾，恶化亲子关系。父母应该多一些聆听、宽容、理解。

2. "为了妈妈，你一定要考好！"

专家建议：父母应给男孩足够的自立、自主空间，不要把自己的意愿强加在孩子的身上，要让孩子为了自己而学习、生活。

3. "要是这样，你一辈子都没有出息！"

专家建议：父母教育男孩时切忌否定男孩。应该以男孩的优点和兴趣为出发点，鼓励男孩，从而加速男孩的进步。

4. "你问我，我问谁！"

专家建议：父母说这种话会使男孩觉得受到了冷遇。这时，不妨说："我也不太清楚，你可以再好好想一想。"

5. "说你几句就不高兴！"

专家建议：男孩挨骂后自然会有情绪，父母这时不要"火上浇油"再数落了。

6. "你怎么这么笨！"

专家建议：父母批评男孩时切忌使用讽刺、过激的语言，以免阻碍男孩潜能的发挥，父母应帮助男孩找方法。

7. "你为什么不还手打他？"

专家建议：不要纵容男孩报复，正确的做法是和男孩一起分析产生矛盾的原因，让男孩自己去解决。

8. "你这个'人来疯'！"

专家建议：让男孩在日常生活中感受到家庭的快乐氛围，这是解决男孩"人来疯"的根本方法。

9. "别动，等你长大后再帮我！"

专家建议：父母应该分阶段培养男孩的动手能力，应该鼓励男孩去做，给男孩尝试的机会。

10. "不做完作业，就别想玩！"

专家建议：父母应该和男孩一起制定一个合理的时间表，让男孩按照时间表来安排自己的时间。

11. "按我说的做！"

专家建议：男孩不是父母的傀儡，对于男孩的合理想法和意愿，父母不妨放手让男孩去独立完成。

12. "你敢不听我的话！"

专家建议：在劝说男孩时采取强压方式易激起男孩的逆反心理，应采取平等式沟通。

13. "老毛病还没改！"

专家建议：面对男孩的各种坏习惯，父母应仔细观察，找出原因，通过潜移默化的办法让男孩改掉坏习惯。

14. "你看看人家的孩子！"

专家建议：当男孩失败时，不要拿别人的孩子和他比较，这样容易导致他们自卑。这时应该给予男孩安慰。

15. "没看我正忙着吗！"

专家建议：父母说这句话容易让男孩放弃探索和学习。可以告诉男孩现在很忙，等忙过后再听他说。

16. "闭嘴，小孩子问那么多干什么吗！"

专家建议：父母应该耐心回答男孩的问题，也可以和他一起查资料找答案。

17. "考100分我就给你买礼物！"

专家建议：用金钱去"引诱"男孩，不如找出男孩不愿读书的根源，然后对症下药。应以精神鼓励为主。

18. "你这个窝囊废！"

专家建议：这样数落、嘲讽男孩，会让男孩变得胆怯、自卑。父母的鼓励是男孩最好的助推力。

19. "马上给我滚！"

专家建议：这种话会让男孩觉得父母不再爱他了。父母应尽量克制自己，以避免伤害亲子感情。

20. "一点礼貌都没有，快叫叔叔！"

专家建议：父母应针对男孩不敢与人打招呼的具体原因如怕生人等，采用具体办法帮助男孩提高交际能力。

21. "早知道这样，当初就不该生你！"

专家建议：这种践踏男孩尊严的话只会让他感到自卑，变得自暴自弃。父母批评男孩要注意用词。

22. "大人说话，小孩别插嘴！"

专家建议：这种话无形中会伤害男孩的自尊心。父母应该尊重男孩的表达需求。

23. "说不行，就不行！"

专家建议：父母切勿规定过多的限制，影响男孩的成长。父母应该倾听男孩的想法，给出合理的建议。

24. "当个小组长有什么了不起！"

专家建议：男孩取得成绩后，父母要及时给予肯定和鼓励，这样男孩才会变得更有信心，更加努力。

25."谁让你撒谎的！"

专家建议：当男孩撒谎时，父母应该通过间接引导的方式让男孩认识到问题的严重性，这样他以后就不会再犯了。

附录二 父母最不该对男孩做的事

1. 拿孩子跟别的孩子做比较。

专家建议：父母应用平常心面对自己的孩子不如他人的事实，然后多给自己的孩子创造自我展示的机会，相信他也能做到最好。

2. 夸大孩子的天然缺陷。

专家建议：父母应平静地接受孩子的一切，包括外表的小遗憾，既不能用"缺陷"逗弄自己的孩子，也不必刻意地掩饰它。

3. 用拳头告诉孩子对与错。

专家建议：父母惩罚孩子要有"度"，一定不要伤害孩子的自尊心，更不能伤害孩子的身体，很多时候，说服教育比暴力教育更有教育效果。

4. 用金钱"塑造"孩子。

专家建议：金钱不能代替亲子之爱，父母应多抽出时间陪陪孩子，真正了解孩子需要的是什么。

5. 偷看孩子日记。

专家建议：父母应给予孩子充分的信任和独立的空间，要让孩子有决定自己事情的权利，让孩子有自己的隐私。

6. 回避对孩子的性教育。

专家建议：父母应放平自己的心态，坦然面对孩子性教育的问题，开诚布公地与孩子讨论性及性器官的基本常识，让孩子知道大人对此所保持的态度。

7. 孩子的理想，我做主。

专家建议：父母在谈论孩子的未来时，不宜用做大官、挣大钱、住豪宅这类功利想法来激励孩子，应切实尊重孩子的理想。

8. 吓唬孩子。

专家建议：父母的"恐吓管理"并不利于孩子的健康成长，如果遇到不听话的孩子，父母最正确的做法就是弄清楚孩子不良行为背后的原因，然后坦诚地指出孩子的错误。

9. 孩子提出问题时加以否定。

专家建议：父母应多鼓励孩子发散性地思考，在衡量他答案的合理性的同时，让孩子始终保持着强烈的好奇心。

10. 让孩子自己玩。

专家建议：父母不应漠视孩子的内心感受，除了给予孩子物质上的支持，还应该给予孩子精神上的关心。

11. 禁止孩子的顽皮行为。

专家建议：父母切忌对孩子什么都警告、什么都禁止，而应在第一次发现孩子做错的时候，明明白白地告诉孩子这件事情会对他造成什么样的影响。

12. 老是给孩子开"空头支票"。

专家建议：父母不应该欺骗孩子，而是应恪守自己对孩子的承诺，做到不失信于孩子。

13. 一个"唱白脸"、一个"唱红脸"。

专家建议：父母在教导孩子时，应该保持相同的权威和立场，以免孩子不知道在家里到底该听谁的话。

14. 觉得孩子的行为荒唐，嘲笑他。

专家建议：作为父母，当儿子讲述他们千奇百怪的想法和伟大构想时，父母这时最应该做的就是鼓励自己的孩子。

15. 当着孩子的面议论他人是非。

专家建议：孩子易受家庭和父母的影响，特别容易模仿大人。因此，父母切忌在孩子面前议论他人是非，如果非要讨论，最好避开孩子。

16. 带孩子串门，不让孩子吃人家东西。

专家建议：父母没必要非让孩子禁锢自己的欲望，只要让孩子注意一些基本的礼仪就够了。

17. 总是命令孩子"干什么""怎么干"。

专家建议：父母在跟自己的孩子讲话时，要特别注意自己的语气，摒弃那些命令的语气，应多用协商和提示的口吻。

18. 替孩子陈诉冤屈。

专家建议：父母不应该替孩子陈诉冤屈，而应该让孩子认识到委屈和误解是人生常见事，然后告诉他如何恰当地去选择时机给对方解释清楚。

19. 用"分数""名次"衡量孩子。

专家建议：作为父母，应冷静对待孩子的成绩，并用欣赏和发展的眼光，帮助孩子发掘自身的潜力和优势。

20. 把自己的梦想移植在孩子身上。

专家建议：孩子有实现自己梦想的权利，父母不应该把自己的梦想强加在孩子的身上，而是应该鼓励孩子朝着他自己的梦想前进。

21. 干涉孩子交朋友。

专家建议：父母不要干涉孩子交朋友，更不要以自己的好恶来评价他的朋友，而是要选择相信孩子，在询问过孩子对自己朋友的评价后，再说出自己的想法。

22. 过分干涉孩子的衣着、发型。

专家建议：父母要正确看待自己和孩子在衣着、打扮方面的分歧，尽量尊重孩子自己的选择，允许孩子做自己喜欢的事情。

23. 忽略孩子逆境商（AQ）的培养。

专家建议：逆境商（AQ）对孩子的一生非常重要，父母不应该对孩子过度保护、溺爱，而是应让孩子也时常吃些"苦头"，学会如何应对人生的挫折和困境。

24. 责备孩子撒谎。

专家建议：父母应首先弄清楚孩子撒谎的原因，然后再决定用什么样的办法去纠正孩子的这种不良行为。

25. 不支持孩子的社会实践活动。

专家建议：父母应多支持一下男孩的社会实践活动，这样可以锻炼孩子怎么与客人打交道、怎么说服他人、怎么推销自己的商品、怎么合作和怎么理财等多方面的能力。